全国专利执法
维权教程

QUANGUO ZHUANLI ZHIFA
WEIQUAN JIAOCHENG

主编 贺化
副主编 雷筱云 赵梅生

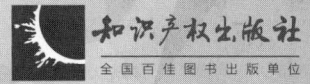

图书在版编目（CIP）数据

全国专利执法维权教程/贺化主编．—北京：知识产权出版社，2018.6
ISBN 978-7-5130-5491-1

Ⅰ.①全… Ⅱ.①贺… Ⅲ.①专利权法—中国—教材 Ⅳ.①D923.42

中国版本图书馆 CIP 数据核字（2018）第 056545 号

责任编辑：崔开丽　　　　　　　　　　责任校对：谷　洋
装帧设计：麒麟轩设计　　　　　　　　责任印制：刘译文

全国专利执法维权教程

主编　贺　化
副主编　雷筱云　赵梅生

出版发行：	知识产权出版社有限责任公司	网　　址：	http://www.ipph.cn
社　　址：	北京市海淀区气象路50号院	邮　　编：	100081
责编电话：	010-82000860 转 8109	责编邮箱：	cui_kaili@sina.com
发行电话：	010-82000860 转 8101/8102	发行传真：	010-82000893/82005070/82000270
印　　刷：	三河市国英印务有限公司	经　　销：	各大网上书店、新华书店及相关专业书店
开　　本：	787mm×1092mm　1/16	印　　张：	19.25
版　　次：	2018年6月第1版	印　　次：	2018年6月第1次印刷
字　　数：	360千字	定　　价：	75.00元
ISBN 978-7-5130-5491-1			

出版权专有　侵权必究
如有印装质量问题，本社负责调换。

编委会

主　编　贺　化
副主编　雷筱云　赵梅生
编　委（按照姓氏笔画排列）
　　　　　王连洁　王志超　关　健　刘　玉
　　　　　陈中利　陈苏宁　陈　健　陈曦帆
　　　　　罗占新　范林海　周源琦　商家泉

序

当前,我国经济发展进入新常态,创新成为引领发展的第一动力。充分发挥知识产权制度激励创新的基本保障作用,迫切需要加强知识产权保护工作。十八大以来,党中央、国务院将知识产权工作提高到前所未有的高度,就严格知识产权保护作出了一系列部署。2017年7月17日,习近平总书记在中央财经领导小组第十六次会议上指出:要加大知识产权侵权违法行为惩治力度,让侵权者付出沉重代价。党的十九大报告中明确提出,要"倡导创新文化,强化知识产权创造、保护、运用"。

近些年来,知识产权系统认真贯彻落实中央部署,积极推进执法保护工作,取得了显著成效,专利行政执法主动性强、程序便捷、维权成本低、保护效率高等优势受到社会广泛认同,发挥了不可替代的重要作用。"十二五"期间,专利行政执法办案总量超过8.7万件,是"十一五"期间的近10倍,办案力度和规模显著加大,办案效率和质量大幅提升,办案结构持续优化,执法制度建设和机制创新有序推进,执法队伍和能力建设不断加强,快速维权和维权援助体系进一步健全,市场主体、创新主体对专利行政执法的满意度不断提升,有效提升了我国严格知识产权保护的国际形象。

与此同时,专利行政执法领域不断呈现出各种新特点、新问题,专利侵权规模越来越大、手段越来越隐蔽,执法办案的复杂性与专业性不断增强,这些都给专利行政执法工作带来了严峻挑战,对专利行政执法人员的业务能力提出了新的更高要求。2011年以来,国家知识产权局不断强化执法能力建设,先后印发《关于加强专利行政执法工作的决定》《专利行政执法能力提升工程方案》《关于严格专利保护的若干意见》,明确提出了加强执法队伍建设的各项任务目标和措施,其中编写专利行政执法教程就是重要措施之一。

本书将专利执法工作的理论与实践充分结合,既是执法理论研究与政策创新的重要成果,也是多年来全系统专利行政执法实践的宝贵结晶。在理论方面,本书深入分析了专利行政执法的特色和优势,深刻阐释了专利行政执法的意义和作用,系统提出了专利行政执法的原则和要求。在实践方面,本书聚焦于专利行政执法实务,通过典型案例对专利行政执法的重要知识点和关键环节进行详尽准确的阐述,具有很强的针对性和可操作性。本书作为专利行政执法领域的系统教程,将对推动专利行政执法的人才培养,提升专利执法能力,加强知识产权保护工作产生重要的作用。

希望本书能够为专利行政执法工作人员提供参考，促进专利行政执法水平的提高，增强专利行政执法办案的专业性、规范性与协调性；也能够使专利权人、当事人及有关知识产权工作者系统了解专利行政执法的方式和特点，以利于更好地保护知识产权。

本书编委会

2018 年 6 月于北京

前　言

近年来，全国知识产权系统大力加强专利行政执法工作，积极依法处理各类专利违法行为，执法办案力度不断加大，积累了大量实践经验。同时，执法办案的复杂性与专业性不断增强，对执法人员的业务能力提出了更高的要求，制定统一的执法教程已成为一线执法人员的迫切需要。

为落实国家知识产权局关于加强知识产权保护的部署要求，全面提升专利行政执法能力，国家知识产权局专利管理司组织成立专利行政执法教程编写组，在总结多年专利行政执法经验的基础上，结合系统、全面的理论分析，针对当前热点、难点问题，对专利行政执法工作进行了深入研究、系统梳理和全面阐释，旨在为专利执法人员提供一本上岗培训用书与办案参考资料。

本书介绍了专利行政执法工作的基本要求、主要规范、基本方法、工作流程、文本范例、典型案例等，并重点针对实操中的关键环节和疑点难点进行分析解答。具体内容分为上、下两部。上部主要包括专利行政执法的基本理论，以及专利侵权纠纷、假冒专利、其他专利纠纷、侵权认定、执法程序、展会专利保护等的基本概念和专利行政执法文书撰写要点。下部介绍了与专利行政执法密切相关的知识产权维权援助、举报投诉，以及商标、版权等知识产权行政执法工作；同时对专利刑事保护、专利侵权救济国际比较、相关国际条约等进行了深入分析研究。

当前，全国知识产权系统正按照党中央、国务院关于严格知识产权保护决策部署要求，切实加大对专利侵权假冒行为的打击力度，全面从严保护专利权。期待本书出版后，能为促进全系统提升专利执法能力提升发挥应有的作用。需要特别说明的是，下一步，我们将根据中央关于机构改革的部署要求、专利法第四次修订和形势发展需要，总结新的实践经验，及时作出相应调整，适时修订，努力为读者提供一本权威、全面、系统的教程。

目 录

上 部

第一章 概 论 ··· 3
 第一节 概 述 ·· 3
 第二节 专利行政执法规范 ·· 5
 第三节 专利行政执法主体 ··· 11
 第四节 专利行政执法人员 ··· 18
 第五节 专利行政执法指导与监督 ··· 22
 第六节 专利行政诉讼 ··· 24

第二章 处理专利侵权纠纷 ··· 32
 第一节 概 述 ·· 32
 第二节 专利侵权判定 ··· 36
 第三节 专利侵权抗辩事由 ··· 54
 第四节 专利侵权纠纷处理程序 ·· 56
 第五节 专利侵权处理与行政诉讼 ··· 68

第三章 查处假冒专利行为 ··· 75
 第一节 概 述 ·· 75
 第二节 假冒专利行为的认定 ·· 82
 第三节 查处假冒专利行为的程序 ··· 94
 第四节 查处假冒专利行为的行政复议和行政诉讼 ·························· 113

第四章 调解专利纠纷 ··· 120
 第一节 概 述 ··· 120
 第二节 程 序 ··· 125

第五章　展会专利保护 ··· 134
第一节　概　　述 ··· 134
第二节　展会专利保护途径 ··· 137
第三节　展会专利诚信档案管理 ··· 142

第六章　专利行政执法文书 ··· 144
第一节　概　　述 ··· 144
第二节　专利侵权纠纷行政执法文书撰写 ································· 148
第三节　查处假冒专利案件行政执法文书 ································· 158
第四节　调解其他专利纠纷案件行政执法文书撰写 ······················· 163
第五节　办理专利行政执法案件中其他相关文书的撰写 ··················· 166

下　部

第七章　知识产权维权援助 ··· 177
第一节　概　　述 ··· 177
第二节　知识产权维权援助工作的职能范围 ······························ 182
第三节　知识产权维权援助的类型 ······································· 186
第四节　知识产权维权援助的办理 ······································· 189

第八章　知识产权举报投诉 ··· 196
第一节　概　　述 ··· 196
第二节　知识产权举报投诉工作的职能范围 ······························ 197
第三节　知识产权举报投诉工作机制 ····································· 201
第四节　知识产权举报投诉工作的办理 ··································· 202

第九章　知识产权快速协同保护 ··· 223
第一节　概　　述 ··· 223
第二节　保护中心的建设与运行 ··· 225
第三节　保护中心主要工作职能 ··· 227

第十章　其他知识产权行政执法 ··· 234
第一节　概　　述 ··· 234
第二节　商标行政执法 ·· 234
第三节　版权行政执法 ·· 237
第四节　知识产权海关保护 ·· 239

| 第五节 | 不正当竞争与植物新品种权行政执法 | 243 |

第十一章 专利刑事保护 247
- 第一节 概述 247
- 第二节 假冒专利与专利侵权的不同 250
- 第三节 假冒专利案件的行政执法与刑事司法衔接 251

第十二章 专利侵权救济的国际比较分析 254
- 第一节 其他国家的专利侵权救济 254
- 第二节 其他国家专利侵权救济的主要途径 258
- 第三节 国际范围内专利侵权救济发展动向 262
- 第四节 我国专利侵权救济调整方向 266

第十三章 有关国际条约 274
- 第一节 与贸易有关的知识产权协议 274
- 第二节 反假冒贸易协定 277

参考答案 280

后 记 295

上　部

第一章　概　　论

【本章学习目标】
1. 熟悉专利行政执法的主要职能
2. 了解专利行政执法主体
3. 熟悉专利行政执法证管理制度
4. 掌握执法管理机制

第一节　概　　述

一、专利行政执法模式的沿革

我国专利制度始建于 20 世纪 80 年代初，当时我国市场经济尚未建立，科技水平也相对落后，人们的法律意识淡薄，专利意识更无从谈起。1982 年 9 月，全国人大常委会在审议专利法草案时，考虑到新中国成立后长期实行计划经济，加之专利纠纷的专业性、技术性较强，若当事人完全诉诸人民法院，既增加当事人的诉累，也会使司法资源更为紧张，因此我国专利制度建立之初便确立了司法保护与行政执法"两条途径，协调运作"的模式。1984 年 8 月 23 日，原国家经委、国家科委、劳动人事部、中国专利局联合发布了《关于在全国设置专利工作机构的通知》，要求国务院各部委、地方人民政府等设立专利管理机关，明确专利管理机关依法拥有行政执法和管理双重职能，行政上以地方（部门）领导为主，业务上由中国专利局指导。专利管理机关的主要职责除行政管理工作外，还包括"处理本地区、本部门的专利纠纷"。当时的《中华人民共和国专利法实施细则》（以下简称《专利法实施细则》）将"专利管理机关"定义为"国务院有关主管部门和各省、自治区、直辖市、开放城市和经济特区人民政府设立的专利管理机关"。由于国务院各主管部门设立的专利管理部门绝大多数只行使管理职能，不具备处理专利纠纷的条件。因此有权处理专利纠纷的"专利管理机关"实际上指的是地方专利管理机关。根据当时的规定，地方专利管理机关具有以下职能：（1）处理专利侵权纠纷；（2）处理假冒他人专利行为；（3）处理"临时保护"纠纷；（4）处理职务发明创造权属纠纷。

1993年修改后的《专利法实施细则》第76条规定:"专利法和本细则所称专利管理机关,是指国务院有关部门或者地方人民政府设立的专利管理机关。"从文字上看似乎取消了对设立专利管理机关的地方人民政府只能限于"各省、自治区、直辖市、开放城市和经济特区"的限制,但这主要是因为专利管理机关是地方人民政府的职能部门,是否应该设立专利管理机构应由各地方人民政府决定。为了与人民法院遵循的专利案件集中管辖原则相协调,当时有权处理专利纠纷的"专利管理机关"范围实际上并没有放开。根据当时的规定,专利管理机关职能调整为:(1)处理专利侵权纠纷;(2)查处假冒他人专利行为和冒充专利行为;(3)处理"临时保护"纠纷;(4)处理职务发明创造权属纠纷;(5)处理职务发明创造奖金和报酬纠纷。

为了促进地方专利行政执法部门职能的发挥,加强专利行政管理和行政执法工作,2000年修改的《中华人民共和国专利法》(以下简称《专利法》)第3条增加了"省、自治区、直辖市人民政府管理专利工作的部门负责本行政区域内的专利管理工作"的规定,明确了省级人民政府管理专利工作的职能。2001年修订的《专利法实施细则》第78条明确规定"专利法和本细则所称管理专利工作的部门,是指由省、自治区、直辖市人民政府以及专利管理工作量大又有实际处理能力的设区的市人民政府设立的管理专利工作的部门"。至此,有权处理专利纠纷的"管理专利工作的部门"的范围有了实质性突破。根据当时的规定,专利执法部门职能调整为:(1)处理专利侵权纠纷;(2)查处假冒他人专利行为和冒充专利行为;(3)调解其他专利纠纷,包括权属纠纷、发明人(设计人)资格纠纷、职务发明奖酬纠纷、"临时保护"纠纷等。

2008年修改的《专利法》和2009年修改的《专利法实施细则》基本延续了上述规定,但将"假冒他人专利行为"和"冒充专利行为"合并为"假冒专利行为",加强了行政处罚力度,明确规定对假冒专利行为,除依法承担民事责任外,由管理专利工作的部门责令改正并予公告,没收违法所得,可以并处违法所得4倍以下的罚款,没有违法所得的,可以处20万元以下的罚款,构成犯罪的,依法追究刑事责任。

二、专利行政执法的意义

改革开放以来,经过30年的努力,我国的专利保护制度不断完善,在鼓励发明创造和保护专利权人利益方面取得了可喜的成绩。专利行政执法工作在维护权利人的合法权益,打击、制止侵权行为方面发挥了重要作用。大量事实表明,这一模式是符合中国国情的,是行之有效的。

从执法办案本身来看,行政机关处理各类专利纠纷具有司法机关不可替代的优越性。以处理专利侵权纠纷为例,主要表现在:(1)处理程序上,专利管理机关可依其行政职责对相对人进行命令,以利于迅速查清案件真相,提高办案效率,是一种方便、快捷的执法途径。（2）由于专利管理机关对工作人员的职业要求，对技术性很强的专利案件，专利管理机关较审判机关可以具有更专业的判断力。（3）在案件的处理结果上，虽然不具有程序意义上的终局效力，但在实体上具有较强的权威性。这是因为，即使行政相对人对行政处理决定不服提起行政诉讼，根据《中华人民共和国行政诉讼法》（以下简称《行政诉讼法》）的规定，法院只对其具体行政行为本身的合法性进行审查，而不对是否合乎民法相关规定进行审查。如判决撤销具体行政行为并令被告重新作出具体行政行为。（4）行政执法多以调解结案，有利于维护双方当事人的商业合作关系。（5）行政执法办案不收取费用，有利于维护广大企业和创业初期的当事人的合法权益。

从面临的形势来看，当前，我国经济贸易在世界经济和国际贸易中的比重不断提升，对外投资活动日益增加，创新能力逐步增强，经济结构、进出口结构不断改善，加强专利行政执法工作，既是促进对外开放，营造有利于我国和平发展的国际环境的需要，也是深化改革，促进我国经济又好又快发展的需要，两者统一于国家的总体发展方针，统一于满足人民群众不断提高的物质文化生活水平的需要。

近年来，侵权者与假冒者借助快捷、广泛传播的专利信息，利用现代技术手段提高了专利侵权产品制造、扩散的水平和速度，依靠单一途径的保护模式，难以解决群体性专利侵权、假冒专利行为等问题。在完善司法保护的同时，行政保护在解决专利纠纷和打击专利违法行为方面的作用日益显现。在这种形势下，加强和完善行政执法更成为我国经济社会发展的必然选择。

第二节 专利行政执法规范

一、法律依据

按照制定主体、效力层次、制定程序的差别，专利行政执法的法律依据包括下列几种。

（一）宪法

宪法是国家的根本大法，规定国家的基本制度，由全国人民代表大会制定，具有最高的法律效力，是所有立法的依据。宪法确认了一系列基本规定，如关于财产所有制和所有权的规定、关于公民基本权利和义务的规定等，是包括《专利法》在内的各种法律必须遵循的法律依据。需要注意的是，宪法主要是立法依据，法律执行中一般不直接援引宪法的规定。

（二）法律

法律是由全国人民代表大会及其常委会制定和颁布的立法文件，其效力低于宪法。专利行政执法依据的主要法律是《专利法》《中华人民共和国刑法》（以下简称《刑法》）、《中华人民共和国行政处罚法》（以下简称《行政处罚法》）、《中华人民共和国行政强制法》（以下简称《行政强制法》）、《行政诉讼法》《中华人民共和国行政复议法》（以下简称《行政复议法》）。例如，《刑法》涉及专利内容主要是第216条假冒他人专利罪的规定。

（三）行政法规

行政法规是国务院根据宪法和法律制定的关于行政管理的规范性文件的总称。专利行政执法工作涉及的行政法规主要是《专利法实施细则》。与专利相关的其他行政法规包括《中华人民共和国知识产权海关保护条例》（以下简称《知识产权海关保护条例》）、《国防专利条例》和《专利代理条例》等。

（四）地方性法律规范

地方性法律规范是指地方各级人民代表大会、地方各级人民政府、民族自治区域自治机关在宪法、法律规定的权限内制定、发布的决议、命令、地方性法规、自治条例、单行条例中的法律规范。主要包括地方性法规、地方规章、自治条例和单行条例。尽管地方立法必须依据宪法、法律、行政法规而制定，在效力范围上具有从属性，且在使用范围上具有地域性限制，但是地方性法律规范也是地方国家权力机关依据宪法的授权而制定的法规，同样具有法的效力。

目前，全国已有28个省（自治区、直辖市）运用地方立法权，制定了专利保护地方性法规。这些地方性法规是开展专利行政执法工作的重要依据。

（五）部门规章

部门规章是国务院各部、各委员会、中国人民银行、审计署和具有行政管理职能的直属机构，根据法律和国务院的行政法规、决定、命令，在本部门的权限范围内制定的规范性文件的总称。专利行政执法工作涉及的部门规章主要包括《专利行政执法办法》和《专利标识标注办法》。除此之外，由国家知识产权局制定的部门规章还有《专利审查指南》《专利权质押登记办法》等。在程序上，国家知识产权局制定的部门规章必须经局务会议审议通过，以局长令的方式颁布。

按照《中华人民共和国立法法》（以下简称《立法法》）的规定，涉及两个以上国务院部门职权范围的事项，应当提请国务院制定行政法规或者由国务院有关部门联合制定规章。例如由商务部、国家工商行政管理总局、国家版权局、国家知识产权局共同制定了《展会知识产权保护办法》。该保护办法成为广交会、京交会等展会知识产权行政执法的重要依据。

二、基本原则

（一）依法行政原则

专利行政执法部门处理各类专利纠纷案件时，应当以事实为依据，以法律为准绳，严格依照法律法规的有关规定，依法接受监督，不作为、乱作为等违法失职行为应当承担法律责任。

（二）公开公正原则

专利行政执法部门在处理各类专利纠纷案件时，除涉及国家秘密、商业秘密以及法律法规规定的其他不宜公开审理的案件外，均应当公开审理。独立行使执法权，在查清事实，分清责任，全面、客观、科学地分析判断的基础上，作出公正的处理。

（三）积极办案原则

专利行政执法部门对于符合本部门受理条件的专利纠纷案件，应当积极接收并依法办理，不得推诿，否则将承担相应法律责任。

（四）便捷高效原则

专利行政执法部门处理各类专利纠纷案件应当发挥便捷、高效的优势，严格执行法律、法规、规章关于期限的规定，努力提高办案效能，尽量缩短案件处理周期。

（五）务实创新原则

专利行政执法部门应当在法律法规规定的框架下，适应本地经济社会发展特点与需求，充分发挥行政执法的优势，开拓创新，积极主动地探索更加有效保护专利权人和社会公众合法权益的方式方法。

三、管辖、回避与文书送达

（一）管辖

专利案件的管辖是指专利行政执法部门受理专利案件的分工和权限，即具体由哪一专利行政执法部门受理专利案件。专利案件主要包括处理侵权纠纷案件和查处假冒专利案件。专利案件的管辖分为级别管辖、地域管辖、移送管辖和指定管辖。

1. 级别管辖

处理专利侵权纠纷案件和查处假冒专利案件都适用级别管辖。级别管辖是划分不同级别专利行政执法部门受理专利案件的分工和权限，确定级别管辖主要根据案件的性质、案件的繁简程度和案件的影响范围。

根据《专利法》《专利法实施细则》《专利行政执法操作指南（试行）》的有关规定与要求，有权处理专利案件的专利行政执法部门是指由省、自治区、直辖市人民政府设立的专利行政执法部门，即省级专利行政执法部门和设区的市（地、州）设立的专利行政执法部门，即地方知识产权局。

在级别管辖上，具体分工如下：

在直辖市行政区内发生的专利侵权纠纷案件和假冒专利案件，直辖市专利行政执法部门负责处理。例如，在北京市发生的专利侵权纠纷和假冒专利行为，由北京市知识产权局处理。

对于在省级行政区内发生的专利侵权纠纷案件和假冒专利案件，一般由设区的市（地、州）设立的专利行政执法部门管辖。例如，发生在浙江省宁波市的专利侵权纠纷和假冒专利行为，由宁波市知识产权局处理。

但是，对于在省级行政区内重大、复杂、有较大影响的专利纠纷案件和假冒专利案件，由省、自治区专利行政执法部门负责处理。对于跨市（地、州）的重大专利案件，省、自治区专利行政执法部门在必要时可以协调处理。

国家知识产权局负责全国专利侵权纠纷案件和假冒专利案件的指导、管理和监督。对于有重大影响的专利侵权纠纷案件和假冒专利案件，国家知识产权局在必要时可以组织有关专利行政执法部门协调处理。对于跨省、自治区、直辖市的重大案件，国家知识产权局在必要时可以协调处理和督办。

2. 地域管辖

地域管辖所要确定的是在同级专利行政执法部门中，由哪一个辖区的部门管辖。确定地域管辖的标准主要是当事人（所在地）、侵权标的物、侵权事实或假冒专利违法事实与专利行政执法部门辖区之间的联系。

根据专利案件地域管辖的有关规定，专利侵权纠纷的处理由被请求人住所地或者侵权行为地的专利行政执法部门管辖。其中，侵权行为地包括侵权行为实施地和侵权结果发生地。请求人仅对被控侵权产品制造者提出处理请求，未对销售者提出处理请求，且被控侵权产品制造地与销售地不一致的，制造地专利行政执法部门有管辖权，销售地无管辖权。假冒专利的案件由行为发生地专利行政执法部门管辖，行为发生地指生产、销售假冒专利产品的行为实施地。

多个专利行政执法部门都具有管辖权的，请求人可以选择向任何一个专利行政执法部门请求处理。

3. 移送管辖和指定管辖

移送管辖，是指专利行政执法部门受理案件后，发现对该案无管辖权，依照法律规定将案件移送给有管辖权的部门审理。移送管辖是对管辖发生错误所采用的一种纠正措施。移送管辖通常发生在同级专利行政执法部门之间，但也不排除在上、下级专利行政执法部门之间适用。

专利行政执法部门发现专利案件不属于本部门管辖的，应当移送有管辖权的专利行政执法部门处理，受移送的专利行政执法部门应当受理或者立案。受移送的专利行政执法部门如果认为移送的案件不属于其管辖的，不得再自行移送，应当报请上一级专利行政执法部门。

上级专利行政执法部门可以将下级专利行政执法部门管辖的专利案件提级处理。

专利行政执法部门对管辖权发生争议的，由其共同的上一级专利行政执法部门指定管辖；无共同上一级专利行政执法部门的，由国家知识产权局指定管辖。

（二）回避

回避制度是指行政执法人员由于对所办理的案件有利害关系或其他关系而不参加该案的处理。设置回避制度的目的是防止徇私舞弊或对案件的审理发生偏袒，保证案件得到公正处理。

1. 回避的适用范围

回避制度适用专利侵权纠纷处理的所有程序，包括案件的受理、调查、书面审理、口头审理以及执行程序。在回避对象上，适用于主审员、参审员和书记员以及其他与案件处理有关的行政执法人员。

回避制度同样适用于查处假冒专利案件的所有程序，包括受理立案、当事人答辩、调查、听证案件办结及执行程序。在回避对象上，适用于案件主办人员、参办人员及其他与案件有关的行政执法人员。

2. 回避的法定原因

（1）行政执法人员是案件的当事人或者与当事人有直系血亲、三代以内旁系血亲及近姻亲关系。

（2）行政执法人员本人或者其近亲属与案件有利害关系。

（3）行政执法人员曾担任过案件的证人、鉴定人或代理人。

（4）行政执法人员与案件当事人有其他关系，可能影响公正处理的。

3. 回避的方式

回避的方式有两种：自行回避和申请回避。

自行回避是指承办专利侵权纠纷案件和假冒专利案件的执法人员有以上法定回避情形之一的，应当自行回避。

申请回避是指执法人员有以上法定情形之一的，专利侵权纠纷案件和假冒专利案件当事人及其代理人有权以口头或书面形式在口头审理辩论终结之前申请其回避。

4. 回避的决定权

执法人员的回避由专利行政执法部门领导决定；局领导的回避由局长决定；局长的回避由专利行政执法部门办公会议决定，局长不参加会议。是否回避的决定作出前，被申请回避的人员应当暂停参与所涉案件的工作。

（三）文书送达

专利行政执法中，文书送达是指专利行政执法部门将有关法律文书依法定程序和方式送交当事人的行为。

1. 送达主体

送达的主体是专利行政执法部门。

2. 送达的对象

专利案件的有关当事人，如，专利侵权纠纷案件的请求人和被请求人，查处假冒专利案件的当事人等。

3. 送达的内容

送达的内容是有关法律文书。

4. 送达方式

送达方式和程序是法定的。专利行政执法部门没有按照法定程序送达的，属于程序违法。

（1）直接送达。将法律文书直接送交合法签收人签收的方式。法律文书的合法签收人在送达回证上签收的日期为送达日期。

（2）留置送达。合法签收人拒绝签收时，专利行政执法部门送达人依法将应当送达的法律文书留置于受送达人住所并采用拍照、录像等方式记录送达过程，即视为送达完毕的方式。调解书不适用留置送达。当事人不签收调解书的，调解不生效。

（3）邮寄送达。专利行政执法部门将法律文书以给据邮件方式寄给受送达人的送达方式。邮寄送达的，以从邮局查询的受送达人实际收到日期为送达日期。

（4）转交送达。专利行政执法部门将法律文书交受送达人所在机关、单位代收后转交给受送达人的送达方式。

（5）传邮电邮送达。经受送达人同意，专利行政执法部门可以采用传真，电子邮件等能够确认其收悉的方式送达。传真电子邮件到达受送达人特定系统的日期为送达日期。调解书、处理决定、处罚决定不适用该送达方式。

第三节 专利行政执法主体

一、法定主体

行政执法主体，是指行政执法活动的承担者，其必须具备下列四项条件：必须是组织而不能是个人、成立必须有合法的依据、具有明确的职责范围、必须能以自己的名义作出具体行政行为并承担相应的执法责任。行政执法活动是行使国家行政权的活动。行政执法主体除了行政机关之外，还包括被授权的组织。

（一）《专利法》意义上的行政执法主体

按照《专利法实施细则》第79条的规定，专利行政执法主体是指由省、自治区、直辖市人民政府以及专利管理工作量大又有实际处理能力的设区的市人民政府设立的管理专利工作的部门。通称省（区、市）知识产权局和地级市知识产权局。

（二）地方专利法规意义上的执法主体

地方专利法规意义上的执法主体主要有地级和县级行政区划的执法主体。

1. 地级行政区划的执法主体

目前，部分省份在制定专利保护地方性法规时，结合当地实际，赋予除设区的市以外的地级行政区划知识产权局执法权。这里"除设区的市以外的地级行政区划"主要是指自治州、盟、不设区的地级市和地区。例如《新疆维吾尔自治区专利促进与保护条例》第22条规定："州、市（地）专利工作部门负责调解和处理本行政区域内的专利纠纷，查处假冒专利行为。"

需要说明的是，"设区的市"与"地级市"概念类似，但有所不同。全国大部分地级市都有市辖区，但有5个地级市没有设立市辖区，分别是广东省中山市和东莞市、海南省三沙市和儋州、甘肃省嘉峪关市。这5个"不设区的地级市"由市政府直管街道、乡镇。

"地区"是介于省和县之间的行政区域，是由省、自治区根据行政管理的需要划分的区域，包括若干个县级行政区划。省、自治区人民政府设立行政公署，作为派出机关。目前，"地区"的行政区划只存在于黑龙江省、西藏自治区和新疆维吾尔自治区。"盟"的基本情况与"地区"类似，仅存在于内蒙古自治区。

"自治州"是介于省（自治区）和县之间的民族自治地方，设立自治机关，行使自治权。按照《中华人民共和国民族区域自治法》（以下简称《民族区域自治法》）的规定，民族自治地方具有变通执行权，即对上级国家机关的决议、决定、命令和指示，如有不适合民族自治地方实际情况的，自治机关可以报经上级国家机关批准，变通执行或停止执行。目前，我国共有30个自治州。

2. 县级行政区划的执法主体

一些省份的专利保护地方性法规还规定县级知识产权局具有执法权，如广东、湖南、新疆等省（自治区）。例如《广东省专利条例》第5条规定："县级以上人民政府专利行政部门负责本行政区域内的专利保护和管理工作。"

（三）设立执法工作机构的条件

为适应开展专利行政执法工作的需要，在机构设置上和条件建设上一般需要满足下列条件。

（1）设有专门负责专利执法工作的内设机构，即在本单位"三定"方案中明确承担执法办案职责的处（室），例如执法处（科）、法律事务处（科）、保护协处理（科）等。

（2）省级专利行政执法部门内设执法工作机构中的工作人员不少于5人，市（地、州、盟）级专利行政执法部门内设执法工作机构中的工作人员不少于3人。

（3）具备开展专利行政执法工作的专用场所和配置交通、通信、勘验、拍照、摄像、录音等必要的调查取证装备。

（4）有完善的内部工作制度。

二、委托执法

按照《专利行政执法办法》第6条规定，专利行政执法部门可以依据本地实际，委托有实际处理能力的市、县级人民政府设立的专利管理部门查处假冒专利行为、调解专利纠纷。委托方应当对受托方查处假冒专利和调解专利纠纷的行为进行监督和指导，并承担法律责任。

通过委托执法，可以有效地整合省、市、县（市、区）三级专利行政执法力量，解决专利行政执法力量不足的矛盾，扩大专利行政执法覆盖面，提高执法效率。

（一）委托主体

可以依法实施委托执法的主体，必须有相应的法律依据。由于我国目前没有制定规范行政程序方面的法律，实践中大量行政执法行为参照《行政处罚法》的规定处理。按照《行政处罚法》第18条的规定，委托执法的委托主体必须是行政机关。因此地方知识产权局只要在单位性质上是行政机关，就可以依法开展委托专利行政执法工作。如果委托单位属于参照公务员管理的事业单位，则不符合上述规定，不能直接开展委托执法工作。如果地级市（含设区的市、地区、自治州、盟）知识产权局为参照公务员管理的事业单位或者纯粹的事业单位，可由省级知识产权局与符合条件的县级知识产权职能部门签订委托执法协议，开展委托执法工作。为便于管理，省级知识产权职能部门委托县级知识产权职能部门开展委托执法的，对县级知识产权职能部门的业务指导，可委托地级市、自治州、地区知识产权部门代为行使。

（二）受委托主体

对成为查处假冒专利行为的受委托主体的条件，相关法律也有明确规定。根据《行政处罚法》第18条第1款、第19条的规定，受委托组织只能是依法设立的管理公共事务的事业组织，并具有相应的执法人员和具备相应的执法条件。只要县级知识产权局具有相应的执法人员，具备相应的执法条件，就可以成为委托执法的受委托主体。

但在实践中，应从严把握受委托主体的资格条件，慎重实施委托执法。根据目前的相关规定，适格的受委托主体至少应符合以下两个基本条件：一是属于依法设立并具有知识产权局名称的组织，依法制作公章，具有独立的法人资格。委托执法虽然以委托机关名义最终作出正式法律文书，但需要进行一系列执法活动，没有规范统一的执法机构名称，不便于规范开展执法工作；二是具有两名以上持有专利行政执法资格证的人员。这是受委托开展专利行政执法的前提条件。

（三）委托执法基本要求

1. 委托授权应当清晰规范

委托执法，必须符合法律法规规章的规定，按照法律法规规章规定的程序和要求办理。授权是委托执法的基础和关键环节。开展委托执法工作，应做好委托授权的相关工作，规范委托授权行为。委托应以书面形式进行，由委托主体与受委托主体签订书面委托执法协议，明确委托执法的具体区域、范围、程序、委托期限、撤销委托的条件、监督、考核、过错责任追究等内容，并报本级人民政府法制机构备案规范委托执法行为。

2. 委托主体承担法律责任

受委托主体只能以委托主体的名义行使职权，因此在行政复议和行政诉讼中，受委托主体不具有复议被申请人或者行政诉讼被告主体资格，其行为后果由委托主体承担。《行政处罚法》第18条第2款对此作出明确规定。委托执法产生的法律后果主要有，一是当事人不服行政处罚决定，依法申请行政复议或者提起行政诉讼，复议和应诉工作应由委托主体承担；二是如果因委托执法涉及国家赔偿的，赔偿责任也应由委托主体承担。因此，委托主体应加强对受委托主体执法工作的监督，尤其应做好人员培训、制度建设等相关工作，规范执法人员的委托执法行为，牢固树立依法行政的理念，确保委托执法的规范进行。

3. 不得转委托

委托执法，是基于对受委托主体能力的信任，受委托主体不得再转委托。《行政处罚法》第18条第3款对此作出明确规定。按此规定，受委托主体接受委托后，只能由受委托主体自行开展执法工作，受委托主体不能再转委托其他组织和个人。如果受委托主体擅自实施转委托行为，因此产生的法律后果应由受委托主体自行承担。

三、执法协作

执法协作主要分为跨地区执法协作和跨部门执法协作。

（一）跨地区执法协作

跨地区执法协作主要包括办理专利侵权纠纷案件中的执法协作、办理假冒专利案件中的执法协作、委托调查取证、委托送达和配合执行。

1. 办理专利侵权纠纷案件中的执法协作

对于跨区域群体专利侵权行为，权利人或利害关系人可以向其所在地专利行政执法部门提出专利侵权纠纷协调处理请求，所在地专利行政执法部门可以协调各被控侵权行为人住所地、侵权行为实施地专利行政执法部门对各地被控侵权行为进行调查、处理，制止专利侵权行为。

请求人所在地专利行政执法部门可以协调各有管辖权的专利行政执法部门公平、高效处理，及时结案。

案件相关专利行政执法部门可以协调、磋商，共同进行技术鉴定，案情分析，寻求专利案件最佳解决途径。

对重大、疑难和涉及法律运用问题等案件，可以请求国家知识产权局予以指导、协调和督办。

2. 办理假冒专利案件中的执法协作

对于跨区域假冒专利行为，发现地专利行政执法部门可以协调各专利违法行为发生地知识产权局联合开展专项行动。

假冒专利行为发现地专利行政执法部门也可以将案件分别移送各发生地专利行政执法部门进行查处。

发现地专利行政执法部门也可以联合各专利违法行为发生地专利行政执法部门在同一时间开展专项行动，各自对本地区专利违法行为进行查处。

3. 委托调查取证

各专利行政执法部门请求证据所在地的专利行政执法部门协助调查收集有关证据。证据所在地的专利行政执法部门能够协助的，应尽快回复；不能予以协助的，应说明理由，书面通知委托方专利行政执法部门。

证据所在地的专利行政执法部门接受委托后，应当在不超过15个工作日内完成调查取证。委托方专利行政执法部门可以派出执法人员参加调查取证。

证据所在地的专利行政执法部门调查取证后，应及时将取证结果和相关文书一起发回委托方专利行政执法部门。

4. 委托送达

各专利行政执法部门在办理专利案件中，因当事人及相关人员或者单位在其他专利行政执法部门辖区，或者因其他特殊情况无法送达各类法律文书和案件材料的，可以委托当地专利行政执法部门予以送达。受委托方专利行政执法部门应当及时将法律文书和案件材料送达当事人及相关人员或者单位，并将送达回执发回委托方或者将送达情况回复委托方。

5. 配合执行

各专利行政执法部门对涉及其他专利行政执法部门辖区的案件，应当将发生法律效力的处罚或者处理决定及时通报给该专利行政执法部门。需要协助执行的，该专利行政执法部门应当予以协助，积极督促当地涉案当事人履行有关义务。

（二）跨部门执法协作

跨部门执法协作主要包括与公安机关的执法协作、与工商版权等职能部门的执法协作、与海关的执法协作以及与法院的协作配合等几个部分。

1. 与公安机关的执法协作

专利行政执法部门依法查处假冒专利行为时，对于情节严重，构成犯罪的，应当按照同级移送的原则，填写移送案件通知书，连同案件材料及时移送公安机关。

专利行政执法部门在查处假冒专利行为时，发现有伪造或变造专利证书行为的，应当说明情况，连同案件材料一并移送公安机关。对移送的案件，公安机关立案侦查后，认为没有犯罪事实，或者犯罪情节轻微，不追究刑事责任的，将案件移送专利行政执法部门的，专利行政执法部门应当依法及时进行行政处理。

专利行政执法部门在查处假冒专利过程中，对情节严重、社会影响大、可能追究刑事责任的案件，可以协调公安机关提前介入。

2. 与工商、版权等职能部门的执法协作

当事人同一行为同时侵犯了专利权和/或商标权和/或著作权的，专利行政执法部门应当以专利相关法律为依据进行专利侵权纠纷处理。必要时，协调工商、版权等职能部门共同妥善解决纠纷。

3. 与海关的执法协作

专利行政执法部门在处理专利侵权纠纷时，需要海关协助调取与进出口货物有关的证据的，可以要求海关予以协助。海关对专利侵权嫌疑货物进行调查，需要专利行政执法部门提供咨询意见的，专利行政执法部门应当予以协助。

4. 与法院的协作配合

（1）申请强制执行。按照《专利法》第60条的规定，专利行政执法部门认定侵权行为成立的，可以责令侵权人立即停止侵权行为，当事人不服的，可以向人民法院起诉；侵权人期满不起诉又不停止侵权行为的，专利行政执法部门可以申请人民法院强制执行。

（2）对调解协议的司法确认。在调解各类专利纠纷时，经专利行政执法部门调解达成的协议，双方当事人认为有必要的，可以依法向人民法院申请司法确认。人民法院应当按照司法确认程序、管辖的相关规定、受理当事人的申请，及时对调解协议进行审查，依法进行确认。专利行政执法部门应当对调解协议的履行情况进行监督，督促当事人履行约定的义务。

（3）诉调对接工作。专利行政执法部门可以接受人民法院的委托，对各类专利纠纷进行诉前、诉中调解，当事人不同意调解或者在商定、指定时间内不能达成调解协议的，人民法院应当依法及时立案。调解结束后，专利行政执法部门应当将调解结果告知人民法院。达成调解协议的，当事人可以申请撤诉、申请司法确认，或者由人民法院经过审查后制作调解书。调解不成的，人民法院应当及时审判。

四、专利行政执法主体的主要职能

按照现行专利法律法规的规定，专利行政执法部门开展的执法工作主要包括以下几个方面。

（一）处理专利侵权纠纷

按照《专利法》第60条的规定，专利行政执法部门有权对侵犯专利权的行为进行认定。认定侵权行为成立的，可以责令侵权人立即停止侵权行为。当事人不服的，可以依照《行政诉讼法》的规定向人民法院起诉；侵权人期满不起诉又不停止

侵权行为的，专利行政执法部门可以申请人民法院强制执行。行政途径有"程序简便、处理快、效率高"的优势，一旦认定侵权行为成立，可以立即责令侵权人停止侵权，是一种深受欢迎的、对权利人最迅速、有效的保护模式。对于侵权损害赔偿，《专利法》明确规定专利行政执法部门只能依当事人请求进行调解，不做处理决定。调解不成的，当事人可以依照《民事诉讼法》向人民法院起诉。因此，专利行政执法部门处理专利侵权纠纷主要包括两方面内容：一是处理专利侵权行为，二是调解侵权损害赔偿。

（二）查处假冒专利行为

按照《专利法》第63条的规定，假冒专利的，除依法承担民事责任外，由专利行政执法部门责令改正并予公告，没收违法所得，可以并处罚款。

专利行政执法部门根据《专利法》第64条的规定，在查处假冒专利行为时可以实施查封、扣押等行政强制措施。

需要说明的是，情节严重的假冒专利行为，构成犯罪的，要依法追究刑事责任，专利管理机关在办案中发现这类行为的，要及时向公安机关移送，不能以罚代刑。

（三）调解专利侵权纠纷以外的其他专利纠纷

按照《专利法实施细则》第85条的规定，专利行政执法部门应当事人请求，可以对下列纠纷进行调解。

（1）发明专利申请公布后至专利授予前实施发明专利的费用纠纷，通常称为临时保护纠纷。专利权授予以后，专利行政执法部门可以应当事人请求对发明专利公布后，专利权授予前他人未经许可实施其发明的行为进行调解。

（2）专利申请权和专利权归属纠纷。专利行政执法部门根据发明人或设计人的请求，可对发明人或设计人与其所属单位对其发明创造是否属于职务发明的行为进行调解；同时还可对委托完成或合作完成的发明创造中发生的权属纠纷进行调解。

（3）发明人设计人资格纠纷。调解这类纠纷的关键在于根据事实判定谁对发明创造的实质性特点作出创造性贡献。

（4）职务发明人、设计人奖酬纠纷。专利权的所有单位对职务发明创造的发明人或设计人没有发给奖金或者支付报酬，或者所支付的报酬没有达到法定要求的，发明人或设计人可以向单位所在地的专利行政执法部门请求调解。

专利行政执法部门对上述民事纠纷只进行行政调解，不能作出处理决定。

专利行政执法部门处理专利侵权纠纷、查处假冒专利行为和调解其他专利纠纷在法律意义上是不一样的，三者作为行政执法的主要内容对行政相对人的作用也不相同，行政相对人因对这些具体行政行为不服而相应享有的法律救济内容也有差异。

（四）展会知识产权保护工作

按照商务部、国家工商行政管理总局、国家版权局、国家知识产权局共同制定的《展会知识产权保护办法》，展会主办方应在展会期间设立知识产权投诉机构。设立投诉机构的，展会举办地知识产权行政管理部门应当派员进驻，并依法对侵权及假冒专利案件进行处理。

第四节 专利行政执法人员

行政执法人员是国家行政机关依法录用或委托并赋予其相应执法权的工作人员。与其他工作人员相比，行政执法人员的特殊性在于：必须隶属于某一特定的国家行政机关、有权从事行政执法活动、行政执法人员的执法后果由其所在的行政机关承担。行政执法人员不是行政执法主体，而是行政执法主体的构成部分，隶属于行政执法主体。

一、专利行政执法资格

专利行政执法人员应当拥有专利行政执法资格，即持有国家知识产权局或省级人民政府颁发的专利行政执法证。按照《专利行政执法办法》第4条第2款的规定，案件承办人员应当持有国家知识产权局或者省、自治区、直辖市人民政府颁发的专利行政执法证。专利行政执法证是表明专利行政执法部门的工作人员具有行政执法资格的证件，各级专利行政执法部门应当依照有关规定领取、核验和使用该证件。

省级人民政府颁发的专利行政执法证由省级政府法制办具体规定。下文将介绍由国家知识产权局颁发的专利行政执法证的管理规定。

（一）专利行政执法证的颁发

国家知识产权局统一制作颁发本系统人员的专利行政执法证。国家知识产权局负责各省（区、市）知识产权局的专利行政执法证的管理。各省（区、市）知识产权局负责本行政区域内各级知识产权局的专利行政执法证的管理。

（二）专利行政执法证的申领

申请领取专利行政执法证应当具备以下条件：（1）系各级专利行政执法部门工作人员；（2）参加国家知识产权局组织或者同意各省（区、市）知识产权局举办的执法培训，并考核合格。

执法上岗培训班均要组织结业考试，由国家知识产权局负责组织统一命题、现场监考和集中阅卷。

全国知识产权系统的工作人员申请领取专利行政执法证的,应由工作人员所在单位填写"国家知识产权局专利行政执法证申请领取表"。各省(区、市)知识产权局的申请领取表应当报国家知识产权局,省级以下各级知识产权局申请领取表应当经过所属的省(区、市)知识产权局统一报送至国家知识产权局。

国家知识产权局对申请领取专利行政执法证的人员的条件进行审核,对符合条件的,颁发专利行政执法证。专利行政执法证的有效期为6年。有效期满,国家知识产权局予以收回销毁,并按照规定予以更换。

(三)专利行政执法证的年检

执法证年检制度的实质就是对行政执法人员持证执法的情况进行年度考核。通过年检可以及时终止一些不符合执法条件的行政执法人员的执法资格,强化执法责任,规范执法行为;同时,还可以全面掌握执法队伍变化的情况。

按照国家知识产权局的规定,专利行政执法证应每年组织年检一次。国家知识产权局负责各省(区、市)知识产权局的执法证年检,各省(区、市)知识产权局负责本行政区划内各级知识产权局的执法证年检,并报国家知识产权局备案。未经年检或年检未通过的专利行政执法证一律无效。

持有国家知识产权局颁发的专利行政执法证的人员有下列情形的,其所就职的知识产权局应当收回其执法证,并上缴国家知识产权局注销:(1)调离知识产权系统的;(2)辞职、长期休假或退休的;(3)其他不能实际履行专利行政执法公务的情形。

专利行政执法人员应当妥善保管专利行政执法证,专利行政执法证丢失或者损毁的,应当及时向国家知识产权局报告,并由所就职的知识产权局重新申领专利行政执法证。

二、专利行政执法人员的职责

专利行政执法人员的职责,根据所处理案件的不同,主要包括以下几部分。

(一)处理专利侵权纠纷

1. 人员组成

处理专利侵权纠纷案件采取合议审理制度,一般案件应当由3名(包括3名)以上单数执法人员组成合议组,合议组包括合议组组长1名和成员若干。重大案件可以由执法处(科)室负责人或者知识产权局局领导任合议组组长。

2. 职责

(1)合议组组长职责。合议组组长负责案件全面审理,负责召集合议组合议会议，研究讨论案件事实、证据、法律依据、处理结果，主持案件调解工作，撰写合议组意见、结案报告及结案文书，负责案件的结案审批，落实案件的执行或申请强制执行，整理案件文书和材料归档等。

（2）合议组成员职责。合议组成员负责协助合议组组长工作，参加案件口头审理和合议，必要时兼任书记员，参加案件调解工作，接收和送达案件有关文书和材料，完成合议组组长分配的其他工作。

负责制作口头审理、合议组合议或询问当事人笔录，准确记录发言人的意见。

（二）查处假冒专利行为

1. 人员组成

执法处（科）室负责人应当在立案审批时或者立案后及时指定案件的办理人员。专利行政执法部门应当指派2名以上执法人员负责案件的处理。办案处（科）室负责人应当在被指派的执法人员中确定案件主办人和协办人人选。

2. 职责

案件主办人负责案件处理过程中文书的起草及撰写、主持现场检查、讨论案情、拟定处理意见及呈报结案等工作。

案件协办人配合主办人开展执法工作，负责文书工作、负责拍照、录音以及证物的提取、保管等工作。

（三）调解其他专利纠纷

1. 人员组成

专利行政执法部门应当指定2名以上执法人员承办调解其他专利纠纷案件。这里的"其他专利纠纷"是指《专利法实施细则》第85条列举的专利纠纷。

2. 职责

专利纠纷案件执法人员负责接收和送达案件有关文书和材料，进行立案审查，提出立案建议，主持口头调解，制作调解笔录，撰写结案文书，整理案件文书和材料归档。

三、专利行政执法人员办案纪律

执法人员在行政执法时，应当佩戴专利行政执法标识，保持仪表端庄，着装严肃、整洁。

执法人员应当遵守以下纪律：（1）分工合作，服从指挥；（2）不得擅自向外界透露、传递尚未结案的案情信息等;(3)为当事人保守技术与商业秘密;(4)不得有收受当事人的礼品、礼金或有价证券等违反国家相关法律法规的行为;(5)不得有妨碍执法公正、损害专利行政执法部门形象的其他行为。

执法人员在送达、调查收集证据等执法过程中,遭遇拒绝、阻碍其依法执行公务的,执法人员应当沉着冷静,对被调查人进行说服教育,争取被调查人的配合;被调查人不听劝阻,或者采取暴力手段进行阻挠的,执法人员应当尽量避免正面冲突,及时向公安机关求助。

执法人员应当在保证自身安全的前提下尽力收集当事人暴力抗法、转移证物的证据。

四、专利行政执法人员培训

各级专利行政执法部门要加强执法人员培训工作,全面提高专利行政执法人员的业务素质。除常规的课堂培训外,也可通过以会代训、挂职交流、调研考察等多种方式,增强执法人员的办案能力和水平。

按照国家知识产权局有关规定,各级专利行政执法部门应当制订年度执法人员业务培训计划并予以落实,保证本行政区内每位执法人员每年的业务培训时间不少于5天。

(一) 专利行政执法上岗培训

针对未取得专利行政执法证的执法人员,开展专利行政执法上岗培训工作,保障执法人员持证上岗。

专利行政执法部门的工作人员申领国家知识产权局核发的专利行政执法证,需参加国家知识产权局组织或者同意举办的专利行政执法人员业务培训班并考核合格。

专利行政执法部门举办专利行政执法人员业务培训班,需要申领国家知识产权局核发的专利行政执法证的,应当向国家知识产权局专利管理司上报培训方案。培训方案应包括:参加培训人员范围与人数、培训内容、培训时间和地点等。

上岗培训内容包括专利法等相关法律知识、专利侵权纠纷处理程序、假冒专利查处程序、专利侵权判定、专利侵权救济、专利行政执法文书撰写、专利行政执法政策、案例分析、模拟庭审等,培训结束时,组织书面考试,考试通过者取得专利行政执法证。

(二) 专利行政执法能力提高培训

针对专职专利行政执法人员,开展专利行政执法能力提高培训。培训内容包括:专利法、专利保护地方法规介绍、专利行政执法制度分析、专利侵权的判定与救济、专利审批与无效程序、专利侵权纠纷处理、假冒专利查处、专利权稳定性评价、专利信息检索与分析、专利行政执法工作形势与政策发展、知识产权维权援助与举报投诉、国内外知识产权执法规则与政策变化、典型专利侵权案例研讨、有关专利行政执法的思考等，培训方式以课堂授课与案例讨论为主。

第五节 专利行政执法指导与监督

一、执法指导

按照《专利法实施细则》第80条的规定，国家知识产权局与地方知识产权局之间是业务指导关系。国家知识产权局负责全国专利行政执法工作的指导、管理和监督，及时对执法办案中遇到的疑难问题作出行政解释或答复。

地方各级专利行政执法部门负责本行政区内专利行政执法工作的指导、管理和监督，加强本行政区内专利行政执法案件的督办。严禁推诿接收案件，对无故不立案的，由上一级知识产权局立案，并对推诿单位进行通报批评。省（区、市）专利行政执法部门可出台办案周期控制制度，对无故超出期限的案件进行督办。

专利行政执法部门在办案过程中，如发现对专利法律法规、部门规章的某些条文的理解不一致，可能影响正确实施的，可以书面报请国家知识产权局给予指导。国家知识产权局认为有必要的，将组织有关部门、专家研究讨论后提出意见，并书面告知办案机关和有关部门。在报告过程中，办案机关不停止办案程序，但办案机关认为有必要的除外。国家知识产权局的答复意见对案件不发生直接效力。

国家知识产权局每年组织各省（区、市）专利行政执法部门及执法办案工作突出的市级专利行政执法部门推荐上报优秀案例。组织专家评析，评选出优秀案例，向全系统执法人员公开。针对执法办案中的典型案例和疑难案例，国家知识产权局将按区域组织专利行政执法部门执法业务骨干和有关专家开展分析论证。

二、执法监督

国家知识产权局对省（区、市）专利行政执法部门执法工作组织年度督查和专项督查。省（区、市）专利行政执法部门对行政区域内专利行政执法部门执法工作开展年度督查和专项督查。

督查中应核验执法档案、执法数据、办案条件、维权中心设置及12330接收举报投诉和转交办理等情况。接受督查的专利行政执法部门应就督查中提出的突出问题进行整改。

三、案件督办

国家知识产权局对具有重大影响的专利侵权案件和假冒专利案件进行督办。省（区、市）专利行政执法部门对行政区域内具有较大影响的专利侵权案件和假冒专利案件进行督办。根据实际情况，对有关案件进行公开挂牌督办。

负责督办的专利行政执法部门应跟踪案件办理进程，接受督办的地方专利行政执法部门对督办案件应尽快办理并及时提交办理结果。

四、与执法指导有关的其他事项

与执法指导有关的其他事项主要包括执法支持、执法案件信息报送、执法档案管理、执法维权绩效考核等几个方面的内容。

（一）执法支持

1. 执法经费支持

各级专利行政执法部门应当积极争取当地财政部门的支持，争取设立专利行政执法专项经费，保障执法工作的正常运行。专项经费的执行应当按照以下几个原则进行。（1）规范安排，合理配置。在合法合规前提下，要严格按照项目的目标和任务，规范合理地编制和安排预算，杜绝随意性。（2）单独核算，专款专用。专项经费应当纳入单位财务统一管理，单独核算，确保专款专用。（3）明确责任，确保实效。明确专项经费的责任部门和责任人，建立专项经费管理和使用的追踪问效机制。

专项经费使用情况将作为年度执法工作考核评价的一项重要内容。对于能够按照委托书的要求，优质高效完成委托任务的专利行政执法部门，在下一年度，国家知识产权局或上一级专利行政执法部门应加大支持力度；对于完成委托任务不及时或完成质量不佳的专利行政执法部门，在下一年度，国家知识产权局或上一级专利行政执法部门将视情况减小支持力度或者不予支持。

2. 执法条件支持

各级专利行政执法部门应当不断改善执法条件，设立专门的执法办案场所，配备统一的工作服装，配备执法车、调查取证设备，使用统一的执法标志。

（二）执法案件信息报送

全国知识产权系统已经建立专利行政执法案件信息电子报送制度。各专利行政执法部门应明确责任人和联系人，责任人负责对执法数据的真实性、准确性进行审核，联系人负责数据采集和数据报送工作，由报送单位负责对报送数据的质量负责，以保证案件信息上报的及时、准确、全面、有效。

国家知识产权局对专利执法数据报送情况按年度进行检查。报送工作情况将作为评价地方专利行政执法部门工作成绩的重要指标之一。

(三) 执法档案管理

专利行政执法案件档案是专利行政执法工作中直接形成的，具有查证、研究利用价值的，应当保存的文字、图表、声像等不同形式的原始历史纪录。建立执法档案有助于促进广大执法人员规范执法行为，提高执法办案水平和能力，是推进执法办案公开、加强执法监督的一项基础性工作。

执法案件档案立卷的原则包括：（1）真实原则，即收集的内容应当是执法过程中产生的原始文件；（2）独立原则，即每一个案件应当建立一份独立的案卷。归档的案件材料必须完整、准确，相互关联，全面客观地反映执法工作的全过程。案件自立案之日6个月内由案件承办人员向案件档案管理员移交。

(四) 执法维权绩效考核

各专利行政执法部门应将执法办案工作列入重要议事日程，主要领导和有关人员必须依职责履行执法工作责任，坚决消除执法办案中的推诿现象，积极参与行政诉讼，确保公正、廉洁、高效执法，全面提高依法行政水平。

对国家知识产权局安排的专项执法任务，各专利行政执法部门必须按要求高质量完成。国家知识产权局对各省（区、市）专利行政执法部门、有关城市专利行政执法部门和知识产权维权援助中心进行考核评价。省（区、市）专利行政执法部门对行政区域内专利行政执法部门执法维权工作绩效进行考核评价。

制订专利行政执法及举报投诉维权工作评价标准，以执法工作数量和质量及举报投诉维权工作接转数量和质量作为重要内容，客观全面评价执法维权工作。以国家知识产权局对地方知识产权局执法维权工作考核评价指标为例，通过设置不同的权重，突出了分类指导（如展会纠纷权重与普通纠纷比例1:2）、严格执法经费使用（如专利执法经费挪用要扣分）、高效完成委托任务（如未完成委托任务要扣分）等原则。

第六节 专利行政诉讼

行政诉讼是人民法院应自然人、法人或者其他组织的请求、通过审查具体行政行为合法性的方式解决特定范围内行政争议的活动。行政诉讼具有如下基本特点：（1）行政诉讼是法院通过审判方式进行的一种司法活动；（2）行政诉讼是通过审查具体行政行为合法性的方式解决行政争议的活动；（3）行政诉讼是解决特定范围内行政争议的活动；（4）行政诉讼当事人的地位具有特殊性。原、被告地位恒定：原告享有起诉权、撤诉权，而被告不享有起诉权和反诉权，同时对被诉具体行政行为合法性承担举证责任。

一、行政诉讼法律关系

行政诉讼法律关系，是指由行政诉讼法律规范所调整的，在行政诉讼中形成的人民法院与行政诉讼参与人之间的权利义务关系。同其他诉讼法律关系一样，行政诉讼法律关系也是由主体、内容和客体三要素组成。

（1）行政诉讼法律关系的主体。行政诉讼法律关系主体，是指在行政诉讼中享有诉讼权利，承担诉讼义务的个人和组织。行政诉讼中各诉讼参与人在诉讼中所起的作用是不同的，他们的诉讼权利和诉讼义务也有差异。因此，他们的诉讼地位就不同。当事人以及与当事人地位相同的人（如第三人、共同诉讼人和诉讼代理人），他们的诉讼行为对行政诉讼程序的产生、变更和消灭会产生决定性影响，显然他们在诉讼中处于重要的地位，这些人被称为诉讼主体。而另一些诉讼参与人由于同行政案件没有法律上的利害关系，他们参加诉讼仅仅是为协助人民法院查明案情。他们虽然享有一定的诉讼权利，承担一定的诉讼义务，但他们的诉讼行为不会对行政诉讼的发生、变更和消灭产生直接影响，这些人被称为其他诉讼参与人。诉讼主体由公民、法人或其他组织构成。而行政诉讼法律关系主体由行政机关、公民、法人、其他组织、证人、鉴定人员、翻译人员、勘验人员构成。

① 行政诉讼的原告。原告是认为自己的合法权益受到专利行政执法部门的具体行政行为侵犯而以自己的名义依法提起诉讼的公民、法人或者其他组织。

在专利行政诉讼中，原告一般都是处理决定书或者处罚决定书上载明的当事人。

② 行政诉讼的被告。被告是指被提起诉讼经人民法院通知应诉的，作出具体行政行为的行政机关或法定授权的组织。在专利行政诉讼中，被告一般都是专利行政执法部门。需要注意的是，受委托进行专利行政执法的部门应当以委托机关的名义作出具体行政行为，委托机关为被告。

经过行政复议后，行政诉讼的被告有以下几种确定方式：

第一，经复议的案件，复议机关决定维持原具体行政行为的，作出原具体行政行为的行政机关和复议机关是共同被告；复议机关改变原具体行政行为的，复议机关是被告。

第二，复议机关在法定期限内未作出复议决定，如果起诉原具体行政行为的，作出原具体行政行为的行政机关是被告；如果起诉复议机关不作为的，复议机关是被告。

③ 行政诉讼第三人。行政诉讼第三人是同提起诉讼的具体行政行为有利害关系，自己主动申请或者经人民法院通知参加到诉讼中来的其他公民、法人或者其他组织。第三人参加诉讼具有维护自身合法权益的目的，也有协助法院查明案件事实、正确解决纠纷的客观作用。第三人具有独立的诉讼地位，享有当事人的诉讼权利和义务。第三人有权提出与本案有关的诉讼主张，对法院的一审判决不服，有权

提起上诉。应当通知参加诉讼的第三人没有被一审法院通知的，构成诉讼主体的遗漏。二审法院应当裁定发回重审，一审法院另行组成合议庭进行审理。

在专利行政诉讼中，第三人一般都是处理决定书中未提起诉讼的当事人。

④ 共同诉讼人。当事人一方或者双方为2人以上，因同一具体行政行为发生的行政案件，或者因同样的具体行政行为发生的行政案件，人民法院认为可以合并审理的，为共同诉讼。共同诉讼人都是独立的主体，一人的行为对其他的共同诉讼人没有法律上的约束力。专利行政执法部门的同一具体行政行为涉及两个以上利害关系人的，其中一部分利害关系人对具体行政行为不服提起诉讼，人民法院应当通知没有起诉的其他利害关系人作为第三人参加诉讼。

⑤ 诉讼代理人。诉讼代理人是指以当事人名义，在代理权限范围内，代理当事人进行诉讼活动的人。

（2）行政诉讼法律关系的客体。行政诉讼法律关系的客体，是指行政诉讼法律关系主体之间的权利义务共同指向的对象。行政诉讼法律关系主体之间的诉讼权利和诉讼义务不同，其所指向的对象也有所不同。人民法院与当事人之间的诉讼权利和诉讼义务指向的对象是查明案件事实，解决行政争议。人民法院与其他诉讼参与人之间的诉讼权利和诉讼义务所指的对象是查明案件事实。

（3）行政诉讼法律关系的内容。行政诉讼法律关系的内容，是指行政诉讼法律关系主体在行政诉讼中享有的权利和承担的义务。行政诉讼权利，是指由行政诉讼法律规范规定的行政诉讼法律关系主体在行政诉讼中可以实施的行为或要求他人实施某种行为的可能性和法律保障；行政诉讼法律关系主体的义务，是指行政诉讼法律规范所规定的行政诉讼法律关系主体在行政诉讼中必须实施某种行为或不得实施某种行为的必要性和法律强制性。

二、行政诉讼程序

（1）起诉。行政诉讼与民事诉讼一样采用不告不理原则，即人民法院不能主动开始行政诉讼，而必须先由公民、法人或者其他组织提出诉讼，起诉是行政诉讼开始的前提条件。在我国，起诉是指公民、法人或者其他组织认为具体行政行为侵犯其合法权益，依法请求人民法院行使国家审判权给予其救济的诉讼行为。它是公民、法人或者其他组织请求法院启动行政诉讼程序的意思表示，是其行使法律赋予的诉权的具体表现。但这一权利的行使并非不受条件限制，根据《行政诉讼法》的规定，提起行政诉讼必须符合起诉的一般条件、时间条件和程序条件。

原则上，公民、法人或者其他组织对具体行政行为不服，有权自由选择救济途径，可以不经复议直接向法院提起行政诉讼，也可以选择申请行政复议。同时，在选择行政复议后，当事人对行政复议不服仍可以再向法院起诉。该原则是我国处理行政复议与行政诉讼的基本准则，说明我国《行政诉讼法》没有强制把行政复议程序作为当事人提起行政诉讼的前置条件，行政复议并非行政诉讼的必经程序。虽然如此，当事人并不能同时使用行政复议与行政诉讼这两种救济途径。如果当事人既提起诉讼又申请行政复议，应由先受理的机关管辖；同时受理的，由当事人选择。当事人已经申请行政复议，在法定复议期间内又向人民法院提起诉讼的，人民法院不予受理。不过，当事人向复议机关申请行政复议后，又经复议机关同意撤回复议申请，在法定起诉期限内对原具体行政行为提起诉讼的，人民法院应当依法受理。

（2）受理。受理是指人民法院对公民、法人或者其他组织的起诉进行审查，对符合法定条件的起诉决定立案审理，从而引起诉讼程序开始的职权行为。行政诉讼程序的引发，虽然必须以公民、法人或者其他组织的起诉为前提，但仅有起诉没有人民法院的立案受理，行政诉讼程序仍然无从开始。公民、法人或者其他组织的起诉与人民法院的受理相结合，才构成行政诉讼程序的开始。无论是对行使诉权寻求司法保护的公民、法人或者其他组织而言，还是对行使审判权的人民法院来说，受理这一诉讼行为的意义都十分重要。

按照《行政诉讼法》的规定，提起诉讼应当符合以下条件。

① 原告是认为具体行政行为侵犯其合法权益的公民、法人或者其他组织。

② 有明确的被告。

③ 有具体的诉讼请求和事实根据。

④ 属于人民法院受案范围和受诉人民法院管辖。

人民法院接到起诉状，经审查，应当在7日内立案或者作出裁定不予受理。原告对裁定不服的，可以提起上诉。

（3）审理。人民法院在接到公民、法人或者其他组织起诉状后，应当组成合议庭对起诉的内容和形式进行审查，并根据审查结果作出受理或者不予受理的裁定。通过对起诉的审查，人民法院可以查明当事人的起诉是否符合法定条件，及时发现和制止滥用诉权的情况，从而保证当事人正确行使诉权，保证人民法院正确行使审判权，因此审查起诉是受理的重要一环。

人民法院应当公开审理行政案件，但涉及国家秘密、个人隐私和法律另有规定的除外。对行政案件的审理，由审判员组成合议庭，或者由审判员、陪审员组成合议庭，合议庭的成员，应当是3人以上的单数。

为防止对当事人的起诉附加条件，限制或剥夺当事人的诉权，人民法院在审查起诉时，必须严格按照《行政诉讼法》规定的起诉条件进行审查，准确把握尺度。审查内容主要是前述起诉的一般条件、时间条件和程序条件，除此之外，人民法院还要查明以下情况。

① 起诉人是否重复起诉。下列两种情形属重复起诉，人民法院不予受理：一是起诉人已经撤诉或经人民法院作出裁判，但其以同一事实和理由再次向法院起诉；二是起诉人已经向人民法院起诉，人民法院受理后，该起诉人又再次向人民法院起诉。

② 诉讼标的是否为生效裁判效力所拘束，即被诉具体行政行为是否已在其他生效的行政判决中被确认。如果被确认，当事人再对此起诉的，人民法院不应受理。

③ 起诉状是否符合形式要求。按照《行政诉讼法》的规定，行政诉讼起诉应以书面形式，起诉状应载明起诉人、被告的有关情况、诉讼请求、起诉事由等内容。

（4）判决。人民法院审理行政案件不适用调解。对行政案件宣告判决或者裁定前，原告申请撤诉的，或者被告改变其所作的具体行政行为，原告同意并申请撤诉的，是否准许，由人民法院裁定。

第一审判决时，人民法院经过审理，根据不同情况，分别作出以下判决。

① 具体行政行为证据确凿，适用法律、法规正确，符合法定程序的，判决维持。三个条件必须同时满足。

② 具体行政行为有以下情形之一的，判决撤销或者部分撤销，并可以判决被告重新作出具体行政行为：主要证据不足的；适用法律、法规错误的；违反法定程序的；超越职权的；滥用职权的。

③ 被告不履行或者拖延履行法定职责的，判决其在一定期限内履行。必须同时满足三个条件：被告负有履行某项义务的法定职责；被告没有履行该法定职责；包括不履行和拖延履行；被告没有履行法定职责无正当理由。人民法院判决被告履行法定职责，应当指定履行的期限，因特殊情况难以确定期限的除外。在被告履行法定职责为时已晚，人民法院应当作出被诉具体行政行为违法或者无效的确认，公民、法人或者其他组织因被告不履行法定职责所造成的损失可以请求行政机关赔偿。

④ 行政处罚显失公正的，可以判决变更。人民法院审理行政案件不得加重对原告的处罚，但利害关系人同为原告的除外。人民法院审理行政案件不得对专利行政执法部门未予处罚的人直接给予行政处罚。

驳回原告诉讼请求判决。有下列情形之一的，人民法院应当判决驳回原告的诉讼请求：起诉被告不作为理由不能成立的；被诉具体行政行为合法但存在合理性问题的；被诉具体行政行为合法，但因法律、政策变化需要变更或者废止的；其他应当判决驳回诉讼请求的情形。

二审判决时，人民法院审理上诉案件，按照下列情形，分别处理。

① 原判决认定事实清楚，适用法律、法规正确的，判决驳回上诉，维持原判。

② 原判决认定事实清楚，但是适用法律、法规错误的，依法改判。

③ 原判决认定事实不清，证据不足，或者由于违反法定程序可能影响案件正确判决的，裁定撤销原判，发回原审人民法院重审，也可以查清事实后改判。当事人对重审案件的判决、裁定，可以上诉。一审法院出于主、客观原因难以或者不可能查清事实，第二审法院则可以在查清事实后，依法对一审判决作出改判。第二人民法院改变一审判决时，判决时应对被诉具体行政行为的合法性作出判决，依法判

决维持、撤销或者变更被诉具体行政行为。

再审判决时，当事人对重审案件的判决、裁定，可以上诉，对已经发生法律效力的判决、裁定认为确有错误的，可以向原审人民法院或者上一级人民法院提出申诉，但判决、裁定不停止执行；人民法院院长对本院已经发生法律效力的判决、裁定，发现违反法律、法规规定认为需要再审的，应当提交审判委员会决定是否再审；上级人民法院对下级人民法院已经发生法律效力的判决、裁定，发现违反法律、法规规定的，有权提审或者指令下级人民法院再审；人民检察院对人民法院已经发生法律效力的判决、裁定，发现违反法律、法规规定的，有权按照审判监督程序提出抗诉。

① 人民法院经过再审审理认为，原审判决认定事实和适用法律均无不当时，人民法院应当裁定撤销原中止执行的裁定，继续执行原判决。

② 人民法院经过再审审理认为原审判决、裁定确有错误的，人民法院分不同情况进行处理。

人民法院审理再审案件，发现生效裁判有下列情形之一的，应当裁定发回作出生效判决、裁定的人民法院重新审理。

① 审理本案的审判人员、书记员应当回避而未回避的。
② 依法应当开庭审理而未经开庭即作出判决的。
③ 未经合法传唤当事人而缺席判决的。
④ 遗漏必须参加诉讼的当事人的。
⑤ 对与本案有关的诉讼请求未予裁判的。
⑥ 其他违反法定程序可能影响案件正确裁判的。

第二审人民法院维持第一审人民法院不予受理或者驳回起诉裁定错误的，再审法院应当撤销第一审、第二审人民法院裁定，指令第一审人民法院受理。

人民法院审理再审案件，认为原生效判决、裁定确有错误，在撤销原生效判决或者裁定的同时，可以对生效判决、裁定的内容作出相应裁判，也可以裁定撤销生效判决或者裁定，发回作出生效判决、裁定的人民法院重新审判。

依照第一审程序审理，所作判决、裁定可以上诉；按照二审程序审理，判决裁定当事人不得上诉。

（5）执行。当事人必须履行人民法院发生法律效力的判决、裁定。公民、法人或者其他组织拒绝履行判决、裁定的，专利行政执法部门可以向第一审人民法院申请强制执行，或者依法强制执行。

专利行政执法部门拒绝履行判决、裁定的，第一审人民法院可以采取以下措施。

① 对应当归还的罚款或者应当给付的赔偿金，通知银行从该行政机关的账户内划拨。
② 在规定期限内不执行的，从期满之日起，对该专利行政执法部门按日处50～100元的罚款。

③ 向该专利行政执法部门的上一级行政机关或者监察、人事机关提出司法建议。接受司法建议的机关，根据有关规定进行处理，并将处理情况告知人民法院。

④ 拒不执行判决、裁定，情节严重构成犯罪的，依法追究主管人员和直接责任人员的刑事责任。

公民、法人或者其他组织对具体行政行为在法定期间不提起诉讼又不履行的，专利行政执法部门可以申请人民法院强制执行。

【本章小结】

自我国专利制度建立以来，专利行政执法工作取得了显著成绩，为促进科技进步和经济社会发展发挥了重要作用。作为一名专利行政执法人员，应当了解专利行政执法工作的意义、发展与现状，掌握与专利行政执法有关的法律法规知识，熟悉专利行政执法的各项工作规章制度，以胜任岗位要求。

【重点概念】

专利行政执法主体

【复习思考题】

一、思考题

（1）专利执法的规范有哪些？
（2）专利行政执法的主要职能是什么？
（3）谈谈对专利行政机关处理专利纠纷的认识。

二、案例分析题

（1）经编制部门批准，某沿海地级市科技局下设直属单位"某市专利管理办公室"，为全额拨款事业单位，主要职责之一为负责全市专利保护工作，处理专利纠纷、查处假冒专利行为。请问该办公室如对假冒专利行为作出处理决定，应以谁的名义作出？

（2）广东省中山市某专利权人发现在湖北省武汉市、襄阳市和宜昌市等多地同时发生涉嫌侵犯其专利权的行为，专利权人想通过行政程序解决纠纷，请问如何确定级别管辖？

（3）湖南省长沙市某专利权人发现安徽省合肥市某企业生产的产品侵犯其专利权，江西省南昌市某公司在南昌市销售涉嫌侵权产品，哪些行政机关有管辖权？

（4）孙某和李某因专利侵权纠纷请求某市知识产权局处理。处理过程中，双方当事人达成调解协议，某市知识产权局根据调解协议内容制作了《调解书》，在送达《调解书》时被请求人李某拒绝签收，请问执法人员能否留置送达？

（5）甲和乙因专利侵权纠纷请求某市知识产权局进行处理。第一次口头审理时，因专利权人甲未带专利证书及有关证据的原件，某市知识产权局决定休庭。第二次开庭时，专利权人甲在庭审辩论时提出合议组中的书记员岳某为被请求人乙的弟弟，故要求该书记员岳某回避，合议组长以庭审调查结束为由，驳回了甲的回避申请。请问：①甲在庭审辩论时提出书记员岳某需要回避，是否已经超出申请回避的期限？②书记员岳某是否应当回避？

（6）陈某和赵某因专利侵权纠纷，请求某市知识产权局进行处理。处理过程中，合议组发现陈某的委托代理人是合议组成员王某的大学老师，请问王某是否应当回避？

【参考文献】

（1）罗豪才. 行政法学 [M]. 北京：北京大学出版社，2006.

（2）胡佐超. 专利管理 [M]. 北京：知识产权出版社，2001.

（3）王利明. 民法 [M]. 北京：中国人民大学出版社，2008.

第二章　处理专利侵权纠纷

【本章学习目标】
1. 熟悉专利侵权行为的概念
2. 掌握专利侵权判定基本知识
3. 掌握专利侵权纠纷处理程序
4. 掌握应对专利行政诉讼的基本技巧

第一节　概　　述

专利申请经国家知识产权局授权后，专利权人拥有排除他人未经许可实施其发明创造的独占权利。未经专利权人许可，以生产经营为目的，实施专利的行为构成专利侵权行为。根据《专利法》的规定，我国实行司法与行政"双轨制"的保护制度，即，在发生专利侵权纠纷时，专利权人或者利害关系人既可以请求人民法院审理，也可以请求专利行政执法部门处理，处理专利侵权纠纷是专利行政执法部门的一项重要法定职责。实践证明，行政处理较之司法诉讼来说，手续简便，方式灵活，加之以专利行政执法部门拥有一批既有较强专业知识，又熟悉法律的执法人员，所以行政处理更方便快捷，更有利于纠纷的尽快解决。故通过请求专利行政执法部门处理专利侵权纠纷，已成为专利权人维护合法权益的一种重要途径。

一、专利侵权行为的概念

专利侵权行为，是指在专利权有效期限内，行为人未经专利权人许可又无法律依据，以生产经营为目的擅自实施他人专利的行为。

专利侵权行为具有以下特征。

（1）侵害的对象是有效的专利。专利侵权必须以存在有效的专利为前提，实施专利授权以前的技术、专利已经被宣告无效或者专利权期限届满的技术，不构成侵权行为。

发明专利申请公布以后授权以前，行为人实施其发明专利的，申请人可以要求实施其发明的单位或者个人支付适当的费用。但申请人以权利受到侵犯为由请求专利行政执法部门处理时，该处理请求必须等到申请被授予专利权之后才能提出。因为发明专利申请在实质审查过程中有可能被驳回或者被撤回，不一定会授予发明专利权，在授权之前就对实施者作出处理没有充分的理由。

（2）必须有侵害行为，即行为人在客观上实施了他人专利。侵害行为须以生产经营为目的，非为生产经营目的的实施，不构成侵权。

此处的"为生产经营目的"应根据《专利法》第11条作广义理解，凡是普通的经营活动均属于"为生产经营目的"，不能理解为"以营利为目的"，更不能理解为"已经实际获利"。

（3）违反了法律的规定，即行为人实施专利的行为未经专利权人的许可，又无法律依据。

二、专利侵权行为的类型

专利侵权行为的类型主要分为实施产品专利和实施方法专利两部分内容。

（一）实施产品专利

1. 制造专利产品

对发明和实用新型专利而言，制造专利产品是指通过机械或者手工方式做出具有该专利权利要求所记载的全部技术特征的产品。

对外观设计专利权而言，是指做出或形成采用外观设计专利的图片或者照片所表示的设计方案的产品。

2. 使用专利产品

使用专利产品是指为生产经营目的使用受该专利权保护的产品，使其技术功能得到了应用。

使用专利产品可以有不同的方式。使用者可以直接利用专利产品来获得其所能产生的效果，也可以利用专利产品来制造其他产品，还可以把专利产品作为零部件来生产其他产品。在专利产品作为零部件的情况下，即使专利产品仅仅起很次要的作用，也构成使用专利产品的行为。

需要注意的是，未经专利权人许可使用外观设计专利产品不构成对外观设计专利权的侵犯。

3. 许诺销售专利产品

许诺销售，是指以广告、在商店橱窗中陈列或者在展销会上展出等方式作出销售商品的意思表示。许诺销售在合同法意义上可以是销售要约邀请，也可以是要约。

许诺销售行为的对象可以是特定的，也可以是不特定的，采取的形式可以是书面的，也可以是口头的。

4. 销售专利产品

销售专利产品是指在市场上交易属于专利保护范围内的产品。销售行为不涉及产品的来源，只要是未经专利权人许可销售专利产品或以专利方法制造的产品，就构成了实施专利的行为。

5. 进口专利产品

进口专利产品是指将专利产品从别的国家或地区购进到国内的行为。

需要注意的是，按照2008年修改的《专利法》第69条第1款规定，对于在我国获得的专利权而言，专利权人或者其被许可人在我国境外售出其专利产品或者依照专利方法直接获得的产品后，购买者将该产品进口到我国境内以及随后在我国境内使用、许诺销售、销售该产品的，不视为侵犯该专利权。

（二）实施方法专利

实施方法专利包括以下两种情况。
（1）使用专利方法。
（2）使用、许诺销售、销售、进口依照专利方法直接获得的产品。

依照专利方法直接获得的产品是指实施该方法专利所获得的原始产品，不包括由原始产品所延及的后续产品。

【案例】

如一项制造橡胶的工艺方法专利，甲未经专利人许可制造出橡胶，销售商乙销售给丙，丙用橡胶制造轮胎，销售给丁，丁用丙制造的轮胎制造出汽车轮子。这其中，甲使用了专利方法；乙销售依照专利方法直接获得的产品；丙使用依照专利方法直接获得的产品，这三人都侵犯了该制造橡胶的方法专利。但丁使用的轮胎不是依照专利方法直接获得的产品，其行为不构成侵权。

需要注意，方法发明一般可以分为三种类型：制造加工方法、操作方法、用途。其中只有制造加工方法才能延伸保护到产品。

三、专利侵权行为的法律责任

侵犯专利权是一种民事侵权行为，行为人应当承担相关的民事责任。根据《专利法》第60条规定，专利侵权行为人需要承担的民事责任有两种：（1）停止侵权行为；（2）赔偿权利人受到的损失。前者旨在杜绝今后可能发生的侵权行为，后者目的是对过去已经发生的侵权行为的适当惩处。

（一）停止侵权行为

按照《专利行政执法办法》第43条的规定，管理专利工作的部门认定专利侵权行为成立，作出处理决定，责令侵权人立即停止侵权行为的，应当采取下列制止侵权行为的措施。

（1）侵权人制造专利侵权产品的，责令其立即停止制造行为，销毁制造侵权产品的专用设备、模具，并且不得销售、使用尚未售出的侵权产品或者以任何其他形式将其投放市场；侵权产品难以保存的，责令侵权人销毁该产品。

（2）侵权人未经专利权人许可使用专利方法的，责令侵权人立即停止使用行为，销毁实施专利方法的专用设备、模具，并且不得销售、使用尚未售出的依照专利方法所直接获得的侵权产品或者以任何其他形式将其投放市场；侵权产品难以保存的，责令侵权人销毁该产品。

（3）侵权人销售专利侵权产品或者依照专利方法直接获得的侵权产品的，责令其立即停止销售行为，并且不得使用尚未售出的侵权产品或者以任何其他形式将其投放市场；尚未售出的侵权产品难以保存的，责令侵权人销毁该产品。

（4）侵权人许诺销售专利侵权产品或者依照专利方法直接获得的侵权产品的，责令其立即停止许诺销售行为，消除影响，并且不得进行任何实际销售行为。

（5）侵权人进口专利侵权产品或者依照专利方法直接获得的侵权产品的，责令侵权人立即停止进口行为；侵权产品已经入境的，不得销售、使用该侵权产品或者以任何其他形式将其投放市场；侵权产品难以保存的，责令侵权人销毁该产品；侵权产品尚未入境的，可以将处理决定通知有关海关。

（6）责令侵权的参展方采取从展会上撤出侵权展品、销毁或者封存相应的宣传材料、更换或者遮盖相应的展板等撤展措施。

（7）停止侵权行为的其他必要措施。

管理专利工作的部门认定电子商务平台上的专利侵权行为成立，作出处理决定的，应当通知电子商务平台提供者及时对专利侵权产品或者依照专利方法直接获得的侵权产品相关网页采取删除、屏蔽或者断开链接等措施。

（二）赔偿权利人受到的损失

《专利法》第65条规定了专利侵权损害赔偿数额的计算方法，即首先按照权利人因被侵权所受到的实际损失来确定，实际损失难以确定的，可以按照侵权人因侵权所获得的利益确定。该两项均难以确定的，参照该专利许可使用费的合理倍数确定，以上三项都无法确定的，人民法院将适用法定赔偿。

实践中，专利行政执法部门可以根据权利人的请求，按照权利人损失或者侵权人获利计算赔偿数额。权利人损失一般可以通过专利产品销售量减少的数量乘以每件专利产品的利润计算得到；权利人销售量减少的总数难以确定的，侵权产品在市场上销售的总数乘以每件专利产品的利润所得之积可以视为权利人因被侵权所受到的损失。

需要强调的是，专利行政执法部门在处理专利侵权案件过程中，就侵犯专利权的赔偿数额只具有居间调解的职能，调解不成的，当事人可以依法提起民事诉讼。

第二节 专利侵权判定

专利侵权判定是判断某一行为是否构成专利侵权行为的核心，一般分为两个步骤，首先是对权利要求进行解释，确定涉案专利的保护范围，然后分析涉嫌侵权的产品或方法是否落入该涉案专利的保护范围。本节将针对发明、实用新型专利和外观设计专利，对上述两个步骤分别予以介绍。

一、发明和实用新型专利侵权判定

无论是司法保护还是行政保护，在进行专利侵权判定时，首先要明确专利权的保护范围。只有明确了专利权保护范围，才能进而确定被指控的行为是否构成专利侵权行为。

"专利权的保护范围"，是权利人实际能够获得保护的最大范围，是在权利要求限定的范围基础上，通过适用等同原则所扩展到的范围。这一概念可以用以下简单的图示来表示：

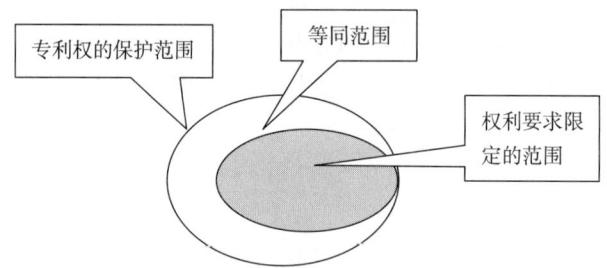

侵权纠纷处理中，首先要对权利要求进行解释，其实是专利行政执法部门或者人民法院确定权利要求限定范围或者真实含义的过程，目的是界定权利要求的字面含义。专利侵权判定，则是在解释权利要求限定范围的基础上，通过对是否适用等同原则以及等同范围的确定，明晰权利人实际能够获得的保护范围的过程。

（一）专利权利要求的解释

1. 权利要求解释的原则

历史上，在解释发明和实用新型专利权利要求时，曾经有三种不同的学说。
（1）周边限定学说。周边限定学说要求必须严格按照权利要求文字所记载的内容确定专利权保护的范围，对权利要求书的任何扩大解释都是不允许的。只有当被控侵权行为严格地从文字意义上再现了权利要求中所记载的每一个技术特征时，才被认为是落入该权利要求的保护范围之内。反之，只要存在任何不同，侵权指控就无法成立。周边限定学说具有明显的法律确定性，有利于社会公众更加明确地了解专利权的范围，但缺陷是无法为权利人提供灵活有效的法律保护，并对权利要求书的撰写提出了很高的要求。

（2）中心限定学说。中心限定学说要求在确定专利权的保护范围时，并不局限于权利要求的文字内容，而是通过说明书和附图的内容来重新认定发明构思，并在此基础上扩展权利要求的文字内容，使专利权的保护范围涵盖那些不同于权利要求文字所表达范围的技术方案。

显然，这种学说能够灵活有效地保护权利人的权利，但对于权利的确定性来讲尚欠稳定，不利于公众确切地预知专利权的保护范围。

（3）折衷原则。以上介绍的两个学说是从理论角度总结出来的，实践中被严格适用的情况极为罕见。在实践中，大多数国家采用折衷原则确定专利权的保护范围，以尽量避免周边限定学说和中心限定学说存在的弊端，从而公正合理地保护权利人和社会公众的利益。

折衷原则是指以权利要求书所表示的内容为准，说明书及附图可以用于解释权利要求。

2. 权利要求解释的时机

实务中有人认为，权利要求解释的前提是权利要求记载内容的含义不清，如果权利要求记载的内容本身是明确的，就无需解释权利要求，可直接根据记载明确的权利要求内容确定专利权的保护范围。此时如果还根据说明书和附图等材料对权利要求进行解释就容易导致对专利保护范围不适当的扩大或缩小，造成对权利人或者公众利益的不必要损害。这种观点是错误的。

按照最高人民法院《关于审理侵犯专利权纠纷案件应用法律若干问题的解释》第2条的规定，人民法院应当根据权利要求的记载，结合本领域普通技术人员阅读说明书及附图后对权利要求的理解，确定权利要求的内容。这是权利要求解释的一般原则，其中凸显了权利要求解释的必要性和时机，即要确定权利要求限定的范围，仅从权利要求书字面上理解是不够的，还应当结合说明书及附图，也包括审查档案材料来理解、解释权利要求。不能理解为仅当权利要求中存在不清楚之处时才需要对权利要求进行解释。

3. 权利要求解释的依据

解释权利要求不能凭空进行，必须有所依据。实践中，说明书和附图是解释权利要求的依据之一，但并非唯一的依据。

按照最高人民法院《关于审理侵犯专利权纠纷案件应用法律若干问题的解释》第2条的规定，人民法院对于权利要求，可以运用说明书及附图，权利要求书中的相关权利要求、专利审查档案进行解释。说明书对权利要求用语有特别界定的，从其特别界定。以上述方法仍不能明确权利要求含义的，可以结合工具书，教科书等公知文献以及本领域普通技术人员的通常理解进行解释。

上述规定是指在解释权利要求时，应当首先依据说明书和附图，权利要求书中的相关权利要求，以及其他专利审批档案等材料，也就是通常所谓的"内部证据"来进行解释。例如，针对权利要求中的某一技术术语，如果依据内部证据仍不能确定该技术术语的含义的，可以推定专利文件撰写人在撰写权利要求时并没有赋予该技术术语特定的含义，该技术术语是在所属技术领域通常含义的意义上使用的，那么接下来就可以由辞典，技术工具书，教科书等公知文献，也就是所谓的"外部证据"来进行解释，以最终确定专利的保护范围。此处需要强调的是对上述两类证据的使用顺序：内部证据优先，必要时才考虑外部证据。

另外，权利要求书中包含的其他权利要求也能够用于解释某项权利要求的技术术语含义，其基本规则有以下两点。

第一，不同权利要求中采用的相同技术术语应当解释为具有相同的含义，除非有特定指引，否则不应当作出相互矛盾的解释。

第二，当不同的权利要求中对相同或类似技术概念采用不同的措辞或术语时，应当认为他们的含义有所不同，不能将其解释为具有相同的含义。在专利侵权纠纷处理中，专利权人或者被控侵权人为了自身利益，有时会主张将不同权利要求中采用的不同措辞或术语解释为具有相同的含义，对这一类主张不应予以支持。因为如果这些措辞或术语具有相同的含义，那么专利权人当初撰写专利申请文件时原则上会采用相同的措辞或术语，既然没有采用，那么可以推定专利权人当初就不认为它们具有相同的含义。

4. 实施例与权利要求保护范围

根据《专利法实施细则》和《专利审查指南》的相关规定，实施例是发明和实用新型专利说明书应当包括的内容之一，是对发明或实用新型优选的具体实施方式的举例说明。当一个实施例足以支持权利要求所概括的技术方案时，说明书可以只给出一个实施例。当权利要求覆盖的保护范围较宽，不能从一个实施例当中得到充分支持时，应当给出至少两个不同的实施例，以支持权利要求保护的范围。

因此，通常情况下，专利说明书中记载的实施例只是专利权利要求界定的技术方案的举例，应当认为权利要求的保护范围比说明书记载的实施例范围要宽。即使说明书中记载的实施例只有一个，也是如此。除非说明书中的实施例不是对权利要求记载的技术方案的举例，而是完全重现权利要求记载的技术方案，则权利要求记载技术方案的保护范围与说明书记载的实施例相同。

5. 功能性限定特征与权利要求保护范围

一般说来，一项产品权利要求应当采用反映产品结构或组成的技术特征来限定要求保护的产品，一项方法权利要求应当采用反映该方法的步骤或操作方式的技术特征来限定要求保护的方法。如果采用产品的零部件或者方法的步骤在技术方案中所起的作用、功能或所产生的效果来限定要保护的发明创造，则此类技术特征就称为"功能性限定特征"。申请人之所以采用功能性限定特征，通常是希望这样撰写的权利要求能够覆盖实现其所述功能的所有方式，从而使得权利要求具有更宽的保护范围。这一想法与我国在专利权授予过程中对功能性限定特征的解释立场是一致的。

在专利侵权判定中，对于权利要求中以功能或者效果表述的技术特征，原则上应当理解为覆盖了所有能够实现所述功能的实施方式。如果有充分证据表明权利要求中限定的功能是以说明书实施例中记载的特定方式完成的，并且本领域技术人员不能明了此功能还可以采用说明书中未提到的其他替代方式来完成，或者本领域技术人员有理由怀疑该功能性技术特征所包含的一种或几种方式不能解决发明或者实用新型所要解决的技术问题，并达到相同的技术效果，则对于权利要求中的该功能性技术特征，应当结合说明书和附图描述的实现该功能或者效果的具体实施方式及其等同的实施方式，确定该技术特征的内容。

所谓"说明书和附图描述的实现该功能或者效果的具体实施方式"，是指说明书和附图描述的具体实施方式中实现该功能或者效果的技术特征，该特征应当是实现该功能或者效果不可缺少的技术特征，不应当将并非为实现该功能或者效果所必需的技术特征包括在内作为"说明书和附图描述的实现该功能或者效果的具体实施方式"。

所谓"等同的实施方式"，是指相对于专利说明书和附图描述的实现该功能或者效果的具体实施方式，以基本相同的手段，实现相同的功能，达到基本相同的效果，并且是本领域技术人员在专利申请日（有优先权的，指优先权日）无需经过创造性劳动就能够联想到的技术特征。

这一解释方式与最高人民法院《关于审理侵犯专利权纠纷案件应用法律若干问题的解释（二）》（下称司法解释二）第八条的规定略有不同。在司法解释二第八条中规定，"与说明书及附图记载的实现前款所称功能或者效果不可缺少的技术特征相比，被诉侵权技术方案的相应技术特征是以基本相同的手段，实现相同的功能，达到相同的效果，且本领域普通技术人员在被诉侵权行为发生时无需经过创造性劳动就能够联想到的，人民法院应当认定该相应技术特征与功能性特征相同或等同。"

在《专利侵权判定和假冒专利行为认定指南（试行）》中之所以对功能性特征作出两个层次的理解，原因在于：我国针对发明专利申请和实用新型专利申请采用两种不同的审查制度。对于发明专利来说，权利要求经历过实质审查后如果依然保留有功能性特征，表明审查员经过检索和审查，认可所有实施方式均可达到发明目的，将其理解为"具体实施方式＋等同方式"将有可能不恰当地限缩权利要求的范围；对于实用新型专利来说，由于未经实质审查，因此，如果不给被控侵权人留下对功能性特征的含义进行抗辩的机会，一概将其解释为所有实施方式，将有可能不恰当地扩大专利权人的利益范围。因此《专利侵权判定和假冒专利行为认定指南（试行）》中对功能性特征的解释方式充分考虑了审查程序与司法程序的现状，同时兼顾实用新型专利初步审查合格授权的制度设计。

6. 发明目的与权利要求保护范围

在专利侵权纠纷处理过程中，当用说明书解释权利要求时，说明书中描述的发明目的对权利要求有重要作用。如果说明书描述的发明目的没有被其他证据推翻，权利要求的解释应当符合说明书对发明目的的描述。

实务中存在的一个问题是：是否要求被控侵权的技术方案是为了达到与专利权人在专利申请文件中表述的目的相同的目的，才能认定构成侵犯专利权的行为。

答案是否定的，其理由在于以下两点。

第一，落入一项权利要求保护范围的前提条件是被控侵权行为的客体采用了该权利要求记载的全部技术特征。在满足这一条件的前提下，即使被控侵权行为的客体还包含有进一步的技术特征，也仍然构成对专利权的侵犯。也就是说，认定侵权行为成立并不意味着要求被控侵权行为的客体与权利要求记载的技术方案完全相同，因此也就难以将两者具有相同的目的作为构成专利侵权行为的前提条件，因为两者的目的很可能是不同的。被控侵权者只要采用了权利要求记载的全部技术特征的技术方案，就必然获得了该技术方案带来的优点，至于被控侵权者是否看重这些优点或者其本意是否要利用这些优点，对于侵权判断来说并不重要。不能仅仅因为两者声称的主观目的不同就得出侵权指控不成立的结论。

第二，专利的技术方案与现有技术相比只要存在不同之处，从该不同之处总可以归纳出专利的技术方案要解决的技术问题，不同之处越多，能够总结出的发明创造的目的也就越多。而被控侵权人实施专利技术所看重的目的很可能不同于专利权人看重的目的，所以专利侵权的判断结果应当主要取决于被控侵权人实际做了什么，而不是为什么要这么做。

总而言之，说明书中记载的发明创造要解决的技术问题或者说发明目的不应当对专利侵权判定的结论产生决定性影响。在用说明书来解释权利要求时，尽管应符合说明书对发明目的的描述，但却无需将发明目的读入权利要求，对权利要求的保护范围产生不必要的限制。

（二）是否落入专利权保护范围的判定

确定了发明或者实用新型专利权的保护范围，接下来就涉及对是否落入保护范围的判定。本部分将重点介绍专利侵权判定的方法及几项重要原则。

1. 技术特征划分和"逐一比对"

在判定被控侵权技术方案是否落入专利权的保护范围时,首先要对专利权利要求和被控侵权技术方案进行特征划分,将相应的技术特征进行特征对比,然后再判断被控侵权技术方案是否构成相同侵权,在二者存在区别的情况下,判断是否构成等同侵权。

在专利侵权判定中,应当采用"技术特征逐一比对"的方式。

把逐个技术特征作为比较对象,就必须对专利权利要求与被控侵权技术方案所具有的技术特征作出划分,即将专利权利要求与被控侵权技术方案分别分解为能够相对独立地执行一定功能、产生相对独立的技术效果的最小技术单元。

被控侵权产品的名称往往与专利描述有所不同,实际产品的组成也远远比专利描述的内容丰富。在进行专利侵权判定时,对技术特征的划分应当首先以专利权利要求为基础,在准确划分专利权利要求的技术特征的基础上,相对应地对被控侵权技术方案进行技术特征分解。

为了便于比较专利权利要求与被控侵权技术方案的异同,可以采用列表的方式将专利权利要求的内容逐项列出,然后分别与被控侵权技术方案的相应部分进行对比。无论以何种方式划分技术特征,均不应当将专利权利要求中记载的某个技术特征或其限定忽略不计。

【案例】

专利权利要求1:一种便携式牙刷,由牙刷头、刷柄组成,其特征在于:牙刷头与刷柄之间通过铰链可折叠地连接在一起,所述刷柄(2)的上壁上有一个形状、大小与刷毛(7)相应的空腔(8),携带时所述牙刷本体(1)上的刷毛(7)正好位于此空腔(8)内。

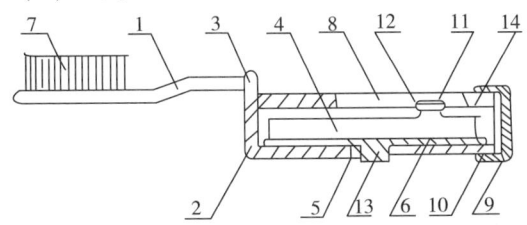

被控侵权产品:便携式洗漱套装,其中有折叠牙刷。

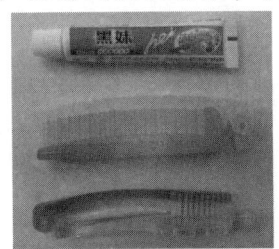
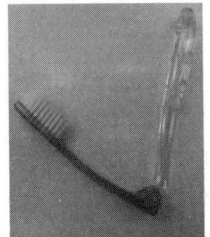

首先,对权利要求的技术特征进行划分。
(1)主题名称是一种便携式牙刷。
(2)从整体上看,便携式牙刷由牙刷头、刷柄组成。
(3)牙刷头与刷柄之间通过铰链可折叠地连接在一起,从而牙刷头可进行折叠。
(4)所述刷柄(2)的上壁上有一个形状、大小与刷毛(7)相应的空腔(8),携带时所述牙刷本体(1)上的刷毛(7)正好位于此空腔(8)内。

涉及侵权的产品特征远比权利要求描述的内容丰富,比如牙刷柄呈弧线形,牙刷头与牙刷柄的颜色不同,牙刷柄上还设置有透气孔,等等。在进行侵权对比时,只需要对比产品是否具有权利要求中描述的特征。这样,划分产品的特征为以下几点。
(1)产品是折叠牙刷。
(2)便携式牙刷是由牙刷头、刷柄组成。
(3)牙刷头与刷柄之间通过枢轴和枢座的配合可折叠地连接在一起,从而牙刷头可进行折叠。
(4)刷柄的上壁上有一个形状、大小与刷毛相应的空腔,携带时所述牙刷本体上的刷毛正好位于此空腔内。

权利要求1	被控侵权产品	对比结论
便携式牙刷	折叠牙刷	相同
便携式牙刷由牙刷头、刷柄组成	包括牙刷头和刷柄	相同
牙刷头与刷柄之间通过铰链可折叠地连接在一起	牙刷头与刷柄之间通过枢轴和枢座的配合可折叠地连接在一起	手段基本相同,功能基本相同,效果基本相同,无需创造性劳动可想到等同
所述刷柄(2)的上壁上有一个形状、大小与刷毛(7)相应的空腔(8),携带时所述牙刷本体(1)上的刷毛(7)正好位于此空腔(8)内	刷柄的上壁上有一个形状、大小与刷毛相应的空腔,携带时所述牙刷本体上的刷毛正好位于此空腔内	相同

2. 全面覆盖原则

全面覆盖原则是判断一项技术方案是否侵犯发明或者实用新型专利权的基本原则,具体含义是在判定被控侵权技术方案是否落入专利权的保护范围时,应当审查权利人主张的权利要求所记载的全部技术特征。

如果被控侵权技术方案包含与权利要求记载的全部技术特征相同或者等同的技术特征的,应当认定其落入专利权的保护范围;如果被控侵权技术方案与权利要求记载的全部技术特征相比，缺少权利要求记载的一个或一个以上的技术特征，或者有一个或一个以上技术特征不相同也不等同的，应当认定其没有落入专利权利的保护范围。

全面覆盖原则强调在专利侵权判定时要全面地考虑权利要求中的每一个技术特征，只有被控侵权技术方案包含了权利要求中的所有技术特征时，才认定侵权成立，反之，如果被控侵权技术方案中缺少权利要求中的一个或一个以上技术特征时，或者有一个或一个以上技术特征不相同也不等同，应当认定侵权不成立。

【案例】

某发明专利中，权利要求1描述为"一种石英砂的制备方法，其特征在于，石英砂高温煅烧后进行水淬"。

说明书对于"水淬"的描述是将石英砂放入水槽中。而被控侵权的制备方法是将石英砂运送入石英管，用冷水对石英管进行喷淋。对于如何确定保护范围，专利权人认为，"水淬"是指冷却方法，包括水与石英砂直接接触冷却，也包括水与石英砂间接接触。被控侵权者认为，其采取的方法是用水喷淋石英管，对石英砂缓慢冷却，而专利权是石英砂直接接触水，进行骤冷，二者不同。

分析与评述：

说明书对"水淬"的描述是：高温煅烧后的石英砂放入冷水中，使石英砂爆裂，包裹在石英砂中的气液破裂溢出。因此，专利权的保护范围是：一种石英砂的制备方法，石英砂高温煅烧后排入冷水中与水直接接触，使石英砂爆裂，从而排放包裹在石英砂中的气液。而被控侵权的石英砂制备方法中，石英砂高温煅烧后排入石英管中，对石英管喷淋冷水，使石英砂冷却，冷水与石英砂并不直接接触，石英砂未发生爆裂。因此，被控侵权方法未全面覆盖涉案专利的全部技术特征，不构成侵权。

3. 相同侵权

依据全面覆盖原则判定被控侵权技术方案是否侵犯涉案专利权时，又可分为相同侵权和等同侵权两种情况。一般而言，应当先判断被控侵权技术方案是否构成相同侵权，如不构成相同侵权，再判断是否构成等同侵权。

（1）相同侵权的定义。相同侵权，是指被控侵权技术方案含有一项专利权利要求记载的全部技术特征，落入专利权利要求限定的范围之内。

（2）相同侵权的判定。相同侵权中的"相同"，包括被控侵权技术方案的技术特征与专利权利要求的技术特征在文字表述上完全相同，或者文字表述上虽不同，但实质表达的内容相同；当被控侵权技术方案的技术特征属于专利权利要求相应技术特征的下位概念时，也应当认定属相同技术特征。

① 技术特征完全相同。在专利侵权判定中，如果仅从权利要求的字面上分析比较，就可以认定被控侵权技术方案的技术特征与专利权利要求的技术特征相同，或

者二者虽然在文字表述上存在一定区别，但经过逐项比对，所述区别仅仅是文字表述上的不同，其技术内容完全一致。用公式表示，即专利权利要求的技术特征为：A＋B＋C＋D，被控侵权技术方案的技术特征也为：A＋B＋C＋D，此时，被控侵权技术方案对于专利权利要求构成相同侵权。

②被控侵权技术方案的技术特征为下位概念。如果专利权利要求与被控侵权技术方案相比，有一个或多个技术特征存在区别，所述区别为，专利权利要求的技术特征为上位概念，而被控侵权技术方案的相应技术特征为下位概念。用公式表示，即专利权利要求的技术特征为：A＋B＋C＋D，被控侵权技术方案的技术特征为：A＋B＋c＋d，其中C、D表示上位概念，而c、d表示相应的下位概念。此时，被控侵权技术方案落入专利权利要求的范围，构成相同侵权。

【案例】

专利权利要求1：一种计算机装置，包括中央处理器、显示器、输入设备。

被控侵权产品A：一种计算机装置，包括中央处理器、显示器、键盘。

分析与评述：

被控侵权产品A与专利权利要求1中的计算机装置主题相同，技术特征基本相同，唯一的区别在于权利要求1中包含了"输入设备"，而被控侵权产品A中相应的技术特征为"键盘"。众所周知，"键盘"是一种具体的"输入设备"，属于"输入设备"的下位概念，因此被控侵权产品A落入了专利权利要求1的保护范围。

③被控侵权技术方案增加了其他技术特征。如果被控侵权技术方案除包含权利要求中的全部技术特征外，还增加了新的技术特征。用公式表示，即专利权利要求的技术特征为：A＋B＋C，而被控侵权技术方案的技术特征为：A＋B＋C＋D＋E。此时，由于专利权利要求的全部技术特征在被控侵权技术方案中都有体现，因此构成相同侵权。

【案例】

专利权利要求1：一种计算机装置，包括中央处理器、显示器、键盘。

被控侵权产品B：一种计算机装置，包括中央处理器、显示器、键盘、鼠标、打印机、扫描仪。

分析与评述：

尽管被控侵权产品B具有"鼠标、打印机、扫描仪"等专利权利要求没有的技术特征，但由于被控侵权产品与专利权利要求技术主题相同，同样具有"中央处理器、显示器、键盘"，已经覆盖了专利权利要求的全部技术特征，因此，被控侵权产品B落入了专利权利要求的保护范围，构成相同侵权。

4．等同侵权

等同原则是专利侵权判定中的一项重要原则，它将专利权的保护范围延伸至与专利权利要求中相应技术特征等同的部分，目的在于弥补专利权利要求的语言局限性，避免被控侵权人对专利权利要求中的某些技术特征进行非实质性的替代，而以不构成侵权为由逃避法律责任。

（1）等同侵权的定义。

等同侵权是指被控侵权技术方案的某一个或某些技术特征与专利权利要求中记载的相应技术特征不相同，但两者的区别实质上是以基本相同的手段，实现基本相同的功能，能够达到基本相同的效果，并且是本领域技术人员无需经过创造性劳动就能够联想到的，此时，可以认定被控侵权技术方案落入了专利权利要求的保护范围，构成侵权。

用公式表示，即专利权利要求的技术特征为：a、b、c，被控侵权技术方案的技术特征为：a、b、c′。如果特征c与特征c′相比，特征c′以基本相同的手段，实现了基本相同的功能，达到了基本相同的效果，并且属于本领域技术人员在特征c的基础上，无需创造性劳动就能想到的技术特征，则被控侵权技术方案构成对专利权利要求的等同侵权。

（2）等同侵权的判定。

① 判定等同的时间点。判断技术特征是否构成等同的时间点为被控侵权行为发生日，目的是为了防止在专利保护期间，被控侵权人在不改变专利技术实质的情况下，以很容易联想到的新出现的技术来代替专利权利要求中的某些技术特征，从而轻易逃避侵权责任。

② 判定等同的比较对象。判定被控侵权技术方案是否构成等同侵权时，应当将相应的技术特征进行比较，避免将被控侵权技术方案与专利权利要求进行整体比较。在判断技术特征是否等同时，重要的是看被控侵权技术方案中是否存在与专利权利要求中的某一技术特征等同的技术特征，并不要求专利权利要求的技术特征与被控侵权技术方案的技术特征一一对应。即使被控侵权技术方案用一个技术特征实现了专利权利要求中多个技术特征的功能，或者被控侵权技术方案中的多个技术特征实现了专利权利要求中的一个技术特征的功能，只要在被控侵权技术方案中能找到与专利权利要求相对应的技术特征，就不影响等同的认定。

【案例】

专利权利要求1：一种产品X，包括A、B、C和D。被控侵权产品X′，包括技术特征：A、B、E，其中E是由C′和D′连在一起形成的整体部件。

判定被控侵权产品是否侵权时，对技术特征可以如下表所示进行分析：

权利要求1	被控侵权产品	对比结论
A	A	相同
B	B	相同
C	E（C′+D′）	按照"三基本、一普通"的原则判断是否构成等同
D		

③ 等同特征的判断标准。当专利权利要求记载的某一技术特征与被控侵权技术方案的相应技术特征相比是以基本相同的手段实现基本相同的功能，并达到基本相同的效果，且对于本领域技术人员来说，属于在侵权行为发生时通过阅读说明书、附图和权利要求书等，而无需经过创造性劳动就能够联想到的技术特征，则认为这两个技术特征是等同特征。

所谓"手段"，是指为实现某一功能及达到某种技术效果所采取的方式。解决一个特定的技术问题，可能存在多种不同的技术手段，因此，不能仅从结果进行反推分析。对于专利权利要求和被控侵权技术方案的相应技术特征，即使二者的功能和效果基本相同，但如果采取的手段明显不同，则仍然不能认为二者具有等同特征。判断技术手段是否基本相同，应当站在被控侵权行为发生时本领域技术人员的角度，结合其具备的普通技术知识和能力，判断被控侵权技术方案中的相应技术特征是否是本领域常见的替代技术特征，本领域技术人员是否容易联想到以及其对被控侵权技术方案是否有实质影响。例如，一项专利权利要求中，某一技术特征是采用"皮带传动"，被控侵权技术方案替换为"链条传动"就属于基本相同的手段。

"功能"和"效果"分别是指相应的技术手段在整个技术方案中所发挥的作用和取得的技术效果。对于功能和效果，应当结合专利说明书和附图记载的内容以及被控侵权技术方案的技术原理，判断相应技术手段在被控侵权技术方案与专利权利要求中所发挥的作用是什么，究竟实现哪种具体的功能，达到何种具体的效果。同样，"手段"基本相同并不意味着"功能"和"效果"也一定基本相同，因为在某些情况下，某一技术手段表面上看在所属领域中是常见的，但是当与整个技术方案中的其他技术手段结合起来后却可能发挥完全不同的作用，并产生完全不同的技术效果。当然，通常情况下，"手段""功能"和"效果"是密切关联的，在等同侵权判定中，这三个因素往往相互影响，相互印证。

除了"手段""功能"和"效果"之外，判断是否构成等同侵权，还需要进一步判断所述技术特征是否为本领域技术人员不经过创造性劳动就能够联想到的。

在等同侵权判定中，"手段""功能"和"效果"以及"本领域技术人员不经过创造性劳动能够联想到"这四个要素均要考虑，缺一不可。一般情况下，首先考察被控侵权技术方案区别于专利权利要求的技术特征是否属于基本相同的手段，然后考察二者是否具有基本相同的功能并产生基本相同的效果，最后判断对于这种技术特征的替换，本领域技术人员是否不经过创造性劳动就能够联想到。如果对于四个要素的回答均是肯定的，则二者构成等同特征。

【案例】

某专利侵权纠纷案件中，专利权人甲的实用新型专利独立权利要求的内容为：一种拧干式地拖，它由主杆、手柄、握套、棉绳组成，其特征在于：有一喇叭套套在主杆上，有一上夹片通过上固定孔与喇叭套固定并与上夹盖夹紧固定，有一下夹片通过下固定孔与主杆固定并与下盖夹紧固定。

被控侵权产品拖把的技术特征为：由拖把杆、手柄、握把、上夹体、下夹体、拖把棉绳组成；在拖把杆的上端部设置有一手柄套，握把固定于拖把杆的上部；在拖把杆上设有一上夹体，上夹体由一呈倒喇叭形的圆形上夹套和圆形上夹座组成，其中圆形上夹座与呈倒喇叭形的圆形上夹套内侧螺纹连接固定；拖把杆的下端部有一个由下夹座和下夹板组成的下夹体，下夹板与下夹座紧密固定，下夹板通过一个可安装螺钉的固定孔与拖把杆固定；拖把棉绳均匀地设置在上夹体与下夹体之间。

独立权利要求	被控侵权产品	对比结论
主杆	主杆	相同
手柄	手柄	相同
握套	握把	相同
棉绳	棉绳	相同
一喇叭套套在主杆上，有一上夹片通过上固定孔与喇叭套固定并与上夹盖夹紧固定，有一下夹片通过下固定孔与主杆固定并与下盖夹紧固定。	在拖把杆上设有一上夹体，上夹体由一呈倒喇叭形的圆形上夹套和圆形上夹座组成，其中圆形上夹座与呈倒喇叭形的圆形上夹套内侧螺纹连接固定；拖把杆的下端部有一个由下夹座和下夹板组成的下夹体，下夹板与下夹座紧密固定，下夹板通过一个可安装螺钉的固定孔与拖把杆固定；拖把棉绳均匀地设置在上夹体与下夹体之间。	等同

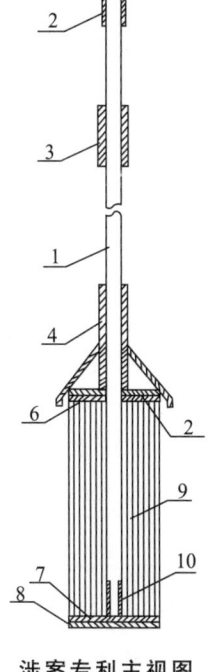

涉案专利主视图

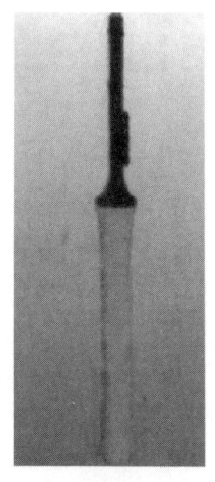

被控侵权产品

分析与评述：

将被控侵权物主要技术特征与甲的专利全部必要技术特征相比较，二者除了上夹片（上夹座）与喇叭套（上夹套）的连接固定方式有差异外，其余完全相同。专利权利要求记载的其中一个技术特征是"上夹片通过上固定孔与喇叭套固定并与上夹盖夹紧固定"；被控侵权拖把在相应的部位采取螺纹连接方式将圆形的上夹座与呈倒喇叭形的圆形上夹套固定。这两个技术特征虽有所差异，但二者实现的功能基本相同，达到的效果基本相同，即拖头（拖把棉绳）更换方便，使用方便，采用的手段基本相同，即从局部看，专利技术是通过上固定孔将上夹片与喇叭套固定，被控侵权的技术采取螺纹连接方式将上夹座与上夹套固定，这种技术方案变换是该领域的普通技术人员无需经过创造性劳动就能联想到的，应当属于等同特征。

5. 禁止反悔原则

（1）禁止反悔原则的含义。所谓禁止反悔原则，是指权利人将专利申请人、专利权人在专利授权或确权程序中，通过修改权利要求书、说明书或者意见陈述而放弃或明确定否定的技术方案，在侵犯专利权纠纷案件中反悔，重新纳入专利权的保护范围的，专利行政执法部门不应予以支持。

（2）禁止反悔原则的适用。当专利申请人、专利权人为了满足《专利法》及《专利法实施细则》关于授予专利权的实质性条件而对申请文件或专利文件进行修改或者意见陈述时，如果该修改或意见陈述限制了权利要求的保护范围，并且修改或意见陈述的目的是为了获得授权或维持专利权继续有效，将可能导致禁止反悔原则的适用。

【案例】

专利权利要求1："一种汽车地桩锁，其特征在于：它由底座（1）、芯轴（2）、活动桩（3）和锁具（4）构成，所述底座（1）固定在地面上，所述活动桩（3）通过芯轴（2）与座（1）相连，活动桩设有供锁具（4）插入的孔。"

在该专利的确权程序中，针对无效宣告请求人提出的有关创造性的无效理由，专利权人在其答辩意见中称："活动桩设有供锁具插入的孔。该描述的含义是，锁具不是永久固定在孔中，而是根据使用状态呈现两种连接关系，即锁定时位于活动桩的孔中，打开时，从孔中取出，与活动桩的孔分离。"

根据专利权人的陈述，专利复审委员会作出维持专利权有效的决定。在无效宣告请求审查决定中，专利复审委员会认定："在锁闭地桩锁时，权利要求1的活动桩上所设置的孔可供锁具整体地插入以达到锁闭地桩锁的目的，开启地桩锁时，可将锁具全部取出，活动桩上也无需设置附加的固定装置来固定锁具，因而该专利相对于现有技术具有实质性特点和进步，具备创造性。"

被控侵权产品：除锁具固定在底座上之外，其他技术特征与专利权利要求相同。

本案的争议点在于，被控侵权产品是否构成等同侵权。

分析与评述：

在确权程序中，专利权人为克服无效宣告请求人提出的有关涉案专利不具备创造性的缺陷，在意见陈述中明确了其专利中"活动桩设有供锁具插入的孔"这一技术特征的含义，对权利要求的保护范围进行了实质性的限定，专利复审委员会认可专利权人对这一技术特征的解释，据此认定权利要求所取得的技术效果并最终判定涉案专利具备创造性，维持专利权有效。因此，根据禁止反悔原则，所述技术特征与被控侵权产品"锁具固定在底座上"的技术特征不等同。

二、外观设计专利侵权判定

与发明、实用新型专利侵权判定类似，对于外观设计专利而言，确定被控侵权外观设计是否落入专利权的保护范围，一是要界定外观设计专利的保护范围二是对是否侵权作出判断。

（一）外观设计专利的保护范围

《专利法》第59条第2款规定："外观设计专利权的保护范围以表示在图片或者照片中的该产品的外观设计为准，简要说明可以用于解释图片或者照片所表示的该产品的外观设计。"

根据《专利法》的规定，申请外观设计专利时不需要提交权利要求书、说明书及其摘要等文件，只需提交表明该外观设计的图片或照片以及简要说明。可以说这里的"图片或照片"具有与权利要求书同等的法律地位，因此，在确定外观设计专利权的保护范围时，必须以该外观设计的图片或照片为准。

简要说明中包含了对外观设计方案的说明和限定，因此外观设计的简要说明可以用于解释图片或者照片所表示的该产品的外观设计。但需要说明的是，当简要说明与图片或者照片不一致的情况下，原则上应当以图片或照片为准。

（二）外观设计专利侵权判定

在进行外观设计专利侵权判定时，应当以外观设计专利产品的一般消费者的知识水平和认识能力进行判断。首先，判断被控侵权产品与外观设计专利产品是否属于相同或者相近种类产品。其次，确定涉案专利保护范围及被控侵权产品的外观设计，通过对设计空间的分析，确定对外观设计整体视觉效果更具有影响的设计内容，从而判断二者是否构成相同或者近似。如果二者属于相同或相近种类产品，并且在形状、图案、色彩上与专利产品相同或实质上相同或相近似，则应当认定侵权成立。

1. 判断主体

外观设计专利侵权判定的主体应当是外观设计专利相关种类产品的一般消

费者。

所谓"一般消费者"是一种法律上拟制的"人",他不具有设计能力,他会考虑涉案专利产品及其各部分零部件在产品的使用中对外观设计的影响。

不同种类产品具有不同的一般消费者。一般消费者应当具有如下的特点或能力:(1)对涉案专利申请日之前相同或相近种类产品及其外观设计具有常识性的了解(包括惯常设计);(2)对外观设计产品在形状、图案以及色彩上的区别具有一定的分辨力,但不会注意到产品的形状、图案以及色彩的微小变化;(3)能够获知相同或近似种类产品的现有设计。

2. 判断客体

在外观设计专利侵权判定中,应将授权公告文本或者被生效法律文书确定的专利文本中记载的涉案外观设计专利与被控侵权产品中的相关设计内容进行比较。不得将涉案专利产品与被控侵权产品直接进行对比来判断是否构成相同或近似。

(1)涉案专利。对于涉案专利中包含多项外观设计的,例如相似外观设计专利和成套产品的外观设计专利,权利人应当明确其主张权利的具体外观设计。当权利人未明确时,专利行政执法部门应当释明其可以选择其中一项或多项外观设计。

(2)被控侵权产品。对于在相同或近似对比中被控侵权产品的对比内容,应当根据涉案专利本身及其保护内容进行确定。

如果涉案专利为零部件产品,则应当将被控侵权产品中的相应部分作为对比的内容。

【案例】童车

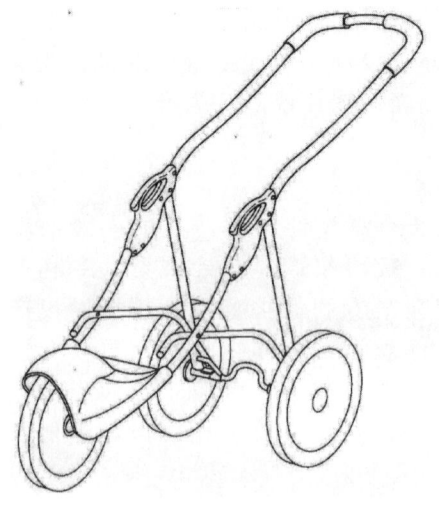
涉案专利

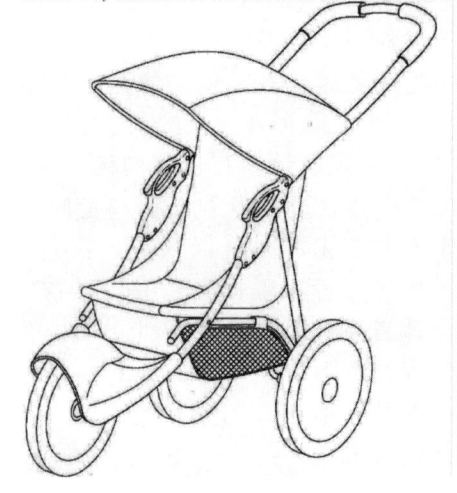
被控侵权产品

分析与评述：

涉案专利为儿童手推车的车架外观设计，被控侵权产品为儿童手推车整体。在进行相同或近似的对比过程中，应当将被控侵权产品中的相应部分——车架与涉案专利进行对比。

根据涉案专利要求保护的设计要素（形状、图案、色彩）确定被控侵权产品的相应要素。例如，如果涉案专利是单纯形状的外观设计专利，则仅将被控侵权产品的形状与外观设计专利的形状进行对比；如果涉案专利是形状和图案结合的外观设计专利，未要求保护色彩，则将被控侵权产品的形状、图案要素与外观设计专利的形状、图案进行对比。

3. 相同或相近种类产品

判断被控侵权产品是否与涉案专利构成相同或近似，首先要判断相关产品在种类上是否相同或者相近。当产品的种类既不相同也不相近时，即使被控侵权产品的形状、图案、色彩与专利相同或近似，也不能认定被控侵权产品落入专利权的保护范围。

（1）相同种类的产品。相同种类的产品是指产品用途完全相同的产品。例如，机械表和电子表，虽然二者的内部结构、实现计时的原理不同，但是二者均是指戴在手腕上、用以计时/显示时间的仪器，用途相同，属于相同种类的产品。

（2）相近种类的产品。相近种类的产品是指用途相近的产品。当产品具有多种用途时，如果其中部分用途相同，即使其他用途不同，二者也属于相近种类的产品。

【案例】换气扇和空调扇

换气扇的用途是，通过使室内外空气交换而除去室内的污浊空气、调节温度和湿度等。空调扇的用途是，送风、制冷、取暖和净化空气、加湿等，二者在送风、净化空气方面的用途相同，属于相近种类的产品。

（3）产品用途的确定。确定产品的用途，可以参考外观设计简要说明、国际外观设计分类表、产品的功能以及产品销售、实际使用的情况等因素。

① 国际外观设计分类号。授予专利权的外观设计在著录项目中注有分类号信息，该分类号是依据外观设计国际分类（又称洛迦诺分类）标准对产品进行的分类。洛迦诺分类表依据产品的用途，采用两级分类制，即大类和小类，分类较粗，故只宜作为确定产品种类的参考。

② 简要说明。产品名称、产品用途等信息是确定外观设计产品种类的重要依据，根据现行《专利法》及《专利法实施细则》，申请日在 2009 年 10 月 1 日以后的外观设计专利，在简要说明记载了这些信息的，在产品图片或照片与产品名称不完全对应，或者依据产品名称和图片或照片也不能确定产品用途时，简要说明中有

关产品用途的内容对确定外观设计的产品种类具有重要意义。

③ 产品图片或照片。产品的图片或照片是确定产品用途的重要依据。例如，对于明确的、已知的产品，根据图片或照片中显示的产品即可确定产品的用途。

除六面视图和立体图外，有的外观设计专利还包括其他视图。这些视图通常用来对外观设计作进一步说明，或者表示产品的使用环境，或者表示与其他产品的配合使用情况（如使用状态参考图），可以用来更好地理解外观设计产品的使用状态，表明外观设计产品的用途。当依据产品的名称、分类号、产品的基本视图不能确定产品的种类时，产品的其他视图，特别是使用状态参考图也为确定外观设计产品的种类提供了重要依据。

4. 外观设计相同或近似对比判断

相同或近似的对比判断应当站在涉案专利产品的一般消费者角度进行，对涉案专利与被控侵权产品的相关设计内容进行直接观察、单独对比，通过整体观察、综合判断的方式，确定产品外观设计的整体视觉效果。

（1）直接观察。所谓"直接观察"，是指观察者仅凭普通视觉、不借助仪器等其他工具或者手段进行比较观察，视觉无法直接分辨的设计内容不能作为认定相同或近似的依据。

例如，有些纺织品用视觉进行比较，形状、图案和色彩完全相同，但在放大镜下观察，其纹路有很大不同，这种借助放大镜等仪器观察到的纹路，不能作为外观设计专利侵权对比的依据。

（2）单独对比。所谓"单独对比"，是指在外观设计相同或近似对比时，应当将一件被控侵权产品的相关设计内容与涉案专利的一项设计进行对比，不能将两项或者两项以上外观设计结合起来进行对比。

例如，涉案专利为成套产品的外观设计专利，包含有若干项具有独立使用价值的产品的外观设计，或者涉案专利为相似外观设计专利，包含有多项相似的外观设计。权利人主张多项外观设计作为权利基础时，应当将一件被控侵权产品的相关设计内容与各项外观设计分别单独进行对比。

（3）比较产品外观的视觉效果。在外观设计专利侵权判定时，应当仅以产品的外观为比较对象，考虑要求保护的形状、图案、色彩产生的视觉效果。应当将图片或者照片表现的涉案专利与被控侵权产品（或者其图片或者照片所显示的产品）的形态（形状、图案、色彩）进行比较，从二者外观带给一般消费者的视觉印象而非产品功能角度进行分析判断。

（4）整体观察、综合判断。外观设计相同或近似的对比中，应当采用整体观察、综合判断的方法。所谓整体观察、综合判断，是指基于涉案专利的全部设计要素与被控侵权产品的相应设计内容进行比较，而不是依据外观设计的局部或者涉案专利与被控侵权产品相区别的设计特征作出判断。应当根据相关种类产品的外观设计的设计空间，综合分析各设计内容对外观设计整体视觉效果的影响。

如果一般消费者会将被控侵权产品误认为涉案专利外观设计，则被控侵权产品落入外观设计专利保护范围。如果一般消费者不会将被控侵权产品误认为涉案专利产品，也不必然得出二者不近似的结论。

【案例】

某外观设计专利侵权纠纷案中，专利的范围：主视图上半部分左右两边的颜色为深色底，上面是马蹄莲花图案，花口约45度朝上向里。中间靠左有"妇婴健康之选"标志图，正中是"清风"牌商标。主视图下半部分由左至右依次是"清风"牌商标、"妇婴健康之选"标志图、"超柔三层""超强吸水"字样和图标、产品制造商有关信息以及商品条形码。该外观设计专利说明书记载表明，该外观设计对色彩未要求保护。

被控侵权产品外观特征为：主视图上半部分左右两边颜色为深色底，上面是马蹄莲花图案，花口也是约45度朝上向里。中间靠左有"妇婴健康之选"标志图，正中是"清晨"牌商标。主视图下半部分由左至右依次是"超柔三层"和"超强吸水"字样、"清晨"牌商标、产品制造商信息及商品条形码。

涉案专利主视图

被控侵权产品外包装主视图

涉案外观设计专利包装产品

被控侵权外观设计包装产品

分析与评述：

涉案外观设计专利涉及的产品是卷装卫生纸的外观，共有6面，其正面（主视图）为常见面，对购买者和使用者的视觉影响最为显著，也是相关公众购买时考虑的重要因素。虽然被控侵权产品和涉案外观设计专利在产品色差、商标和文字位置等方面具有一些差异，但是这些差异并不显著，并不能对整体视觉判断产生显著的影响。根据整体观察、综合判断的原则，并以一般消费者的知识水平和认知能力判断，被控侵权物与外观设计专利两者外观相近似，被控侵权产品落入了请求人专利权的保护范围。

第三节 专利侵权抗辩事由

在侵犯专利权纠纷中，被诉侵权人的抗辩事由通常包括专利无效抗辩、不构成侵权抗辩、不视为侵权抗辩、现有技术抗辩、诉讼时效抗辩等，对于当事人提出的抗辩，专利行政执法部门应当全面审查。

一、专利权无效抗辩

否定涉案专利权的有效性是侵犯专利权纠纷中从根本上对抗专利权人的一种抗辩事由。如果被控侵权人提出的抗辩成立，则不仅能够对抗专利权人在案件中的请求，而且能够使请求人丧失据以请求的权利基础。

根据我国现行《专利法》"二元制"的制度设计，专利权是否有效应当由专利复审委员会予以审查，在专利侵权纠纷处理中，无论是人民法院，还是专利行政执法部门，原则上均无权力审理专利权是否应当维持有效抑或宣告无效的问题。实践中，被控侵权人提出专利权无效抗辩事由的，专利行政执法部门应当释明，并告知其可以向专利复审委员会提起无效宣告请求，并根据具体案情，决定是否中止侵权纠纷的处理。

二、不构成侵权抗辩

不构成侵犯专利权的抗辩，是指专利侵权纠纷处理过程中，被请求人以其被指控行为不具备侵犯请求人专利权的构成要件为由的抗辩。不构成侵犯专利权的抗辩并不否认请求人专利权的有效性，只是主张被诉行为不具备侵权的要件。

被诉侵权产品或方法的技术方案与发明或者实用新型权利要求中记载的技术方案不相同也不等同，或者被诉侵权产品与外观设计专利不相同也不近似，则不落入专利权的保护范围，不构成侵权。

三、不视为侵权抗辩

不视为侵犯专利权的抗辩，是指被指控行为客观上已经具备侵犯专利权的全部要件，但由于法律的特别规定不将其视为侵犯专利权的行为。至于法律特别规定这些行为不视为侵犯专利权的理由，主要是出于公平正义、利益衡量、主权国家之间相互豁免等需要。我国《专利法》第69条规定了不视为侵犯专利权的五种情形。

（1）专利权用尽。专利权用尽是指专利产品或者依照专利方法直接获得的产品，由专利权人或者经其许可的单位、个人售出后，使用、许诺销售、销售、进口该产品的，不视为侵犯专利权。专利权用尽是为了保证商品的流通，使专利权人获得的回报不至于影响社会公众利益而对专利权的一种限制。

（2）先用权。在专利申请日前已经制造相同产品、使用相同方法或者已经做好制造、使用的必要准备，并且仅在原有范围内继续制造、使用的行为，不视为侵犯专利权，这就是先用权抗辩。这里需要指出的是，已经做好制造、使用的必要准备应当有下列情形之一：①已经完成实施发明创造所必需的主要技术图纸或者工艺文件；②已经制造或者购买实施发明创造所必需的主要设备或者原材料。

以上所述的"原有范围"，是包括专利申请日前已有的生产规模以及利用已有的生产设备或者根据已有的生产设备可以达到的生产规模。

（3）临时过境。临时通过中国领土、领水、领空的外国运输工具，依照其所属国同中国签订的协议，或者共同参加的国际条约，或者依照互惠原则，为运输工具自身需要而在其装置和设备中使用有关专利的行为，不视为侵犯专利权。

（4）科学研究与实验性使用。专为科学研究和实验而使用有关专利的行为，不视为侵犯专利权。

（5）药品和医疗器械行政审批。药品和医疗器械发明专利到期日前，被诉侵权人实施为提供行政审批所需要的信息而制造、使用、进口专利药品或者专利医疗器械的，以及专门为其制造、进口专利药品或者专利医疗器械的行为，不视为侵犯专利权。

四、现有技术和现有设计抗辩

现有技术，是指申请日以前在国内外为公众所知的技术。现有技术抗辩，是指被诉落入专利权保护范围的全部技术特征，与一项现有技术方案中的相应技术特征相同或者无实质性差异，被诉侵权人主张其实施的技术属于现有技术的一种抗辩方式。专利行政执法部门不应主动适用或者释明现有技术，也不应主动检索或调取现有技术的证据。

【案例】

专利权人甲与中国工商银行乙市牡丹支行专利侵权纠纷案，请求乙市知识产权局处理。

请求人称，传声安防营业柜台C是本人申请并获得批准的实用新型专利。被请求人没有经本人许可而实施其专利，违反了《专利法》第11条的规定。请求市知识产权局责令被请求人立即停止侵权行为、承担全部处理费并赔偿经济损失。

被请求人辩称，在请求人专利申请日1998年12月30日之前，国内外有关金融机构营业场所已经使用涉案营业柜台，所述柜台属已经向社会公开的公知技术；该银行的营业柜台是根据中国人民银行和公安部1998年12月8日颁布的《金融机构营业场所、金库安全防护暂行规定》中有关营业柜台的强制规定建造，是合法建造。因此，不构成侵权行为，请求市知识产权局驳回请求人的请求。

审理查明：中国工商银行于1998年8月11~17日在成都市举办的培训参训学员班上，宣传了《储蓄所形象设计手册》内容讲解、储蓄所室内装修设计实施要点等，参训学员参观了装修竣工的形象设计示范单位中国工商银行成都分行草示街储蓄所（以下简称草示街储蓄所）。经比较，草示街储蓄所营业柜台的技术特征与被控侵权的营业柜台的技术方案完全相同。此外，中国人民银行和公安部1998年12月8日颁布的《金融机构营业场所、金库安全防护暂行规定》对银行营业柜台规定了具体的参数指标。

审理认为，被请求人的营业柜台是按照国家强制性规定、依照草示街储蓄所的技术方案设计、制造，且该技术方案在请求人专利申请日以前已有，并由工商银行系统作为统一规定向社会推广，故被请求人使用的技术方案属公知技术，侵权行为不成立。

分析与评述：

现有技术抗辩是指在专利侵权纠纷处理中，在被控侵权的产品或者方法落入专利权保护范围的全部技术特征的情况下，如果被请求人主张并提供相应的证据，证明被控侵权的产品或者方法与一项现有技术方案中的相应技术特征相同，则被请求人的行为不构成侵犯请求人的专利权。

五、诉讼时效抗辩

对于专利侵权纠纷，专利行政执法部门也认可诉讼时效抗辩，即诉讼时效为2年，自专利权人或者利害关系人得知或者应当得知侵权行为之日起计算，且只有被请求人主张诉讼时效抗辩，才能予以适用。

第四节　专利侵权纠纷处理程序

专利侵权纠纷处理程序，是指专利行政执法部门和案件当事人在为解决案件争议分阶段而又相连贯地顺次进行的全部活动，主要包括案件的受理立案、调查取证、审理和执行等环节。

一、受理立案

受理立案主要分为案件受理和立案审查两部分内容。

（一）案件受理

案件受理是专利行政执法部门通过对当事人的专利侵权纠纷处理请求进行审查，对符合法律规定条件决定立案的审查行为，是启动处理程序的首要环节。

1. 受理审查内容

受理阶段的审查是专利行政执法部门很重要的工作环节。专利行政执法部门在收到请求人递交的有关材料后，主要从三个方面进行审查。

（1）审查请求人的请求案件是否属于专利行政执法部门的受案范围。专利行政执法部门仅受理专利纠纷案件，一般的民事纠纷案件不属于专利行政执法部门的受案范围。

（2）审查请求是否符合《专利行政执法办法》第10条的五项规定。

（3）审查请求手续是否完备，《请求书》内容是否明确具体。

根据《专利行政执法操作指南（试行）》的规定，请求专利行政执法部门处理专利侵权纠纷应当符合下列条件：（1）请求人是专利权人或者利害关系人；（2）有明确的被请求人；（3）有明确的请求事项和具体事实、理由；（4）有证据证明被请求人涉嫌实施了专利侵权行为；（5）属于受案专利行政执法部门的管辖范围和受理事项；（6）当事人任何一方均未向人民法院起诉。

2．审查注意事项

（1）请求人要求适格，被请求人需要明确。

【案例】

专利权人甲向乙市知识产权局反映该市某灯饰市场有数家商户销售灯饰涉嫌侵犯其外观设计专利权，并提供了购买涉嫌侵权产品的发票，请求乙市知识产权局对该灯饰市场销售侵权产品的行为进行查处，维护其专利合法权益。该市知识产权局能否受理此案？

分析与评述：

甲提供的购买涉嫌侵权产品的发票中，销售者为某灯饰市场内的商户，某灯饰市场没有直接进行销售行为，专利权人认为某灯饰市场侵犯其专利权，没有明确的被请求人，应不予受理，但应告知甲可以针对有关商标向乙市知识产权局提出请求。

（2）请求事实的描述只需要具体，不需要充分。

（3）适当利用专利权评价报告。

实用新型和外观设计专利不经过实质审查，因此存在专利权不符合授权条件的情况。按照《专利法》的规定，专利侵权纠纷涉及实用新型专利或者外观设计专利的，专利行政执法部门可以要求请求人在指定期限内出具由国家知识产权局作出的专利权评价报告，作为处理专利侵权纠纷的证据。

按照第三次专利法修改的《施行修改后的专利法的过渡办法》，对于2009年10月1日以前申请的实用新型专利，可以要求提供实用新型检索报告，对于2009年10月1日以后申请的实用新型和外观设计专利，可以要求提供专利权评价报告。

【案例】

2011年10月，专利权人甲向乙市知识产权局反映，称其一项重要的实用新型专利被乙市数十家银行侵权。执法人员进一步了解后得知，甲系银行安保人员，工作中发现顾客在自动取款机输入密码时，总担心密码被偷窥，遂想出在密码输入设备上增加一网状装置，既可以轻松输入密码，又可以防止密码被偷窥。甲将该技术方案申请了国家专利并获得授权。

该技术方案属于常规技术，又因为该专利是实用新型专利没有经过实审，其专利的稳定性不强，且专利权人一旦启动专利维权程序，将涉及乙市数十家银行，影响面广。因此执法人员提出需要专利权人提交该实用新型专利权评价报告，当专利权人从该专利权评价报告中得知该专利不具有新颖性和创造性，遂撤回了专利侵权纠纷处理请求。

分析与评述：

实用新型专利没经过实质审查，对于明显缺乏新颖性和创造性的专利，利用该实用新型专利权评价报告，可以有效防止专利权人滥用权利。

（二）立案审查

当事人提交专利侵权纠纷处理申请材料后，执法人员根据相关法律规定进行审查，针对不同情况作出不同处理。

（1）请求符合法定条件的，应当在5个工作日内立案并通知请求人。

（2）请求不符合法定条件的，应当在收到请求书之日起5个工作日内通知请求人不予受理，并说明理由。

请求人对不予受理不服的，可以在60日内向有行政复议权的机关申请行政复议，也可以在6个月内向有管辖权的人民法院提起行政诉讼，还可以就请求处理的事项另行直接向人民法院提起民事诉讼。

二、调查取证

调查取证是指专利行政执法部门对立案处理的案件，为收集证据和查清事实而依法定程序进行的专门活动和依法采取的有关强制措施。

（一）调查取证的方式

（1）依职权调查取证。专利行政执法部门可以根据需要依职权调查核实有关证据，可以依法进行现场勘验检查。

（2）依申请调查取证。当事人在立案后的举证期内，因客观原因不能自行收集证据的，可以请求专利行政执法部门调查取证。

（二）依职权调查取证

专利行政执法部门在处理案件过程中，为查清案件事实，根据法律赋予的权利，主动调查核实相关证据，为高效处理专利侵权纠纷提供客观、公正的事实依据。

依职权调查取证通常是在案件被请求人的场所进行，通常还会受到一定阻力，为保证调查核实的顺利进行，达到查明事实的效果，调查取证前的准备活动特别重要，执法人员在调查取证前，特别是在勘验有关涉案产品的技术特征时，应当做好以下准备工作。

（1）明确调查取证的目的，调查案件当事人是否实施了专利侵权行为，核实被控侵权产品的技术特征。

（2）分析涉案专利的权利要求书，明确权利要求保护范围，分解权利要求的技术特征。

（3）明确具体的被控侵权产品，在遇到被控侵权产品为系列产品或相似产品时，为避免混淆调查核实对象，需要明确具体的被控侵权产品。

（4）注重调查取证的程序，特别是在调查取证遇到阻力的情况下，要做好说服和劝导工作，注意调查取证的程序合法合理，同时也要提前准备相关的法律文书。

（三）依申请调查取证

在处理案件中，当事人因客观原因不能收集证据的，可以请求专利行政执法部门收集证据，但在实践中，存在当事人无限制要求专利行政部门调查取证的情形，所以专利行政执法部门审查申请调查取证是否符合条件就尤为重要。根据相关法律规定，申请调查取证的材料必须是当事人及其代理人确因客观原因不能自行收集的材料。

【案例】

专利权人甲认为乙医院使用的某医疗器械涉嫌侵犯其专利权，在向专利行政执法部门提起专利侵权纠纷处理请求后，又提出该医疗器械因在重症病房使用，无法提交相关证据材料，遂申请专利行政执法部门去乙医院调查收集相关证据。

分析与评述：

涉案被控侵权产品为医院重症病房使用的医疗器械，专利权人因客观原因无法取得证据材料，专利行政执法部门对应当依法立案并作出处理的必须全面、客观、公正地调查，收集有关证据；必要时，依照法律、法规的规定，可以进行检查。

三、审理

（一）审理形式

专利侵权纠纷处理审理分为口头审理和书面审理。

（1）口头审理，是指专利行政执法部门于确定的日期在当事人的参加下，依照法定的程序和形式，在口头审理庭上对案件进行实体审理的处理活动。

（2）书面审理，是指合议组经过阅卷、调查和询问当事人后，认为案件事实清楚、证据确凿，可以在询问当事人后直接作出处理决定。

因专利侵权纠纷案件大多比较复杂，一般进行口头审理，故下面对口头审理作重点介绍。

(二) 口头审理的准备

口头审理应当在案件答辩期届满并做好必要的准备工作后进行。当事人明确表示不提交答辩状并同意在答辩期内开庭审理的,也可以在答辩期限届满前进行口头审理。

为了保证口头审理的顺利进行,专利行政执法部门应当进行必要的准备工作,具体为以下几点。

(1) 口头审理3个工作日前通知当事人口头审理的时间及地点。

(2) 案情比较复杂、证据材料较多的案件,可以在口头审理前组织当事人交换证据并先行质证。

(3) 合议组成员阅读和研究案卷,了解案情,掌握争议的焦点和需要调查、辩论的主要问题。

(4) 举行口头审理前的合议组会议,研究确定合议组成员在口头审理中的分工,调查的顺序和内容,应当重点查清的问题,以及口头审理中可能出现的各种情况及处置方案。

(5) 公开口头审理案件信息。

(6) 其他事务性工作的准备。

(三) 口头审理程序

专利侵权纠纷处理口头审理由几个相对独立又有相互联系的阶段组成,按照以下阶段和顺序进行。

(1) 准备开审。口头审理开始前,书记员应当查明案件当事人及其他参与人是否到场,然后宣布口头审理纪律。正式开庭审理时,由合议组长核对当事人,宣布合议组人员名单,并口头告知当事人有关权利和义务,询问当事人是否提出回避申请,从而使当事人、其他参与人以及旁听的群众了解案情、各自的权利义务、应遵守的口头审理纪律。

(2) 口头审理调查。口头审理调查是口头审理的重要阶段。其任务是审查核实各种证据材料,对专利侵权纠纷进行直接的、全面的调查,并为进入口头审理的下一阶段做好准备。

庭审调查按照下列顺序进行。

① 当事人陈述。由请求人和被请求人或第三人对自己的主张及其所根据的事实和理由加以陈述。在各当事人陈述之后,主审员归纳案件争议焦点或者口头审理调查重点,并征求当事人意见。

② 质证。质证是指当事人或者代理人及第三人在合议组的主持下,对当事人及第三人提出的证据就其真实性、合法性、关联性予以说明和质辩的过程。

质证过程中,当事人主要应围绕案件争议的焦点举证,请求人应当就专利权有效性、侵权事实存在等方面举证，被请求人主要应当围绕抗辩理由举证，并对请求人指控侵权的证据提出质疑。

没有经过质证的证据不能作为认定案件事实的依据，合议组在当事人举证完毕后，要将专利行政执法部门收集的证据和有关勘验笔录进行当庭质证，听取当事人的质证意见。

③ 组织双方当事人进行侵权比对。口头审理时，应当询问请求人以具体哪项权利要求作为该案的保护范围。经合议组询问后，请求人主张仍不明确的默认其以独立权利要求作为专利的保护范围。由请求人对主张的权利要求的所有必要技术特征与涉案产品或方法所对应的技术特征进行比对。被请求人对是否落入保护范围发表意见。被请求人拒绝比对的，应在笔录中注明。

（3）辩论。双方当事人及代理人充分行使自己的辩论权，在口头审理中围绕争议事实和法律问题进行辩驳和论证，是口头审理的重要阶段之一，为进一步查明案件客观真实情况、正确适用法律奠定基础。

辩论开始时，合议组长应当归纳案件的焦点，引导当事人围绕审理的焦点进行辩论；辩论过程中，当事人可以互相发问，或向证人或鉴定人员发问。

（4）最后陈述。在双方当事人的辩论意见陈述完毕后，合议组组长宣布辩论终结，由双方当事人作最后意见陈述。

（5）口头审理结束。合议组组长宣告口头审理结束，双方当事人在核对完口头审理笔录后签字。

（6）调解。调解贯穿于专利侵权纠纷处理程序之中。在口头审理中，应当询问当事人是否有和解的意愿。双方当事人均有和解意愿的，由请求人和被请求人依次说明和解条件。当庭调解不成的，可以另外组织庭外和解。

四、结案

专利侵权纠纷处理结案是指案件审理完毕时作出最终裁决或进行最后处理。

（一）合议

专利侵权纠纷处理案件的合议是指对案件由办案集体共同审理后共同进行评议。

专利侵权纠纷案件结案之前，合议组应当对案件认定的事实、证据、责任、适用法律、处理结果进行全面合议。

合议由该案件合议组组长召集并主持。合议组成员必须提出明确意见，不得弃权或沉默。合议组合议案件，按照少数服从多数的原则对案件涉及的证据是否采信、事实是否认定以及理由是否成立等进行表决，对处理决定的内容作出结论。合议中的不同意见，书记员应当如实记入笔录。合议组合议笔录由合议组全体成员签名，并注明日期。合议组成员以及合议旁听人员对合议内容负有保密义务。

（二）结案种类

专利行政执法部门立案的专利侵权纠纷案件，在调查认定案件事实的基础上，必须依法结案。

根据案件处理结果，结案形式包括以下几种。

（1）处理。作出行政处理决定，发出处理决定书，终止行政处理程序。

（2）调解。经调解当事人达成调解协议的，作出调解书，终止行政处理程序。

（3）撤销。发出撤销案件通知书，终止行政处理程序。

（三）结案时限

结案时限是指某一专利侵权纠纷处理案件从专利行政执法部门立案受理到结案的法定期限，专利侵权纠纷案件一般应当自立案之日起3个月内审理结案。案件特别复杂需要延长期限的，应当由专利行政执法部门负责人批准。经批准延长的期限，最多不超过1个月。案件处理过程中的公告、鉴定、中止等时间不计入前述案件办理期限。

五、执行

虽然执行程序与审理程序相并列，但执行程序不是所有专利侵权纠纷处理案件的必经程序，如果当事人自愿履行处理决定所确定的义务，则不涉及执行程序。

（一）执行依据

专利侵权纠纷处理案件执行的依据是指能够据以执行的法律文书。具体来讲是指处理决定书。处理决定书一经作出，即具有执行力。

调解书是专利行政执法部门在案件处理过程中，以当事人达成的调解协议为蓝本制作的法律文书，其目的是在对当事人调解协议内容进行合法性审查之后，作出一个权威性、规范性文本，有利于督促当事人履行自愿达成的权利义务。调解书在法律意义上还不具有强制执行力，不能作为申请法院强制执行的依据。目前，有的省市通过地方立法设立了调解书司法确认程序，使专利行政执法部门出具的调解书可以申请强制执行。

（二）申请强制执行

在专利侵权纠纷案件处理终结后，当事人期满不起诉又不履行行政处理决定的，专利行政执法部门可以应当事人请求申请人民法院强制执行。

专利行政执法部门应当要求提出强制执行申请的当事人，以书面的形式提出强制执行申请，并预付向人民法院支付的强制执行费用。

专利行政执法部门应当在当事人的法定起诉期限届满后申请人民法院强制

执行。申请强制执行的期限为三个月，自被执行人的法定起诉期限届满之日起计算。

（三）处理结果公开

专利行政执法部门作出认定专利侵权行为成立并责令侵权人立即停止侵权行为的决定，应当自作出决定之日起 20 个工作日内予以公开，通过政府网站等途径及时发布执法信息。

处理结果原则上应当全面公开，但涉及国家秘密、商业秘密、个人隐私或其他法律法规规定不允许公开的内容除外。

（四）录入知识产权诚信档案

诚信是社会发展、社会和谐的基础，为树立诚信理念，营造诚信环境，全国范围内的各个领域逐渐建立了各种诚信体系。诚信体系是个综合性概念，知识产权领域建立的诚信体系是社会诚信体系的一部分，知识产权诚信档案是建立和完善知识产权诚信体系的基础。

专利行政执法部门建立知识产权诚信档案的，案件结案后，合议组应当及时将行政处理决定所确认的侵权事实及处理结果记入诚信档案。

六、证据

证据部分主要分为举证责任、举证内容、质证、证据审核和认定这几方面。

（一）举证责任

举证责任是指当事人对自己提出的主张有收集或提供证据，并运用该证据证明主张的案件事实成立或有利于自己主张的责任，否则将承担其主张不能成立的后果。

1. 举证责任分配

当事人对自己提出的专利侵权纠纷所依据的事实或者反驳对方所依据的事实有责任提供证据加以证明。在依据有关法律规定无法确定举证责任承担时，专利行政执法部门可以根据公平原则和诚实信用原则，综合当事人的举证能力以及待证事实发生的盖然性等因素确定举证责任的承担。没有证据或者证据不足以证明当事人的事实主张的，由负有举证责任的当事人承担不利后果。

2. 新产品制造专利方法侵权纠纷处理中的特殊举证责任

在一般专利侵权纠纷中，实行的是"谁主张谁举证"的原则。但是在新产品制造方法专利的侵权纠纷中则采用举证责任倒置的原则，即"专利侵权纠纷涉及新产品制造方法的发明专利的,制造同样产品的单位或者个人应当提供其产品制造方法不同于专利方法的证明"。这里所述的"新产品"是指该产品或者制造产品的技术方案在专利申请日以前不为国内外公众所知。而所谓"同样产品"是指将被控侵权产品与依照专利方法直接获得的产品相比,被控侵权产品再现涉案专利产品权利要求记载的全部技术特征。法律这样规定的主要原因是,当专利侵权纠纷涉及一项新产品制造方法专利时,由于制造方法只能在产品的制造过程中使用,要求专利权人进入被控侵权人的生产现场调查取证是比较困难的。为了更有效地保护专利权人的利益,法律作了这样特殊的规定。

（二）举证内容

在专利侵权处理中请求人应首先根据我国民事侵权法律规范规定的侵权责任的四个要件来收集整理证据,同时还应结合专利侵权的特殊性,使提交给专利行政执法部门的证据形成完整的证据链。

1. 请求人提供的证据

作为请求人,应提供以下证据。

（1）权利证据。

① 请求人主体资格证明,自然人为身份证,法人或其他组织为法人证书或营业执照。

② 专利权证书,证明专利权授权时的权属状况。

③ 专利登记簿副本。一定意义上来说,专利登记簿副本是比专利证书更为重要的证据,因为专利证书记载的是专利授权时的权属状况,在授权之后,专利的权属状况可能会发生改变,如专利权转让、专利被宣告无效等,这些内容在专利证书上是反映不出来的,却会在专利登记簿副本上反映出来。实务中应当对此给予应有的重视。

④ 专利授权公告文本。发明或实用新型专利的权利要求书、说明书、说明书附图、说明书摘要等；外观设计专利为公告授权的图片或照片及简要说明。

⑤ 专利年费收据。证明专利持续有效。其实这一证据在提供了前述的专利登记簿副本的情况下是可以不提供的。因为在专利登记簿副本上会注明"该专利年费已缴纳至某年某月某日"。在专利行政执法实务中,专利权人提供专利年费收据的证明,目的在于说明专利已缴纳年费,持续有效。但在国家知识产权局的专利缴费实务中,即使专利权已被宣告无效,或因没缴纳年费而导致专利权终止后,缴纳专利费也是可以进行的,并可取得专利年费收据。因此通过专利年费收据证明专利持续有效是不充分的,有时甚至是不真实的。这也进一步说明了,前述专利登记簿副本的重要性。

⑥ 专利权评价报告。专利权评价报告是国家知识产权局根据专利权人或者利害

关系人的请求,在实用新型或者外观设计被授予专利权后对相关实用新型或外观设计专利进行检索,并就该专利是否符合《专利法》及《专利法实施细则》规定的授权条件进行分析和评价并作出报告。专利权评价报告是一种官方出具的较权威的专利质量评价。

根据法律规定,在专利侵权纠纷处理中,专利行政执法部门可以要求实用新型或外观设计的专利权人或利害关系人提供专利权评价报告,其目的是确定专利的稳定性,决定是否需要中止相关程序。

(2) 涉嫌侵权的证据。

① 书证。通常是公证书,专利权人通过市场调查发现侵权行为后,通常会向公证机关提出申请,对购买侵权产品的过程及购得的侵权产品进行公证、对侵权现场或对侵权产品的安装地进行勘查公证,取得公证书,从而证明被请求人存在侵权行为。在公证人员取证的过程中,专利权人最好主动向销售者索取产品宣传册、销售侵权产品人员的名片、购货发票或收据,以进一步明确产品的生产者和销售者,同时专利权人可以要求公证机关对前述资料的来源和真实性作出说明,一并记载在公证书中。

② 物证。专利权人从市场上购得的侵权产品。购得的侵权产品应由公证人员封存,并拍照。在提交给专利行政执法部门之前,请求人应确保封条完好无损,否则被请求人将可能在质证时提出异议,对侵权产品不予认可。

(3) 利益损失证据。

① 专利实施许可合同。目前专利行政执法实务中,提供损失证据的案件较少,原因是此类证据举证难度较大,举证成本较高。因此最常见的是,专利权人通过与他人签订专利实施许可合同,以合同约定的许可使用费作为请求赔偿的依据。

② 财务审计报告。根据《专利法》的相关规定,侵权赔偿的数额确定除参照前述的专利许可使用费外,还有权利人因被侵权所受到的损失或者侵权人因侵权获得的利益以及法定赔偿。在请求人主张以自己所受到的损失作为赔偿数额的依据时,应提供自己单位产品获利情况的财务审计报告或相关证据。

2. 被请求人提供的证据

被请求人在收到专利侵权纠纷处理的答辩通知书后,应该分析请求人提供的证据,并根据抗辩主张组织收集对自己有利的证据。实践中被请求人的抗辩主张有多种,例如本章第三节所述。具体地,被请求人提出权利抗辩时,通常是对请求人的主体资格、专利权的权属、专利权的效力等方面进行抗辩。

专利侵权处理请求通常是由专利权人自己发起的,但在专利实施许可的情况下,也可能由被许可人提起。在此种情形下应审查许可使用的方式,根据法律规定,只有独占实施许可的被许可人可以作为请求人单独提起请求,排他实施许可合同的被许可人在专利权人未提出请求的情况下,可以单独提出请求;除合同另有约定外，普通实施许可合同的被许可人不能单独提出请求。

在专利权已转让给他人后，原专利权人仍提起侵权处理程序的案例在实践中也曾发生过。对此被请求人应提供该专利的登记簿副本，证明专利权已发生转移，请求人不具备提请处理的主体资格。

另外，即使专利权已终止，请求人也可以对被请求人在专利权有效期间的侵权行为而提起侵权处理请求。此种情况下，被请求人提供专利登记簿副本也是非常必要的。

更特殊的一种情况是专利权人对专利申请日至专利公告授权日之间制造、销售相同产品的制造者或销售者提起请求。根据法律的规定，在此期间的制造或销售行为并不构成专利侵权，但发明专利申请公布后至专利授予前他人未经许可实施发明专利的，可以就临时保护纠纷请求调解。对此被请求人也应给予必要的注意。

（三）质证

证据应当具备真实性、合法性、关联性，且应当经由当事人质证，未经质证的证据，不能作为认定案件事实的依据。质证时，执法人员应当围绕证据的关联性、合法性、真实性，引导当事人针对证据证明力有无以及证明力大小，进行质疑、说明和辩驳。

（1）当事人在证据交换过程中认可并记录在卷的证据，无须进行质证，可以作为认定案件事实的依据，但办案人员应当在审理中对此说明。

（2）涉及国家秘密、商业秘密、个人隐私或者法律规定的其他应当保密的证据，不得在口头审理时公开质证。

（3）对书证、物证、视听资料进行质证时，当事人有权要求出示证据的原件或者原物。但以下两种情况除外：① 出示原件或者原物确有困难并经专利行政执法部门准许出示复制件或者复制品的；② 原件或者原物已不存在，但有证据证明复制件、复制品与原件或原物一致的。要求出示证据的原件或者原物主要目的在于有效地质疑证据的法律效力和证明力。

（4）质证一般采取一证一质、逐个进行的方法，也可以在对方同意的情况下，对一组有关联的证据一并予以质证。当案件有两个以上独立请求时，当事人可以分别围绕其请求逐个予以质证。口头审理时应当将当事人的质证情况记入笔录，并由当事人核对后签名或者盖章。已经质证的证据一般不予重复质证。

（四）证据审核和认定

1. 证据的审核

对于当事人提交的证据应当逐一进行审查并对全部证据综合进行审查。合议组应当明确证据与案件事实之间的证明关系，排除不具有关联性的证据。

合议组应当根据案件的具体情况，从以下几方面审查证据的合法性。
（1）证据是否符合法定形式。
（2）证据的取得是否符合法律、法规和规章的规定。
（3）是否有影响证据效力的其他违法情形。
合议组应当根据案件的具体情况，从以下几方面审查证据的真实性。
（1）证据是否为原件、原物，复印件、复制品与原件、原物是否相符。
（2）提供证据的人与当事人是否有利害关系。
（3）发现证据时的客观环境。
（4）证据形成的原因和方式。
（5）证据的内容。
（6）影响证据真实性的其他因素。

2．证据的认定
（1）可以采信的证据。
一方当事人提出的下列证据，对方当事人提出异议但没有相反证据足以证明的，应当确认其证明力。
① 书证原件或者与书证原件核对无误的复印件、照片、副本、节录本。
② 物证原物或者与物证原物核对无误的复制件、照片、录像资料等。
③ 有其他证据佐证并以合法手段取得的、无疑点的视听资料或者与视听资料核对无误的复制件。
④ 一方当事人依法定程序和形式委托鉴定部门作出的鉴定结论。
⑤ 一方当事人提出的证据，另一方当事人认可或者提出的相反证据不足以反驳的，可以确认其证明力。一方当事人提出的证据，另一方当事人有异议并提出反驳证据，对方当事人对反驳证据认可的，可以确认反驳证据的证明力。
⑥ 双方当事人对同一事实分别举出相反的证据，但都没有足够的依据否定对方证据的，应当结合案件情况，判断一方提供证据的证明力是否明显大于另一方提供证据的证明力，并对证明力较大的证据予以确认。因证据的证明力无法判断，导致争议事实难以认定的，应当依据举证责任分配原则作出判断。
⑦ 处理过程中，当事人在请求书、答辩书、陈述及其委托代理人的代理词中承认的对己方不利的事实和认可的证据，应当予以确认，但当事人反悔并有相反证据足以推翻的除外。
（2）不能单独采信的证据。
下列证据不能单独作为认定案件事实的依据。
① 未成年人所作的与其年龄和智力状况不相适应的证言。
② 与一方当事人有亲属关系、隶属关系或者其他密切关系的证人所作的对该当事人有利的证言，或者与一方当事人有不利关系的证人所作的对该当事人不利的

证言。

③ 无正当理由不参加口头审理作证的证人证言。

④ 难以识别是否经过修改的视听资料。

⑤ 无法与原件、原物核对的复制件或者复制品。

⑥ 经一方当事人或者他人改动,对方当事人不予认可的证据材料。

⑦ 只有当事人本人陈述而不能提出其他相关证据的主张,不予支持,但对方当事人认可的除外。

⑧ 其他依法不能单独作为认定案件事实依据的证据材料。

(3) 不得采信的证据。

凡有下列情形之一的证据不得采信。

① 未经双方质证或一方有异议而无法确认的。

② 不能说明证据合法来源的。

③ 非法取得的。

④ 证人证言前后不一致,且又不能获得印证的。

⑤ 当事人自行委托鉴定又未得到合议组审核查实的。

⑥ 没有原件印证的复印件,且另一方有异议的。

⑦ 无正确表达能力人的证言或书证。

第五节 专利侵权处理与行政诉讼

专利侵权纠纷处理是专利行政执法部门作为第三方调解、处理行政相对人之间发生的民事争议的活动。这种行为,受行政系统自身的监督和权力部门的监督,还要接受司法的审查。即,请求人或被请求人对侵权纠纷处理决定不服的,可以向有管辖权的人民法院提起行政诉讼。

一、专利侵权纠纷处理案件的特点

专利侵权纠纷处理,是指专利行政执法部门应专利权人或利害关系人的申请,对专利侵权事实是否成立进行判断,并就侵权损害赔偿进行调解的过程。这一过程是专利行政执法部门在法定职责权限内,依照法定程序针对具体的行政相对人作出的具有强制力的具体行政行为,通常也被称为行政裁决行为。这种特殊的具体行政行为,具有以下特点。

(一) 主体的法定性

在现行法律框架中,能够解决民事争议的主体有人民法院、仲裁机构和行政部门。按照《专利法》的规定,处理专利侵权纠纷的主体是专利行政执法部门。虽然我国各地专利行政执法部门机构设置不尽相同,但根据《专利行政执法办法》第4

条的规定，执法人员必须持有行政执法证，这是对执法人员的身份提出的明确要求。

（二）适用法律规范的复杂性

专利侵权纠纷处理的对象是当事人之间发生的民事争议，即平等主体之间发生的是否侵权的争议。专利行政执法部门在处理专利侵权纠纷过程中，既要适用《专利法》等法律法规的规定，也要运用民事法律规范来界定当事人的权利义务。同时，在处理程序上，既要遵循行政法的基本原理，又要灵活运用民事诉讼的基本规则。

（三）效力的强制性

专利行政执法部门依法作出的行政处理决定，一经作出，立即生效，即具有拘束力、确定力和执行力。处理决定具有的效力能够将专利侵权纠纷在行政上予以法律解决，使处于不确定状态的民事关系被确定下来。

二、专利行政诉讼的应对

在行政诉讼中，人民法院以审查具体行政行为的合法性为原则，以审查具体行政行为的合理性为例外。合理性审查仅针对行政处罚这一类具体行政行为，如假冒专利行为处罚。针对专利侵权纠纷处理的行政诉讼，人民法院只审查专利行政执法部门作出行政处理决定的合法性。

正是由于专利侵权纠纷处理具有以上特点，因此，在应对行政诉讼时，既要掌握行政诉讼的一般规律，又要注意此类案件的特殊性。作为专利行政执法一线人员，在应对行政诉讼中，应当注意以下事项。

（一）积极应对、认真答辩

行政诉讼是专利行政执法活动接受司法监督的一种法律程序。对行政部门作出的处理决定提出行政诉讼，是公民理性表达诉求的法定渠道，积极应诉是行政部门的义务。随着社会公众法律意识的不断增强，行政诉讼案件呈逐年增长的趋势。积极应对行政诉讼，有利于提高行政执法的工作水平，宣传专利法律知识。因此，在收到人民法院的应诉通知后，行政部门应当积极应对，不能因有当事人不服专利纠纷处理决定而消极对待，更不能延误答辩时间。

（二）及时提交证据材料

在行政诉讼中，人民法院对具体行政行为的事实问题和法律问题、程序问题和实体问题进行全面审查，特别是程序问题，是法院审查的重点。所以在行政诉讼中提交证据材料时，要注意以下几点。

（1）及时举证。按照《行政诉讼法》的规定，专利行政执法部门对作出的具体行政行为负有举证责任，应当在收到起诉状副本之日起 10 日内提供与案件有关的证据材料。

（2）充分举证。在行政诉讼案件中，法院主要审查行政行为的合理性，除了提供据以作出被诉具体行政行为的全部证据外，还应当提供所依据的规范性文件。

（3）分类举证。行政诉讼中既有实体问题，也有程序问题，既有原侵权纠纷当事人提供的证据，也有专利行政执法部门自行收集的证据，所以在提交证据清单时，应注意证据类别、证据之间的连贯性和系统性，这有利于法院全面了解证据的重点和证明目的。

（三）证据的形式要求

（1）关于日期。遵循法定期限是程序合法的基本要求。对于案件中涉及的专利侵权纠纷处理中的各个程序的时间节点，一定要符合法律法规对法律期限的具体要求，如案件从受理到送达请求书副本之间的期限要求等，都是人民法院审查的重要内容。如果存在确因客观原因超期的，要进行特别说明。

（2）关于签字。在法律文书上，涉及当事人签字的，要注意审查其权限；如涉及执法人员的，一定要审查执法人员是否具有执法资格。

（3）关于笔录。笔录的记载是证明案件案情的主要依据，其内容易成为当事人的争议焦点。因此要注重笔录的完整性。对于调查笔录，要重点审核调查的时间、地点等资料。对于庭审笔录，则要重点审核当事人关于案件焦点的争议是否明确、理由记载是否充分、当事人是否签字。

（四）重视法院的司法建议

行政部门要减少行政败诉案件，需充分重视法院的司法建议。法院具有法律专业的优势，法院在办理行政案件的过程中，对行政诉讼中反映的突出或集中的问题形成的司法建议，具有很强针对性和指导性。行政机关应当根据这些司法建议，对其在行使职权过程中存在的不合法、不适当的行政行为进行纠正，举一反三，保护公民、法人和其他组织的合法权益。

（五）单位主要负责人要积极参与应诉

单位主要负责人参与行政诉讼，尤其是参加庭审，有利于体现行政机关与行政相对人处于平等法律地位的良好法律素质，展示专利行政执法部门重视当事人诉求的理念；同时，有利于行政机关及时纠正错误，提高专利行政执法部门依法行政的水平。如湖北省武汉市 2012 年出台的《武汉市行政应诉工作暂行规定》，从制度上规定了应诉行政机关主要负责人或分管负责人应出庭应诉或参加庭审旁听等相应规定，正是这一重要举措的具体体现。

【案例】

上海市知识产权局应对专利行政诉讼的成功案例

2008年9月17日,上海市知识产权局收到上海佳动力环保科技有限公司(以下简称佳动力公司)的专利侵权处理请求。佳动力公司在请求中认为,上海全能科贸有限公司(以下简称全能科贸公司)未经专利权人许可,擅自制造和销售一种"空调节能雾化器"产品(型号为RSW5000A),侵犯了作为独占被许可人的佳动力公司的合法权益,请求上海市知识产权局责令全能科贸公司立即停止侵权行为,停止生产、销售侵权产品,并对佳动力公司的经济损失及支付的律师费用等合理费用的赔偿事宜进行调解。

上海市知识产权局于2008年9月22日予以受理,并于当日向全能科贸公司发出答辩通知书。全能科贸公司于2008年9月26日收到答辩通知书后,于2008年10月3日提交了答辩书。当日,上海市知识产权局向佳动力公司和全能科贸公司分别发出口头审理通知书。2008年11月12日,上海市知识产权局进行了口头审理,佳动力公司和全能科贸公司均派员参加审理。

2009年6月19日,上海市知识产权局作出沪知局处字〔2008〕第22号专利侵权纠纷处理决定,认定全能科贸公司制造、销售的"空调节能雾化器"产品,全面覆盖了"空调器用节能雾化装置"(专利号为ZL200510029351.6)发明专利权的保护范围,侵犯了该发明专利权的独占被许可人佳动力公司的合法权益,根据《专利法》第11条第1款、第56条第1款和第57条第1款的规定,责令全能科贸公司立即停止对名称为"空调器用节能雾化装置"(专利号为ZL200510029351.6)发明专利权的侵害。该决定书已向双方当事人送达。在上诉期内,全能科贸公司不服上海市知识产权局作出的沪知局处字〔2008〕第22号专利侵权纠纷处理决定,依法向上海市第二中级人民法院提起行政诉讼。

被告上海市知识产权局在一审期间提交了以下证据和法律依据:

(1)关于被告市知识产权局的职权依据。

沪府办发〔2000〕64号《上海市人民政府办公厅关于印发上海市知识产权局职能配置、内设机构和人员编制规定的通知》,用以证明其负有依法处理上海市专利纠纷的职责。

(2)关于被诉具体行政行为执法程序的证据。

① 第三人佳动力公司的专利侵权处理请求书,用以证明第三人于2008年9月17日向被告上海市知识产权局提出专利侵权纠纷处理请求。

② 沪知局处字〔2008〕第22002号、第22003号专利侵权纠纷处理请求受理通知书、沪知局处字〔2008〕第22004号答辩通知书及送达回证、原告全能科贸公司的答辩书、沪知局处字〔2008〕第22005号、第22006号口头审理通知书及口头审理回执、沪知局处字〔2008〕第22007号、第22008号口头审理通知书及口头审理回执、被告上海市知识产权局2008年11月12日的口头审理笔录、沪知

局处字〔2008〕第22号专利侵权纠纷处理决定书及送达回证和国内邮政回执,以上证据用以证明被告在收到第三人佳动力公司的专利侵权纠纷处理请求后,经过了立案受理、当事人答辩、召开口头审理会、作出专利侵权纠纷处理决定、向当事人送达决定书等程序,执法程序合法。

(3) 关于被诉具体行政行为认定事实的证据。

① 专利号为ZL200510029351.6的发明专利证书和专利年费收据、发明专利说明书、专利实施许可合同和专利实施许可合同备案证明,以上证据用以证明第三人佳动力公司是专利号为ZL200510029351.6的发明专利的独占被许可人,该专利真实有效以及该专利的保护范围。

② "空调节能雾化器RSW5000A"的雾化器实物、原告全能科贸公司空调节能雾化器的产品说明书、发票号码为04401068的上海市商业统一发票、原告的营业执照,以上证据用以证明原告制造销售的"空调节能雾化器RSW5000A"的雾化器全面覆盖了专利号为ZL200510029351.6的发明专利的全部必要技术特征。

③ 名称为"空调节能雾化器"(专利号为ZL200720106248.1)实用新型专利说明书和名称为"空调节能雾化器"(专利号为ZL200730110936.0)外观设计专利专利公告文件、44份专利说明书摘录、2007年浙江省宁波市第一批工业新产品试产计划项目汇总表、上海市质量监督检验技术研究院检验报告、案外人荣盛公司关于无刷直流电动机、空调雾化器技术服务协议的企业标准备案、专利号为ZL01256349.8和专利号为ZL200410066600.4的专利公告文件。以上证据用以证明作为被请求人的原告全能科贸公司所递交的证据不能构成现有技术抗辩,也不能以在后申请的专利权抗辩。

(4) 关于被诉具体行政行为的法律依据。

《专利法》第11条第1款、第56条第1款和第57条第1款。

经过法院审理,上海市第二中级人民法院和上海市高级人民法院分别于2009年12月24日、2010年3月21日判决维持了上海市知识产权局2009年6月19日作出的沪知局处字〔2008〕第22号专利侵权纠纷处理决定。

【本章小结】

本章介绍了专利侵权纠纷案件行政处理基本程序,包括受理立案、文书送达、调查取证、技术鉴定、案件审理、证据认定、结案、执行与公开等。同时也重点介绍和论述了专利权保护范围和专利侵权的判定方法,全面覆盖原则和等同原则较为重要。针对专利侵权指控,被请求人也可能提出抗辩事由,如专利权无效抗辩、现有技术抗辩等。最后,本章对专利侵权纠纷处理中面对的行政诉讼的概念和特点作了介绍,并针对如何应对这类专利行政诉讼给出了建议。

【重点概念】

（1）专利侵权纠纷案件受理中的不告不理原则和公开公正原则。

（2）举证及质证。

（3）专利侵权判定中的全面覆盖原则和等同原则。

【复习思考题】

一、名词解释

（1）案件当事人、利害关系人。

（2）专利证明文件、专利法律状态证明、专利权评价报告或实用新型专利检索报告。

（3）全面覆盖原则、等同原则、专利权无效抗辩、现有技术抗辩。

（4）专利行政诉讼。

二、思考题

（1）专利侵权纠纷案件处理审理过程具体分为哪几个阶段？

（2）如何认定专利权保护范围？

（3）专利侵权判定中的全面覆盖原则和等同原则在实践中如何运用？

（4）处理专利侵权案件如何应对专利行政诉讼？

三、案例分析题

（1）某市专利行政执法部门受理请求人甲请求处理被请求人乙涉嫌侵犯其专利权的纠纷案件。立案后第3个工作日，执法人员向被请求人送达了答辩通知书等法律文书。20日后，被请求人向专利行政执法部门提交答辩书。由于案情简单，该市专利行政执法部门对本案未进行口头审理，根据请求书和答辩书的内容，于立案后3个月内作出责令被请求人立即停止侵权的处理决定。请分析，被请求人收到答辩通知书后20日提交答辩书是否影响该案处理？该案处理程序是否合法？该案可否不进行口头审理？不进行口头审理应注意什么问题？

（2）甲于2006年5月和8月分别向国家知识产权局申请某两项外观设计专利，国家知识产权局于2007年2月和6月分别授予其专利权，2007年8月甲（请求人）分别向某市知识产权局提起两起专利纠纷处理请求，诉乙公司（被请求人）侵犯其专利权，要求乙公司立即停止侵权，销毁侵权模具，并赔偿其经济损失。

请求人专利证书一应俱全，请求人产品图片与被请求人的侵权实物几乎没有差别。被请求人在收到答辩通知书后进行了有针对性的调查取证，在答辩期内向专利复审委员会提出专利权无效宣告请求，同时提供了一系列证据证明与涉案专利外观设计完全相同的产品已经于申请日前在国内公开使用或在国内出版物上公开发表，被请求人不构成侵权；被请求人在专利申请日前已经做好制造的必要准备，依法可以继续生产销售。被请求人同时依法向某市知识产权局递交了调查取证和现场勘验申请书。

2007年11月至2008年1月，某市知识产权局经过三次开庭口头审理、举证质证，终于查明涉案相关事实，下达处理决定书，认定被请求人不构成侵权。

本案中体现了专利侵权抗辩的那些原理？为什么？

【参考文献】

（1）宁立志主编. 知识产权法［M］. 武汉：武汉大学出版社，2006.

（2）冯晓青主编. 专利法律知识应考教程及同步练习（第二版）［M］. 北京：知识产权出版社，2010.

（3）尹新天. 专利权的保护［M］. 北京：知识产权出版社，2005.

（4）郑成思. 知识产权论［M］. 北京：社会科学文献出版社，2007.

（5）程永顺. 中国专利诉讼［M］. 北京：知识产权出版社，2005.

第三章 查处假冒专利行为

【本章学习目标】
1. 掌握假冒专利行为不同类型的含义及区别
2. 掌握查处假冒专利行为的法定程序
3. 掌握并能灵活运用假冒专利行为的查处方式
4. 掌握专利标识的相关管理规范

第一节 概 述

专利标识是表明专利身份的标记、记号，标注专利标识是《专利法》授予专利权人的一项权利，专利权人可以自行选择是否标注。随着近年来社会公众专利意识的普遍提高，专利权人在其产品或产品包装上标注专利标识的现象越来越常见，这不仅有利于宣传专利权人的新技术、新设计，还能起到警示作用，减少侵权行为的发生，同时，标注专利标识的产品更容易引起公众的关注，有利于扩大产品市场份额，为专利权人带来经济利益。而社会公众可以经由专利标识公开的信息了解相关专利技术的内容，避免重复研究，从而将有限的资源用于技术开发和创新，推动整个社会科学技术的进步。

但在市场经济活动中，假冒专利的现象时有发生，对假冒专利行为，依照《专利法》和有关法规进行鉴别、处罚，对维护社会主义市场经济的正常秩序，维护专利权人与社会公众权益，促进社会主义市场经济健康发展，具有重要的现实意义。

对查处假冒专利的行为，《专利法》及《专利法实施细则》已经作出了明确的规定。

一、假冒专利行为的概念

假冒专利行为是指在以非专利产品（方法）冒充专利产品（方法）的行为。假冒专利的行为直接欺骗消费者，也可能会危害专利权人的利益，扰乱专利管理秩序和社会经济秩序。我国《专利法》对于假冒专利行为，不但规定了假冒者应当承担民事责任（假冒他人专利）和由专利行政执法部门责令假冒者"改正并予以公告，没收违法所得,可以并处违法所得四倍以下的罚款;没有违法所得的,可以处二十万元以下的罚款"等行政责任,而且还规定,假冒者的行为构成犯罪的,依法追究其刑事责任。

根据《专利法实施细则》第 84 条的规定,下列行为属于《专利法》第 63 条规定的假冒专利的行为。

(1)在未被授予专利权的产品或者其包装上标注专利标识,专利权被宣告无效后或者终止后继续在产品或者其包装上标注专利标识,或者未经许可在产品或者产品包装上标注他人的专利号。

(2)销售第(1)项所述产品。

(3)在产品说明书等材料中将未被授予专利权的技术或者设计称为专利技术或者专利设计,将专利申请称为专利,或者未经许可使用他人的专利号,使公众将所涉及的技术或者设计误认为是专利技术或者专利设计。

(4)伪造或者变造专利证书、专利文件或者专利申请文件。

(5)其他使公众混淆,将未被授予专利权的技术或者设计误认为是专利技术或者专利设计的行为。

专利权终止前依法在专利产品、依照专利方法直接获得的产品或者其包装上标注专利标识,在专利权终止后许诺销售、销售该产品的,不属于假冒专利行为。

销售不知道是假冒专利的产品,并且能够证明该产品合法来源的,由管理专利工作的部门责令停止销售,但免除罚款的处罚。

专利权人有权在其专利产品或者该产品的包装上标注专利标识。作为一种营销策略,专利标注已越来越多地应用于企业运营中,对拥有专利权的企业而言,这无疑是一种竞争优势。企业只有合法地利用这一优势,才有可能避免因各种各样的错误,给企业带来不必要的损失,甚至带来假冒专利的后果,对企业声誉造成不良影响。

二、假冒专利行为的类型

假冒专利行为的类型主要分为在产品或产品的包装上标注专利标识、销售标注了专利标识的产品、在产品说明书等材料中宣称专利、伪造或者变造专利证书等文件和其他假冒专利行为这几方面内容。

(一)在产品或者产品的包装上标注专利标识

"专利标识",主要是让公众知道该产品已受到或可能受到专利法的保护,另一方面,专利权人亦可借此作为告知竞争对手或可能侵权者的警示标识。《专利法》第 17 条明确规定,专利权人有权在其专利产品或者该产品的包装上标明专利标识。

"专利标识"一般采用中文标明专利权的类别,例如中国发明专利、中国实用新型专利、中国外观设计专利。同时再标明由国家知识产权局授予该专利权的专利号。除上述内容之外，还可以附加其他文字、图形标记附加的文字、图形标记及其标注方式，但不得误导公众。

在产品或者产品的包装上标注专利标识是最常见的构成假冒专利行为的方式，主要包括两种情况：一是产品本身并没有被授予专利权或者是在"专利权被宣告无效或者终止后"即不具有任何有效的专利权的情况下，行为人在该产品或者该产品包装上进行专利标识标注；二是标注的专利号虽然合法有效，但标注专利标识的行为人并不是专利权人或被许可人。

以上两种情况下，行为人标注专利标识的行为既有可能发生在产品的制造过程中，也可能发生在产品的销售、流通过程中，无论发生在哪个环节，其行为均构成假冒专利行为。

（二）销售上述标注了专利标识的产品

根据社会分工的不同，制造和销售产品往往是不同的主体，如果仅仅限定在非专利产品上标注专利标识才构成假冒专利行为，则销售者就会逃脱法律责任，因此销售《专利法实施细则》第84条第（1）项所述产品，同样构成假冒专利行为。

并且，基于合理性的考虑，《专利法实施细则》第84条第2款、第3款规定了在专利权有效期内在产品或其包装上标注专利标识，在专利权终止后销售上述产品的，不构成假冒专利行为。销售不知道是假冒专利产品，并且能够证明该产品合法来源的，专利行政执法部门责令其停止销售，但免除罚款的处罚。

（三）在产品说明书等材料中宣称专利

涉嫌构成假冒专利行为的情况还包括在产品说明书、产品宣传资料等材料中将未被授予专利权的技术或者设计称为专利技术或者专利设计，将专利申请称为专利，或者未经许可使用他人的专利号，使公众将所涉及的技术或者设计误认为是专利技术或者专利设计。在产品说明书等材料中将非专利技术或者设计宣称为专利技术或者专利设计也是常见的构成假冒专利行为的方式。

（四）伪造或者变造专利证书、专利文件或者专利申请文件

专利证书是专利申请经审查合格后，由国家知识产权局发给专利申请人的法律证明文件。专利证书记载了发明创造的名称、发明创造申请人姓名或名称、专利权起始日期、申请号及专利号等。伪造专利证书、专利文件或者专利申请文件，是指行为人编造国家知识产权局未颁发过的专利证书、没有公告过的专利文件、并未受理过的专利申请文件。变造专利证书、专利文件或者专利申请文件，是指行为人以篡改方式变造国家知识产权局颁发的专利证书、公告的专利文件、受理的专利申请文件。近年来，伪造专利证书从事专利实施许可合同的诈骗以及骗取政府项目资金的现象时有发生，将其列为假冒专利行为，由专利行政执法部门依法负责进行查处，构成犯罪的，依法追究其刑事责任，对于维护正常的市场秩序和管理秩序非常必要。

（五）其他假冒专利行为

《专利法实施细则》第84条第1款第（1）~（4）项规定了假冒专利行为的多种表现形式，考虑到实践中还存在形式比较特殊的其他违法行为，因此，为有效打击假冒专利行为，《专利法实施细则》第84条第1款设置一项兜底性条款，以涵盖该款第（1）~（4）项未能涵盖的其他假冒专利行为。其他使公众混淆，将未被授予专利权的技术或者设计误认为是专利技术或者专利设计的行为也应当被认为是假冒专利的行为。需要注意的是，这一条的内涵极为宽泛，在实务中应该尽量避免使用。在专利行政执法实务中，专利行政执法人员应严格对比行为事实与明文规范之间是否完全符合，然后才能作出假冒专利行为的认定，不能主观臆断。

近年来，我国经济的国际化水平日益增强，市场上逐渐出现了许多带有国外专利标识的商品，标注国外专利标识的产品是否构成假冒专利行为是个很有争议的问题。专利具有地域性，国外专利要在中国得到保护，首先应获得中国专利权，因此，仅仅标有国外专利标识没有标注相应中国专利标识的商品，视为其在中国的专利权不存在，从上面提到的假冒专利行为的本质来说，只要国外专利是真实存在的，这种行为确实没有欺骗公众。因此，不能因为标注了国外专利标识就认定为属于假冒专利行为，而应该审查所述国外专利的真实性，区别对待。这种情况在规范管理专利标识时会有所涉及。

三、假冒专利行为的法律责任

《专利法》第63条规定："假冒专利的，除依法承担民事责任外，由管理专利工作的部门责令改正并予公告，没收违法所得，可以并处违法所得四倍以下的罚款；没有违法所得的，可以处二十万元以下的罚款；构成犯罪的，依法追究刑事责任。"该条明确规定了假冒专利行为的法律责任，包括民事责任、行政责任和刑事责任。

（一）民事责任

未经许可在产品上标注他人专利标记和专利号，直接侵害了专利权人拥有的专利标注权。即使假冒专利的产品实际上并没有使用他人的专利技术、不具备专利产品应有的功能，这样的产品在市场上出售，也必然会影响专利产品的声誉，损害专利权人通过制造、销售专利产品获益的权利。因此假冒专利行为构成对专利权人标注权的侵犯，是一种民事侵权行为，应当承担民事责任。专利权人或利害关系人可以要求假冒其专利的侵权人承担民事责任。

专利法对假冒他人专利但是未采用其专利技术的行为的民事责任未作具体规

定，因此只能依据其他法律的有关规定。如《中华人民共和国民法通则》（以下简称《民法通则》）第118条规定："公民、法人的著作权（版权）、专利权、商标专用权、发现权、发明权和其他科技成果权受到剽窃、篡改、假冒等侵害的，有权要求停止侵害，消除影响，赔偿损失。"专利权人或者利害关系人可以根据该条规定，要求假冒其专利的侵权人承担相应的民事责任，如果假冒他人专利的行为人同时还使用了权利人的专利技术，则侵害了专利权人的专利权，应当承担《专利法》第63条所规定的民事责任。再如：《最高人民法院关于审理专利纠纷案件适用法律问题的若干规定》第19条规定："假冒他人专利的，人民法院可以依照专利法第六十三条的规定确定其民事责任。管理专利工作的部门未给予行政处罚的，人民法院可以依照民法通则第一百三十四条第三款的规定给予民事制裁，适用民事罚款数额可以参照专利法第六十三条的规定确定。"

（二）行政责任

假冒专利还是一种行政违法行为，应当承担行政责任。一方面，假冒专利的行为以假乱真，欺骗消费者，损害了广大消费者的利益；另一方面，假冒专利的行为损害了公众对专利制度的信心，破坏了专利行政管理秩序。目前，我国某些地区假冒专利的问题比较突出，不仅扰乱了市场秩序，也严重影响我国创新能力的提高。事实表明，除了加强宣传教育，提高公众的知识产权意识之外，加大行政处罚力度、增大违法行为成本是必要的管理手段。因此，假冒专利行为，应当承担相应的行政责任。所述行政责任包括由专利行政执法部门责令改正并予以公告，没收违法所得，可以并处违法所得4倍以下的罚款；没有违法所得的，可以处20万元以下的罚款。

（1）关于改正的方式，《专利行政执法办法》第45条作出明确规定。

① 在未被授予专利权的产品或者其包装上标注专利标识、专利权被宣告无效后或者终止后继续在产品或者其包装上标注专利标识或者未经许可在产品或者产品包装上标注他人的专利号的，立即停止标注行为，消除尚未售出的产品或者其包装上的专利标识；产品上的专利标识难以消除的，销毁该产品或者包装；

② 销售第①项所述产品的，立即停止销售行为；

③ 在产品说明书等材料中将未被授予专利权的技术或者设计称为专利技术或者专利设计，将专利申请称为专利，或者未经许可使用他人的专利号，使公众将所涉及的技术或者设计误认为是他人的专利技术或者专利设计的，立即停止发放该材料，销毁尚未发出的材料，并消除影响；

④ 伪造或者变造专利证书、专利文件或者专利申请文件的，立即停止伪造或者变造行为，销毁伪造或者变造的专利证书、专利文件或者专利申请文件，并消除影响；

⑤ 责令假冒专利的参展方采取从展会上撤出假冒专利展品、销毁或者封存相应的宣传材料、更换或者遮盖相应的展板等撤展措施；

⑥ 其他必要的改正措施。

专利行政执法部门认定电子商务平台上的假冒专利行为成立的，应当通知电子商务平台提供者及时对假冒专利产品相关网页采取删除、屏蔽或者断开链接等措施。

另外，《专利行政执法办法》第46条专门规定了专利行政执法部门认定假冒专利行为成立，作出处罚决定的，应当予以公告。行政处罚的结果公开是行政处罚公开原则中的重要内容，可以对违法者起到警示的作用，可以对其他社会主体产生较好的教育和威慑作用，也可以使行政主体及其工作人员的行为广泛地接受社会各类主体的监督，以确保行政执法工作在阳光下运行。

（2）没收违法所得。关于违法所得的计算方式，《专利行政执法办法》第47条作出明确规定。

① 销售假冒专利的产品的，以产品销售价格乘以所销售产品的数量作为其违法所得。

② 订立假冒专利的合同的，以收取的费用作为其违法所得。

（3）法定限度内罚款。按照法律规定，有违法所得的限度是违法所得额的4倍以下，没有违法所得的限度是20万元以下的罚款。需要注意的是根据《专利法实施细则》第84条第3款的规定，销售不知道是假冒专利的产品，并且能够证明该产品合法来源的，由管理专利工作的部门责令停止销售，但免除罚款的处罚。

关于行政处罚决定的执行，根据我国现行法律、法规的规定，只有公安、海关、税务等少数行政机关有强制执行权，大多数行政机关没有强制执行权。这些行政机关认为需要强制被处罚人履行行政处罚决定时，可以向人民法院提出执行申请。《行政处罚法》规定，当事人逾期不履行行政处罚决定的，行政机关可以依法申请人民法院强制执行。

《行政处罚法》明确规定，当事人逾期不履行行政处罚决定的，作出行政处罚决定的行政机关可以采取下列措施：①到期不缴纳罚款的，每日按罚款数额的百分之三加处罚款；②根据法律规定，将查封、扣押的财物拍卖或者将冻结的存款划拨抵缴罚款；③申请人民法院强制执行。

《专利行政执法办法》第49条规定，假冒专利行为的行为人应当自收到处罚决定书之日起15日内，到指定的银行缴纳处罚决定书写明的罚款，到期不缴纳的，每日按罚款数额的3%加处罚款。

（三）刑事责任

假冒他人专利的行为，不但侵犯专利权人的利益，而且侵犯公众利益，破坏社会经济秩序，如果情节严重具有社会危害性，就构成了犯罪，应当承担刑事责任。假冒他人专利的行为是否情节严重，要由人民法院依据行为的具体情况予以认定。我国《刑法》第216条规定了假冒专利罪："假冒他人专利，情节严重的，处3年以下有期徒刑或者拘役，并处或者单处罚金。"

在认定假冒他人专利行为的刑事责任时，需要对"假冒他人专利"和"情节严重"作出解释和认定。假冒他人专利是指未经专利权人许可，擅自使用其专利标记的行为。最高人民法院、最高人民检察院《关于办理侵犯知识产权刑事案件具体应用法律若干问题的解释》第10条规定，实施下列行为之一的，属于《刑法》第216条规定的"假冒他人专利"的行为。

（1）未经许可，在其制造或者销售的产品、产品的包装上标注他人专利号的。

（2）未经许可，在广告或者其他宣传材料中使用他人的专利号，使人将所涉及的技术误认为是他人专利技术的。

（3）未经许可，在合同中使用他人的专利号，使人将合同涉及的技术误认为是他人专利技术的。

（4）伪造或者变造他人的专利证书、专利文件或者专利申请文件的。

针对"情节严重"，《关于办理侵犯知识产权刑事案件具体应用法律若干问题的解释》第4条规定，假冒他人专利，具有下列情形之一的，属于《刑法》第216条规定的"情节严重"，应当以假冒专利罪判处3年以下有期徒刑或者拘役，并处或者单处罚金。

（1）非法经营数额在20万元以上或者违法所得数额在10万元以上的。

（2）给专利权人造成直接经济损失50万元以上的。

（3）假冒两项以上他人专利，非法经营数额在10万元以上或者违法所得数额在5万元以上的。

（4）其他情节严重的情形。

四、专利标识的规范管理

按照2012年5月1日起施行的《专利标识标注办法》第3条的规定，专利行政执法部门负责在本行政区域内对标注专利标识的行为进行监督管理。这赋予了专利行政执法主体一项市场监督管理职能，规范管理专利标识也成为专利行政执法的内容之一。

（一）专利标识规范

标注专利标识对于专利权人和社会公众都有积极的意义。对专利权人来说，标注专利标识可以向公众宣告自己的产品中包含受专利权保护的发明创造，任何人未经许可不得擅自仿制和销售。同时，标注专利标识的产品更容易引起公众的关注，有利于扩大产品市场份额，为专利权人带来经济利益。对社会公众而言，则可以经由专利标识公开的信息了解相关专利技术的内容，避免重复研究，从而将有限的资源用于技术开发和创新，推动整个社会科学技术的进步。近年来，市场上销售的专利产品由于没有标注专利标识或标注不当，造成假冒专利产品现象时有发生，不仅误导了消费者，还严重影响了专利权人的合法权益。《专利标识标注办法》的制定就是为了规范专利标识的标注方式,维护正常的市场经济秩序,其中第 5~7 条明确规定了专利标识的标注规范,归纳如下。

(1) 应当采用中文标明专利权的类别,例如中国发明专利、中国实用新型专利、中国外观设计专利,并且标明国家知识产权局授予专利权的专利号。由于《专利标识标注办法》是规范中国专利权的,对于国外专利如何标注应当严格按照假冒专利行为的构成要件判断,不能仅因为标注国外专利就直接定性为假冒专利行为。

(2) 可以附加其他文字、图形标记,但附加的文字、图形标记及其标注方式不得误导公众。这是指导性条款,从本条可以看出,专利标注除了必须标明的事项以外,可以有一定的自由度,限度就是不能误导公众。

(3) 在依照专利方法直接获得的产品、该产品的包装或者该产品的说明书等材料上标注专利标识的,应当采用中文标明该产品系依照专利方法所获得的产品。

(4) 专利权被授予前在产品、该产品的包装或者该产品的说明书等材料上进行标注的,应当采用中文标明中国专利申请的类别、专利申请号,并标明"专利申请,尚未授权"字样。专利号与专利申请号从外表看很相似,但二者的法律效力有着本质区别。由于我国现阶段部分消费者难以分清专利号和专利申请号的区别,往往将标有专利申请号的产品误当成是专利产品,因此《专利标识标注办法》要求对尚未授权的专利申请如实注明"专利申请,尚未授权"字样,不仅有利于保障消费者的权益,还有助于提高其专利意识。

(二) 专利标识管理方式

无论是《专利法实施细则》还是《专利标识标注办法》,关于专利标识规范管理方式都仅有一种,就是责令改正。当然,对于构成假冒专利行为的,要按照查处假冒专利行为的方式进行处理。

实务中需要注意的是,要把专利标注不规范行为与假冒专利行为严格区别开,前者必须是有权标注人(专利权人或者利害关系人)标注,而且产品的确是实施专利技术的产品,否则就很可能构成假冒专利行为。专利行政执法人员在实务中应及时提醒专利权人和专利申请人,在标注专利标识时,务必要密切跟踪自己的专利或专利申请的法律状态,及时更新相关产品或者该产品的包装上的专利标识,以避免出现专利权已被宣告无效或过期、专利申请已经被撤回或驳回而继续在相关产品或者该产品的包装上标注专利标识,导致构成假冒专利行为。

第二节 假冒专利行为的认定

一、假冒专利行为的构成要件

一项合规的专利标识应当满足以下条件:行为载体应当是专利产品、依照专利方法直接获得的产品、产品包装、产品说明书等资料，以及专利证书、专利文件或者专利申请文件；行为形式应当同时标注中文专利类别和标明国家知识产权局授予专利权的专利号，附加的文字、图形标记不会误导公众；行为主体应当是有权主体，即专利权人或者经专利权人同意享有专利标识标注权的被许可人；时间性条件应当满足在专利授权之后的专利权有效期内。

构成假冒专利行为的要件可以归纳为以下几点。

（1）假冒专利行为客观存在。

（2）实施假冒专利行为的人是具有责任能力的行政相对人。

（3）标注的专利标识不在专利权有效期内。

（一）假冒专利行为客观存在

假冒专利行为的载体通常有：产品、产品包装、产品说明书、产品宣传资料、广告、专利文件、专利申请文件、专利证书、产品买卖合同、技术转让合同、技术许可合同及合同要约、投标文件等。随着互联网产业的快速发展，网络逐渐成为假冒专利行为的新载体。这些载体在《专利法实施细则》第84条中并未穷举，只要能够使公众获知行为人的宣传行为，即属于假冒专利行为的载体。

【案例】

甲公司在公司网站上宣称公司董事长是该公司所有专利技术产品的发明人，他拥有多项中国发明专利，并附有三份专利证书。经检索：专利一已因未缴年费而导致其专利权终止，专利二已为避免重复授权而放弃专利权，专利三已被国家知识产权局专利复审委员会宣告全部无效。

分析与评述：

甲公司在网站上宣传该公司产品具有中国专利，并附上所述三份中国专利证书，显然其宣传的"中国专利"就是指这三项专利，但这三项专利均已失效或被宣告无效，故这一宣传行为属于《专利法实施细则》第84条第1款第（3）项"在产品说明书等材料中将未被授予专利权的技术或者设计称为专利技术或者专利设计……"的情形，使社会公众误认为该公司拥有有效的专利技术，属于假冒专利行为。

【案例】

张某为农具产品生产商，其在产品上标注"中国专利名称：轻便推车式多功能农具"。经核实，张某并未申请过任何专利，"轻便推车式多功能农具"是李某的实用新型专利名称，张某未获得李某的许可。

分析与评述：

张某在未取得许可的情况下，在产品上标注他人合法有效专利的名称，造成社会公众误以为其产品为专利产品的后果，该行为属于《专利法实施细则》第84条第1款第（1）项"……在未被授予专利权的产品上标注专利标识，"的情形，属于假冒专利行为。

对于专利权人本人或经其同意标注专利标识的被许可人标注合法有效的专利标识时，需要考虑标注专利标识的产品与该专利标识所代表的专利技术方案是否对应。

【案例】

某市知识产权局执法人员到当地沃尔玛商场进行执法检查，发现甲公司生产的四款款式不同的玩具上都标有同一专利标识"外观设计专利号：200930079093.1"，通过国家知识产权局网站检索查明，该专利虽然属于甲公司所有，且处于有效期内，但其主题是一个抱枕，并不是这四款玩具产品。

分析与评述：

甲公司虽拥有标注的专利权，但由于其标注的产品并非专利技术，该标注行为仍使社会公众误以为其为专利产品。同时这一行为损害了专利管理秩序，属于在未被授予专利权的产品上进行专利标注，构成了假冒专利行为。同样，被许可人获得专利权人的许可，可以在产品上标注专利号，但如果其实际生产的产品与专利技术不相对应，也有可能涉嫌构成假冒专利行为。在这种类型的案件中，应注意区分产品与专利技术（设计）的差异程度。对于产品与专利技术完全不相关或差异较大的情形，应认定为假冒专利行为；如果产品与专利技术（设计）虽有差别，但是两者极其相似，不宜认定为假冒专利行为，可以责令其改正，不作进一步处罚。

【案例】

甲于1996年12月23日向国家知识产权局申请了"组合式墙体结构"的发明专利申请，申请号为96122343.x。该申请于1999年10月15日进入审阶段，由于不符合《专利法》的有关规定，因此没有获得专利权。2002年4月9日乙与甲签订了《合资建厂合同书》，合同约定"组合式板块结构墙板"专利技术折价10万元。2002年8月20日甲单方提出解除合资建厂合同，合资双方因此产生纠纷。2005年6月6日，乙向知识产权局举报甲"以非专利产品冒充专利产品、以非专利技术冒充专利技术进行违法活动"，请求查处。案件调查中，甲承认在《合资建厂合同书》将"专利申请技术"称作"专利技术"，同时辩称，在谈判记录中自己一再强调是"专利申请技术"，在合同中打印成"专利技术"是笔误，没有假冒专利的故意。

分析与评述：

本案涉及以下问题：具有主观过错是否是构成假冒专利行为的必要条件。《专利法》及《专利法实施细则》并未要求当事人必须具有故意或过失的心理状态，但故意或过失的心理状态是法律责任的要件，人要对受自己意识支配的行为负责，对无意识的行为不承担责任。就假冒专利行为而言，其法律责任的承担应以故意为主观要件。

需要强调的是，故意是追究其法律责任的构成要素，不是违法行为的构成要素。当事人违法时的心态如何，只是决定其应否承担法律责任或法律责任轻重的问题。对于无过错或明显为过失的假冒专利行为，虽不应对其进行行政处罚，但仍应责令其停止违法行为并予以改正。对于将"专利申请技术"说成是"专利技术"，通常有两种情形，一是故意而为的假冒行为，二是因过失而产生的笔误。基于故意的假冒专利行为，行为人的主观恶意明显，故意隐瞒申请未授权事实，谎称已经授权，以使对方发生错误认识为目的。就本案而言，甲在《合资建厂合同书》中，将正在申请中的发明专利称为"专利技术"是不规范的。但是根据本案事实，乙在订立合同时也知道该技术是申请中的技术，且双方都在合同中签字盖章，这说明双方对合同标的并无异议。由此可见，甲在主观上不存在欺诈的故意。合同中的专利技术一词，应属于笔误。

（二）实施假冒专利行为的人是具有责任能力的行政管理相对人

合规的行为主体应当是有权在产品或产品包装等载体上标注专利标识的主体，一般指专利权人或者经专利权人同意享有专利标识标注权的被许可人。

按照《行政处罚法》第3条的规定，违反专利行政管理秩序的行政相对人是专利权人或者经专利权人同意享有专利标识标注权的被许可人之外的其他公民、法人或者其他组织。这一行为主体应具有民事权利能力和民事行为能力。参照相关法律法规，其他组织是指合法成立、有一定的组织机构和财产，但又不具备法人资格的组织，包括以下几种。

（1）依法登记领取营业执照的私营独资企业、合伙组织。
（2）依法登记领取营业执照的合伙型联营企业。
（3）依法登记领取我国营业执照的中外合作经营企业、外资企业。
（4）经民政部门核准登记领取社会团体登记证的社会团体。
（5）法人依法设立并领取营业执照的分支机构。
（6）中国人民银行、各专业银行设在各地的分支机构。
（7）中国人民保险公司设在各地的分支机构。
（8）经核准登记领取营业执照的乡镇、街道、村办企业。
（9）符合条件的其他组织。

对于个体工商户涉及假冒专利行为的，应以营业执照上登记的业主为行政相对人。有字号的，应在法律文书中注明登记的字号。营业执照上登记的业主与实际经营者不一致的，以业主和实际经营者共同为行政相对人。

【案例】

某公立医院在广告中宣传其实施的手术采用了专利技术，在知识产权局对其立案调查的过程中，医院提供不了任何拥有有效专利权的证明，但该医院主张，其为全额拨款的事业单位，经营活动具有公益性质，不以盈利为目的，故不构成假冒专利行为。

分析与评述：

本案涉及以下问题，以盈利为目的是否是构成假冒专利行为的必要条件。首先，以盈利为目的并非《专利法》及《专利法实施细则》认定假冒专利行为的必要条件。其次，公立医院即便不盈利，其广告宣传行为亦误导公众认为其拥有专利权，该行为同样扰乱了专利管理秩序。

另外，生产经营活动也不是构成假冒专利行为的必要条件。利用专利标识进行宣传的行为通常与生产、经营有关，故即便当事人以此作为抗辩理由，亦不能否定假冒专利行为的成立。

（三）标准的专利标识不在专利权有效期内

需要注意的是，对符合规定的专利标识标注行为在时间上必须发生在专利授权之后专利权效力终止之前。与之对应，专利标识标注行为发生在专利授权之前或者专利权效力终止之后的，均构成假冒专利行为。

（1）专利权期满终止。发明专利权的期限为20年，实用新型专利权和外观设计专利权期限为10年，均自申请日起计算。例如，一件实用新型专利的申请日是1999年9月6日，该专利的期限为1999年9月6日至2009年9月5日，专利权期满终止日为2009年9月6日（遇节假日不顺延）。专利权期满后在专利登记簿和专利公报上分别予以登记和公告，并进行失效处理。

（2）专利权人没有按照规定缴纳年费的终止。专利年费滞纳期满仍未缴纳或者未缴足专利年费或者滞纳金的，如专利权人未启动恢复程序或者恢复权利请求未被批准的，国家知识产权局将在《专利权终止通知书》发出4个月后进行失效处理，并在专利公报上公告。专利权自应当缴纳年费期满之日起终止。

（3）专利权人放弃专利权。授予专利权后，专利权人随时可以主动要求放弃专利权。放弃专利权声明经审查符合规定的，有关事项在专利登记簿和专利公报上登记和公告。放弃专利权声明的生效日为手续合格通知书的发文日，放弃的专利权自该日起终止。

申请人依据《专利法》第9条第1款和《专利法实施细则》第41条第4款声明放弃实用新型专利权的，国家知识产权局在公告授予发明专利权时对放弃实用新型专利权的声明予以登记和公告。在无效宣告程序中声明放弃实用新型专利权的，国家知识产权局及时登记和公告该声明。放弃实用新型专利权声明的生效日为发明专利权的授权公告日，放弃的实用新型专利权自该日起终止。

【案例】

某市知识产权局2009年在对友谊商厦进行专利行政执法检查时，发现其销售的"心相印盒抽"产品外包装上印有"ZL 200630153197.9"专利标识。经检索，国家知识产权局网站法律状态栏公告ZL 200630153197.9因未缴纳年费已于2008年8月27日终止。按照《专利法》第63条、《专利法实施细则》第84条的规定，友谊商厦涉嫌假冒专利行为，市知识产权局决定立案处理，对友谊商厦下达了行政处罚前告知书，告知其如对违法事实及处罚意见有不同意见，在收到处罚前告知书的 7 日内提出申辩。在申辩期内，友谊商厦出具了"心相印盒抽"的生产商"恒安（中国）纸业有限公司"提供的 ZL 200630153197.9 国家知识产权局专利收费收据影印件（补缴时间为 2008 年 10 月），及在国家知识产权局网站上查询到 ZL 200630153197.9 缴费信息的证明。

分析与评述：

根据恒安（中国）纸业有限公司提供的收据和国家知识产权局网站上的缴费信息，可以证明 ZL 200630153197.9 续交专利年费成功，为合法有效专利。国家知识产权局网站上的专利法律状态是判断专利是否合法有效的主要依据之一。但由于国家知识产权局网站上专利法律状态和专利缴费信息有时并不同步，因此地方知识产权局在查处假冒专利时，对法律状态显示专利权失效的情况，应给予当事人充分辩解和提交证据的机会，综合作出判断。

（4）专利权被宣告无效。按照《专利法》第 45 条规定，专利复审委员会对专利权无效宣告请求案件进行审查并作出决定。宣告专利权无效包括宣告专利权全部无效和部分无效两种情形。按照《专利法》第 47 条的规定，宣告无效的专利权视为自始即不存在。按照《专利法》第 46 条第 1 款的规定，专利复审委员会作出宣告专利权无效（包括全部无效和部分无效）的审查决定后，当事人未在收到该审查决定之日起 3 个月内向人民法院提起诉讼或者人民法院生效判决维持该审查决定的，由知识产权局予以登记和公告。

对于涉及无效宣告程序的专利权，宣告专利权无效或者维持专利权有效的决定生效后，专利行政执法部门应当根据该决定及时审理、处理假冒专利纠纷。

【案例】

某市知识产权局接到社会公众举报，称某公司在产品上标注专利号 2009111111.x，而该专利权已经被国家知识产权局专利复审委员会宣布全部无效，故该标注和销售行为涉嫌假冒专利行为。经查询国家知识产权局专利复审委员会网站，专利复审委员会已作出宣告该专利权全部无效的决定并生效。

分析与评述：

本案中专利权人对无效决定作出的时间和结论均无争议，应当认定该专利权已经被宣告无效，该公司的行为构成假冒专利行为。

二、假冒专利行为的判断

在授予专利权之后的专利权有效期内，专利权人或者经专利权人同意享有专利标识标注权的被许可人可以在其专利产品、依照专利方法直接获得的产品、该产品的包装或者产品说明书等材料上标注专利标识。但是，标识应当按照《专利标识标注办法》的相关规定进行。

行使专利标识标注权最常见、最直接的方式是在相关产品或其包装上或产品说明书等材料中标注专利标识，销售上述产品。假冒专利的行为也往往发生在生产销售环节。未获得专利权而进行专利标识、不处于专利权有效期内而进行专利标识、未获得专利权人授权而进行专利标识等行为，都可能构成假冒专利行为。

（一）在产品或者其包装上标注专利标识

对于在产品或者包装上标注专利标识的情形，涉案专利（或专利申请）的法律状态包括已申请专利但未获得授权、获得授权至有效期届满期间、专利权有效期届满之后三种情形。

（1）已申请专利但并未获得授权。

【案例】

甲公司在其生产的豆浆机上标注专利号。经查，该申请在发明专利申请公布后视为撤回。

分析与评述：

甲公司曾向国家知识产权局提出过发明专利申请，但在发明专利申请公开后，申请人放弃此项申请实审，该申请被视为撤回，因而该申请并未被授予专利权。本案在未被授予专利权的产品或者其包装上标注专利号，属于《专利法实施细则》第84条第1款第（1）项的情形，属于假冒专利行为。

（2）获得授权至有效期届满期间。标注行为发生授权之后至有效期届满期间，进一步细分为如下情形。

① 专利权存在并处于有效状态。

【案例】

某企业获得了一项发明专利权，但其在相关产品上仅标注了专利号，未用中文标明专利类型。

分析与评述：

本案中，专利权是存在并处于有效期内的，可以在产品上标注专利标识。并且当事人拥有发明专利权，并无故意混淆、隐瞒专利类型的主观意图，因此不应认定为假冒专利行为。但是，未用中文标明该专利类型，不符合《专利标识标注办法》第5条的规定，应责令其限期改正。

【案例】

某企业获得一项发明专利权，其在产品上用中文标明专利类型，亦标注了专利号，但该号码显然不符合专利号的编码规则，是不存在的专利号。经查，产品上标注的是该专利授权公告文本的公告号。

分析与评述：

专利权人将公告号误当作专利号加以标注，形式上不符合《专利标识标注办法》第5条的规定，从本案的客观事实来看，专利权人的标注错误是由于专利知识缺乏所致，没有利用这一行为欺骗消费者的意图，因此不构成假冒专利行为，应责令其限期改正。

类似地，如果标注错误的专利号与他人的公告号或公开号重合，但两个专利的主题明显不相关，亦可以作出相同认定。

② 专利权因欠费而终止。获得专利权后，专利权人应按规定缴纳年费，如未缴纳或未缴足，则专利权将因欠费而终止，此后，专利权人不得再在其生产、销售的产品或其包装等载体上标注该专利标识。

【案例】

2011年，某门店销售的由甲公司生产的空调上标注专利号011×××××.×，经查，涉案专利因未缴纳年费，该专利权已于2009年终止。甲公司在规定期限内未能按要求提供相关证明材料。

分析与评述：

涉案专利因未缴费而终止，专利权终止之后，继续在产品或者其包装上标注专利标识，属于《专利法实施细则》第84条第1款第（1）项规定的情形，属于假冒专利行为。

③ 专利权人主动放弃专利权。专利申请获得授权，但被专利权人主动放弃的，专利权人也不应再在所生产、销售的产品或其包装等载体上标注专利标识。

【案例】

甲公司在自己的产品上标注专利号。经查，专利号对应的专利权仍在有效期内，但是，涉案专利权包括多项并列的技术方案，该产品与其中一个技术方案相对应，而该技术方案已在无效宣告请求审查过程中被甲公司主动删除，该技术方案的放弃已被专利复审委员会接受。

分析与评述：

尽管该专利号对应的专利权仍然有效，但该产品所对应的技术方案已经被专利权人主动放弃，之后再在产品上标识该专利的专利标识属于《专利法实施细则》第84条第1款第（1）项规定的情形，属于假冒专利行为。

④ 专利权被宣告无效。专利申请获得授权后，任何人均可以对该专利提起无效宣告请求。如果专利权被宣告无效，其后也不得继续在产品或者其包装等载体上标注专利标识。

【案例】

某门店销售甲公司生产的空调，该空调上标注有专利号。经查，该专利已被专利复审委员会宣告全部无效，无效宣告请求审查决定已生效。

分析与评述：

本案中，涉案专利已经被宣告无效，该专利权视为自始即不存在。专利权被宣告无效后，继续在产品或者其包装上标注专利标识属于《专利法实施细则》第84

条第 1 款第（1）项规定的情形，属于假冒专利行为。

（3）专利权有效期届满。专利权的有效期是有限的，发明专利权的期限为 20 年，实用新型专利权和外观设计专利权的期限为 10 年，均自申请日起计算。在专利权有效期届满之后，专利权人不得再在其所生产、销售的产品或其包装等载体上标注专利标识。

【案例】

2011 年，某经销处销售的由甲公司 2010 年生产的天然碎石漆，包装上标注外观设计专利号 983×××××.×。经查，天然碎石漆包装的生产日期也为 2010 年。

分析与评述：

外观设计专利权的有效期为 10 年，该漆包装的外观设计专利权已于 2008 年届满，在专利权有效期届满之后，继续在产品或者其包装上标注专利标识，属于《专利法实施细则》第 84 条第 1 款第（1）项的情形，属于假冒专利行为。

（二）在产品说明书等材料中标注专利标识

除在产品或其包装上标注专利标识之外，为了打开销路、宣传品牌或者提高产品价格等，在产品说明书等材料（例如：广告、网页、宣传册等）中标注专利标识也较为常见。

（1）将专利申请称为专利。仅提交了专利申请，尚未获得授权，此时不得在产品说明书等材料中标注为"专利"，根据《专利标识标注办法》第 7 条的规定，应明确标明"专利申请　尚未授权"字样。

【案例】

甲公司在其网站上发布"我公司研发的矫正系统及教材喜获国家专利"的新闻，当地知识产权局执法人员前往该公司进行调查取证，该公司负责人对公司网站涉及专利的新闻宣传事实予以认可。经查，国家知识产权局仅受理了该公司"矫正系统"实用新型专利申请和"课本"外观设计专利申请，但尚未授权。

分析与评述：

本案中，甲公司申请实用新型和外观设计两项专利，尚未获得授权便在公司网站新闻中宣称已获得专利。在产品说明书等材料中将专利申请称为专利，属于《专利法实施细则》第 84 条第 1 款第（3）项的情形，属于假冒专利行为。

（2）将未被授予专利权的技术或者设计称为专利技术或者专利设计。当事人如未获得专利权，不应在说明书等材料上标注专利标识。未获得专利权，除根本未申请专利的情形，还包括授权后该专利权被宣告无效、授权后该专利权期限届满或因欠费而终止、授权后主动放弃该专利权等情形。

【案例】

甲公司在自己网站"公司简介"页面宣称"集团董事长是该公司所有专利技术

产品的发明人", 其"拥有二十余项美国和中国发明专利", 并在"我们的资质"页面附上A、B、C三项专利证书。经查, A专利权因未缴费而终止, B专利权已放弃, C专利处于有效状态。

分析与评述:

在网站上传专利证书是在产品说明书等材料中使用专利进行宣传、广告。虽然, C专利处于有效状态, 但A专利权已终止, B专利权已放弃, A、B专利权均已不存在, 其效力与未被授予专利权的技术或者设计在本质上相同, 是未获得授权的专利权。在网站上将未被授予专利权的技术或者设计称为专利技术或者专利设计, 使公众将所涉及的技术或者设计误认为是专利技术或者专利设计, 属于《专利法实施细则》第84条第1款第（3）项的情形。因此, 甲公司的宣传行为属于假冒专利行为。综上, 对于某一标注有多个专利号的产品, 即便多个专利号对应的专利均涉及该产品, 但是, 如果所标注的专利号对应的专利权中存在终止或无效的情况, 同样应认定该行为属于假冒专利行为。

类似地, 对于某一标注有多个专利号的产品, 如果多项专利中有涉及该产品的, 也有不涉及该产品的, 即便与该产品相对应的专利权有效, 无论其他专利权是否有效, 均应认定该行为属于假冒专利行为。

（3）未经许可使用他人的专利号。未经许可在产品说明书等材料上标注他人的专利标识, 使公众将所涉及的技术或者设计误认为是标注者拥有的专利技术或者专利设计, 构成假冒专利行为。

【案例】

甲公司在网页上称公司拥有多项专利, 并公开了多个专利号。经查, 网页上所列专利号的专利权人并不是甲公司, 而是姜某。经查, 姜某为甲公司的法人代表, 姜某未许可甲公司以任何形式使用其专利号。

分析与评述:

甲公司使用公司法人代表姜某拥有的专利权进行宣传。尽管涉案专利的专利权人为甲公司法人代表姜某, 但并不意味着甲公司拥有这些专利权, 未经姜某许可, 甲公司不得标注姜某拥有的专利权。未经许可使用他人专利号, 使公众将所涉及的技术或者设计误认为是标注者拥有的专利技术或者专利设计, 属于《专利法实施细则》第84条第1款第（3）项的情形, 属于假冒专利行为。

（三）伪造或者变造专利法律文书

专利证书、专利文件和专利申请文件均是专利法律文书, 这些文书可证明专利权的所有权或是证明专利权保护范围等, 专利申请文件则可以作为预期获得专利权的佐证。

伪造专利法律文书, 是指仿照真实法律文书特征使用各种方法制作专利法律文书的行为。变造专利法律文书, 是指无变更权限的人对真实专利法律文书进行处理，改变专利法律文书内容的行为。

伪造或变造专利法律文书均属于假冒专利行为。

（1）伪造专利法律文书。

【案例】

甲和乙在进行洽谈合作研发某产品过程中，甲向乙出示若干份专利证书，并宣称自己已就该产品提交多项发明专利申请，其中一部分在短期内有望获得授权，经乙要求，甲提供了相关专利申请的权利要求书等文件。经查，上述申请文件均系伪造。

分析与评述：

本案当事人的行为是典型的伪造专利申请文件的行为，属于《专利法实施细则》第84条第1款第（4）项的情形，属于假冒专利行为。

（2）变造专利法律文书。

【案例】

甲在参加展会时将外观设计专利授权公告文本摆放在展位上招揽顾客，授权公告文本中专利权人是甲本人，专利权均在有效期内。经查，所展示的产品外观设计附图并非该专利的附图，甲也并非该专利的专利权人，申请日与该专利的实际申请日不同。

分析与评述：

甲的行为是典型的变造专利文件的行为，属于《专利法实施细则》第84条第1款第（4）项的情形，属于假冒专利行为。

（四）其他假冒专利行为

假冒专利的后果是造成公众混淆，将未被授予专利权的技术或者设计误认为专利技术或者专利设计。除前述情形，实践中还可能遇到下述情形。

（1）错误标注专利类型。通过错误标注专利类型（主要是将实用新型专利或外观设计专利称为发明专利）使得公众混淆其内容，例如，使公众将产品包装的外观设计专利误认为是涉及产品本身的发明专利。

【案例】

某企业代理商为推广销售某产品，在晚报上刊登广告，宣称该产品为"国家发明专利"，标注专利号为20103xxxxxxx.x，并以该专利权宣传该产品疗效。

分析与评述：

根据相关规定，专利申请号（与专利号相同）第3位（采取8位数编码时）或第5位（采取12位数编码时）表明该专利的类型，其中"1"或"8"代表发明，"2"或"9"代表实用新型，"3"则代表外观设计。某企业代理商未按照《专利法实施细则》第83条以及《专利标识标注办法》规定标注专利标识，虽如实标注专利号，但错误标注专利类型，这种行为使得公众混淆销售产品与外观设计专利的关系，将产品包装的外观设计专利误认为是涉及产品本身的发明专利，应该责令其改正。

（2）在改变的产品上标注原专利标识。

【案例】

某公司在一系列形状相同而图案、色彩不同的异形玻璃杯外包装上都标有同一专利标识"外观设计专利号：20093xxxxxxx.x"，经查，该外观设计专利处于有效期内，但其所保护的玻璃杯上图案、色彩与上述系列玻璃杯并不相同，并且该外观专利要求保护色彩。

分析与评述：

按照《专利法》第2条第4款的规定，外观设计，是指对产品的形状、图案或者其结合以及色彩与形状、图案的结合所作出的富有美感并适于工业应用的新设计。本案中，尽管都是玻璃杯且形状相同，但其上的图案、色彩不同，在同类但与其不同的其他产品上标注该专利权的专利号，其效力与将未被授予专利权的技术或者设计误认为专利技术或者专利设计在本质上相同，属于《专利法实施细则》第84条第1款第（1）项的情形，属于假冒专利行为。

（3）实际产品与标注的专利标识不一致。

【案例】

某药店销售的颈椎牵引器上标注有专利号。经查，该专利号对应的专利名称为"腰带包装盒"，并非"颈椎牵引器"。

分析与评述：

在某一产品上标注其他产品的专利号，尽管"腰带包装盒""颈椎牵引器"是同一生产单位，但其内容使公众混淆，其效力与将未被授予专利权的技术或者设计误认为是专利技术或者专利设计在本质上是相同的，属于《专利法实施细则》第84条第1款第（1）项的情形，属于假冒专利行为。

【案例】

某美容院在广告中宣称其掌握"专利开眼角技术""专利去皱技术"专利并标有相关实用新型专利号。经查，该美容院的确拥有多项实用新型专利权，但均为美容仪器或其部件。

分析与评述：

该美容院虽然拥有实用新型专利权，但其在广告中并未明确标明其专利权类型，美容院的经营项目是提供美容服务，其做广告的意图也是招揽顾客、推销其美容服务，上述标注行为容易造成公众混淆，将其拥有的美容产品专利权误认为美容方法专利权，导致公众将未被授予专利权的技术或者设计误认为是专利技术或者专利设计，属于假冒专利行为。

（五）假冒专利行为与专利侵权行为

对于专利侵权行为而言，《专利法》第11条规定了"未经专利权人许可，实施其专利"的判断标准。与《专利法实施细则》第84条规定的假冒专利行为相比，两者的判断标准不同，对两者的认定应根据各自法条独立进行。假冒专利行为与侵犯专利权行为并无必然联系，假冒专利行为成立不以侵犯专利权为必要条件，单纯侵犯专利权的行为也不能被认定为假冒专利行为或构成假冒专利罪。

【案例】

某市知识产权局在例行检查中发现，甲企业制造并出售的某种电饭锅上标注有专利号2009xxxxxx，经核查，该专利号所对应的专利为一种微波炉，其专利权人是乙企业，且该专利权处于有效状态。经询问当事人，甲企业称其随意捏造了一个专利号并加以标注，并未刻意使用他人专利号。

分析与评述：

假冒专利行为的认定应严格依照法条的规定进行，当未经许可使用他人合法有效的专利号时，即构成假冒专利行为，这一判断标准中并未将落入专利保护范围作为必要条件，本案中甲企业制造的电饭锅并未落入乙企业微波炉专利的保护范围，未构成专利侵权，但构成假冒专利行为。

在有些情况下，当事人在假冒专利的同时，还实施了他人的专利技术，即假冒专利行为与专利侵权行为出现了事实上的竞合。此时，当事人须分别承担假冒专利的责任和侵犯专利权的责任。

【案例】

甲公司拥有一项手电筒的专利，并生产与之相应的产品。乙公司见该产品技术性能优越，便予以仿制，并在产品外标注甲公司的专利号。在地方知识产权局执法人员对其进行查处的过程中，乙公司辩称，其产品完全落入甲公司专利权的保护范围，两者技术性能完全一致，消费者购买乙公司的产品并未上当受骗，故乙公司的行为不应构成假冒专利行为。

分析与评述：

乙公司的产品虽非价高质低之次品，但乙公司的行为侵犯了甲公司的专利标识标注权，同时扰乱了专利管理和市场经济秩序，具有一定的社会危害性，应予以处罚。在判断是否构成假冒专利行为之时，只需考虑是否获得专利权人的许可，无需考虑是否落入他人专利的保护范围。如未获得许可，可直接认定为假冒专利行为。

第三节 查处假冒专利行为的程序

行政执法程序是针对行政执法行为而言的，是为规范行政执法行为，避免行政相对人的权利因行政主体的随意判断受到侵害而制定的，是行政执法行为在时间上和空间上表现形式。所谓空间形式是指行政执法行为的表现形式，如口头形式、书面形式、动作形式等。所谓时间形式，是指行政执法行为过程的先后顺序以及所必须履行的每个环节。

《专利行政执法办法》规定专利行政执法部门开展查处假冒专利行为，必须经过立案、调查和查处环节，必须在一定时限内完成。例如，专利行政执法部门查处假冒专利案件，应当自立案之日起1个月内结案。案件特别复杂需要延长期限的，应当由专利行政执法部门负责人批准。经批准延长的期限最多不超过15日。

一、立案

立案部分主要分为案件来源、立案条件、立案的时间和期限、立案审批这几个方面的内容。

（一）案件来源

假冒专利行为的发现方式有举报、执法部门主动发现和上级部门指定、其他部门移送及其他方式。

专利行政执法部门应当根据政务公开的要求通过公告栏、网站等方式公布举报、投诉假冒专利行为的途径和方式、查处假冒专利行为的程序等内容。举报人、投诉人向专利行政执法部门举报假冒专利行为的，应当如实提供信息。负责接待举报的工作人员应当对举报人、投诉人提供的举报信息和材料进行如实登记，填写举报、投诉登记表，载明被举报人、投诉人姓名或名称、地址、举报人、投诉人姓名或名称、地址、联系方式、举报内容、举报时间等事项。举报人、投诉人要求获得处理结果或者领取举报奖励金的，负责接待举报、投诉的工作人员还应当留取举报人、投诉人的联系方式和身份证件复印件。举报、投诉登记材料应当及时移交给办案处（科）室。

专利行政执法部门应当加强市场监督管理工作，定期对本行政区域内的生产制造、商品流通领域进行检查，查处假冒专利行为。

（二）立案条件

专利行政执法部门决定立案查处假冒专利行为的应当符合以下条件。
（1）有明确的行政相对人，包括有明确的行为人或者明确的地址。
（2）有构成假冒专利行为的初步线索。
（3）属于本部门管辖。
（4）假冒专利行为从发生之日起在2年内被发现；假冒专利行为有连续或者继续状态的，从行为终止之日起计算。

上述条件（4）是对行政处罚追责时效的规定，是指行政机关追究违法行为当事人的行政法律责任的法定有效期限。按照《行政处罚法》第29条的规定，除法律另有规定的外，违法行为在2年内未被发现的，不再给予行政处罚。该条款规定的2年期限，从违法行为发生之日起计算；违法行为有连续或者继续状态的，从行为终了之日起计算。

（三）立案的时间和期限

管理专利工作的部门发现或者接受举报、投诉发现涉嫌假冒专利行为的，应当自发现之日起5个工作日内或者收到举报、投诉之日起10个工作日内立案，并指定两名或者两名以上执法人员进行调查。

（四）立案审批

办案处（科）室的执法人员应当及时整理和审查举报材料、移送文书和材料、自行检查发现的案件材料，提出是否立案的意见或者建议并填写《涉嫌假冒专利案件立案审批表》经办案处（科）室负责人审定，报局领导审批。对举报、指定管辖、其他部门移送的案件，专利行政执法部门决定不立案的，应当有充分的不立案理由。

二、调查取证

专利行政执法部门发现或者接受举报发现涉嫌假冒专利行为的，应当及时立案，并指定两名或者两名以上案件承办人员进行调查。对涉嫌构成假冒专利的行为人的生产经营场所进行实地检查，采取法定方式固定、采集证据。

（一）调查取证的准备

在调查取证前，执法人员应当完成下列工作。

（1）对有关专利进行检索，初步确定涉案专利情况；阅读和研究案卷，了解案情，掌握需要调查的主要事实。

（2）举行现场检查前准备会，研究确定现场检查的分工；现场检查的时间和内容，应当重点查清的问题，以及可能出现的各种情况及处置方案。明确检查组成员的分工，可以根据实际情况考虑是否需要分组行动，如需分组行动的，要明确各组的任务及负责人。

（3）准备必需的文书、文具和执法装备如相机、摄影机、录音笔等。

（4）现场检查过程如需要其他部门配合的，要事先与有关部门取得联系，并明确各部门工作内容。

（二）调查取证的实施

执法人员调查取证时，应当严肃着装，主动向当事人或者有关人员出示行政执法证，说明来意，并制作调查笔录。

（1）制作调查笔录。调查取证时，执法人员应当制作调查笔录，调查笔录的制作须由 2 名以上执法人员在场，可以通过询问当事人，记录书理论上。物证等证据的提取过程的方式，将重要的事项记录。也可以同时使用录音、摄像设备进行纪录。调整笔录的具体形式将在本书第六章详细介绍，在此不再赘述。

（2）提取书证。书证主要指以其记载内容证明违法行为真实情况的字、图形等。调查收集的书证，可以是原件，也可以是经核对无误的副本或者复制件。是副本或者复制件的，执法人员应当要求当事人在该书证上签名或盖章，并在调查笔录中载明来源和取证情况。

（3）提取物证。调查收集的物证应当是原物。被调查人提供原物确有困难的，应当要求其提供复制品或者照片。提供复制品或者照片的，执法人员应当在调查笔录中说明取证情况。

（4）提取视听资料。视听资料证据可以通过执法人员拍照、摄像获得，拍照、摄像应当通过拍摄手段，充分记录当事人从事假冒专利的生产经营情况、涉案产品的有关情况以及执法人员现场执法的情况。拍照和摄像的情况应当在调查笔录中予以记载。同时，执法人员也可调查收集计算机数据或者录音、录像等视听资料，执法人员应当要求被调查人提供有关资料的原始载体。提供原始载体确有困难的，可以提供复制件。提供复制件的，在调查笔录中应当载明其来源和制作经过。

执法人员对涉嫌违法的物品可以采取抽样取证的方式收集证据。被抽取样品的数量应当以能够证明事实为限。

采取抽样取证的方式调查收集证据时，执法人员应当填写《假冒专利案件抽样取证清单》，并向当事人制发《假冒专利案件抽样取证决定》。具体文书格式见本书第六章。

（5）登记保存。在调查或者进行检查时，对可能灭失或者以后难以取得的证据、不适宜提取或者难以提取的证据，执法人员可以根据实际情况，经专利行政执法部门负责人批准，对有关证据予以登记保存。执法人员应当对登记保存物品加贴封条、进行现场拍照，并在《假冒专利案件证据登记保存通知书》注明有关内容、事项，并由执法人员和当事人及其他有关人员签字或者盖章。

执法人员应当告知当事人或者有关人员不得擅自撕毁封条、不得销毁或转移查封物品，并应当在 7 个工作日内，对被登记保存的物品作出处理决定。

三、行政强制措施

专利行政执法部门在收集证据时，可以采取抽样取证的方法，在证据可能灭失或者以后难以取得的情况下，经知识产权局机关负责人批准，可以先行登记保存，并应当在 7 日内及时作出处理决定，在此期间，当事人或者有关人员不得销毁或者转移证据。在检查与涉嫌违法行为有关的产品时，对有证据证明是假冒专利产品的，可以采取查封或者扣押等强制措施。

（一）查封或者扣押

查封或者扣押为行政强制措施。查封是将物品封闭起来，执法中将涉案物品封存在原地，粘贴封条，保持物品的原有状态。扣押是将涉案物品转移到其他地方封存，并不一定带回执法部门，可以由执法部门选择合适的地方存放。但是，执法部门对扣押的物品负责。

执法人员应当根据案情，提出是否采取查封、扣押措施的意见，经办案处（科）室负责人审定，报局领导审批。

执法人员执行查封、扣押措施时应当按照以下程序进行。

（1）向当事人出具《查封（扣押）决定书》。

（2）清点被查封、扣押的物品，被查封模具应当拆开核对。

（3）确定查封、扣押物品存放地点，在加贴封条后拍照和录像。

（4）填写《查封（扣押）物品清单》，具体文书内容及形式见本书第六章。

（5）被查封、扣押的物品应当指定有关人员负责妥善保管，以防损毁、被盗或者被转移。

（6）查封、扣押的期限不得超过 30 日；情况复杂的，经专利行政执法部门负责人批准。可以延长，但是延长期限不得超过 30 日。法律行政法规另有规定的除外。延长查封，扣押的决定应当及时书面告知当事人，并说明理由。

（7）因查封、扣押发生的保管费用由专利行政执法部门承担。

（二）解除强制措施

有下列情形之一的，可以解除查封或者扣押等强制措施。

（1）当事人违法行为不成立的。

（2）查封、扣押的场所设施或者财物与违法行为无关。

（3）当事人违法行为成立，专利行政执法部门已经作出决定不再需要查封、扣押。

（4）查封、扣押期限已经届满。

（5）其他应当解除登记保存或者查封、扣押的情况。

专利行政执法部门根据案情需要，认为可以解除强制措施的，经执法部门领导同意并报局领导批准后，作出《解除查封（扣押）决定书》，由执法人员负责解封，执行解封时不得少于 2 名执法人员。执法人员解封时，应当填写《解除查封（扣押）物品清单》，并交由当事人签名或者盖章。当事人拒绝签名或者盖章的，执法人员应当在笔录上注明。

四、告知和听证

《行政处罚法》对行政机关实施行政处罚时有各种告知义务，其中行政处罚决定前的处罚告知及听证告知这两项义务被认为是我国依法行政充分保护当事人合法权益的两项重要程序。明确规定上述两项义务的立法意图均为了更好地保护当事人的合法权益，使当事人充分行使陈述权和申辩权，体现行政处罚的公平公正。

（一）处罚前告知

处罚前告知是指行政主体，即行政机关或法律、法规授权的组织在作出行政处罚决定之前，将据以作出行政处罚决定的事实、理由及依据告知当事人，并告知当事人依法享有的权利的一种程序性法律行为。按照《行政处罚法》第31条的规定，行政机关在作出行政处罚决定之前应当告知当事人作出行政处罚决定的事实、理由及依据并告知当事人依法享有的权利。按照《行政处罚法》第32条的规定，当事人有权进行陈述和申辩。行政机关必须充分听取当事人的意见，对当事人提出的事实、理由和证据应当进行复核，当事人提出的事实、理由或者证据成立的，行政机关应当采纳。行政机关不得因当事人申辩而加重处罚。

专利行政执法部门履行告知义务必须是在作出行政处罚决定之前，这是保障当事人享有的告知权利的需要。实施行政处罚，无论是适用简易程序，还是适用一般程序，如果专利行政执法部门未依法履行行政处罚告知程序直接作出行政处罚的决定，就违反《行政处罚法》的相关规定，属于违反法定程序。告知的内容包括：告知当事人其违法事实、对其给予行政处罚的理由和所依据的法律法规；告知当事人其依法享有的陈述、申辩、申请复议、提起诉讼、请求行政赔偿等权利。

专利行政执法部门拟对当事人进行行政处罚的，经局领导审批，在作出行政处罚决定前，应当向当事人发出《处罚前告知通知书》。《处罚前告知通知书》应当包括以下内容。

（1）行政相对人的违法事实和证据。

（2）行政处罚的理由、依据和拟作出的行政处罚决定。

（3）当事人享有陈述和申辩的权利、提出陈述和申辩的期限（一般定为收到告知书之日起3个工作日内，根据具体情况可以延长）、逾期提出或未提出陈述和申辩的后果。

（4）达到听证条件的，应当告知当事人听证的权利。

《处罚前告知通知书》应当加盖专利行政执法部门公章。

（二）当事人的陈述和申辩

当事人的陈述，是指当事人表明自己的意见和看法，提出自己的主张和证据。当事人的申辩，是指当事人进行解释、辩解，反驳对自己不利的意见和证据。行政执法部门在实施行政处罚的过程中，无论是适用简易程序，还是适用一般程序，陈述和申辩是《行政处罚法》规定的当事人所享有的重要权利。即当事人收到行政处罚告知书后，有权在规定期限内向专利行政执法部门、提出有关案件事实的陈述和对拟处罚内容、依据的申辩。对专利行政执法部门而言，听取当事人的陈述和申辩是《行政处罚法》规定的其必须履行的法定义务，在当事人未明确放弃此项权利的情况下，专利行政执法部门不应给予当事人任何种类的行政处罚。当事人提出的事实、理由和证据，包括其没有违法的行为，不应受到行政处罚的事实、理由和证据，也包括其违法行为情节较轻，应受较轻的处罚的事实、理由和证据。

当事人的口头陈述和申辩由执法人员记录在案。专利行政执法部门不得因当事人的申辩而加重处罚。

（三）听证

听证程序，是指专利行政执法部门在作出行政处罚决定之前依行政相对人的申请，以听证会的形式听取当事人的陈述和申辩，由听证程序参加人就专利行政执法部门有关问题相互进行质问、辩论和反驳，从而查明事实的过程。按照我国《行政处罚法》第42条的规定，行政执法部门作出责令停产停业、吊销许可证或者执照、较大数额罚款等行政处罚决定之前，应当告知当事人有要求举行听证的权利；当事人要求听证的，行政执法部门应当组织听证。当事人不承担行政执法部门组织听证的费用。听证程序赋予当事人为自己辩护的权利，为当事人充分维护和保障自己的权益提供了程序上的条件。在听证程序中，当事人有权充分表达自己的意见和主张，提出有利于自己的证据；有权为自己辩解，反驳不利于自己的证据；有权与执法人员进行对质和辩论。

（1）适用听证程序的案件。专利行政执法部门拟对行政相对人作出下列行政处罚决定前，行政相对人提出听证要求的，适用本节所述的听证程序。

① 对个人处以较大数额的罚款（"较大数额"额度依据各地关于行政处罚听证的法规规章确定）。

② 对法人或其他组织处以较大数额罚款（"较大数额"额度依据各地关于行政处罚听证的法规规章确定）。

③ 法律、法规规定的其他可以要求举行听证的具体行政行为。

（2）听证的告知。对适用听证程序的行政处罚案件，在作出行政处罚决定前，专利行政执法部门应当向行政相对人送达《处罚前听证告知书》，告知行政相对人有要求听证的权利。《处罚前听证告知书》内容包括以下几项。

① 行政相对人的违法事实和证据。

② 行政处罚的理由、依据和拟作出的行政处罚决定。

③ 行政相对人享有要求听证的权利、提出听证要求的形式（书面形式）和期限（收到告知书之日起3日内）、逾期提出或未提出听证要求的后果。

听证告知书应当加盖专利行政执法部门公章。

（3）听证的提出。行政相对人要求听证的，应当在专利行政执法部门告知后的3日内，以书面形式向该部门提出要求听证的请求。行政相对人提出听证要求的，专利行政执法部门应当对提出听证要求的主体资格、是否在法定期限内提出、是否符合书面形式的要求等几个方面进行审核，对符合听证条件的，应当组织听证。

行政相对人逾期未提出听证要求或者明确提出放弃听证的，视为放弃申请听证的权利，不得就同一案件再次提出听证要求。行政相对人提出听证要求超过期限或者不符合听证条件的，专利行政执法部门应当自收到听证要求后3个工作日内书面告知行政相对人不予听证。

行政相对人因不可抗力的原因，不能在规定期限内提出听证要求的，经听证机关同意，可以延长申请听证期限。行政相对人以邮寄方式提出听证要求的，以寄出的邮戳日期为准。

（4）听证的组织。听证由拟作出适用听证程序的行政处罚的专利行政执法组织。组织听证的具体工作包括以下几点。

① 负责承办案件的部门应当在3日内将行政处罚认定的主要违法事实、证据的复印件、照片以及证据目录、证人名单移送本单位负责听证的部门。

② 负责听证的部门接到移送的案卷材料后，应当在3日内确定听证会组成人员。

（5）听证会组成人员。听证会由听证主持人、听证员组成。听证主持人、听证员由专利行政执法部门领导指定。专利行政执法部门可以聘请本单位以外的听证员参加听证。涉及疑难、复杂、重大案件，由专利行政执法部门负责人指定听证会组成人员。听证员为1名以上4名以下，协助听证主持人组织听证。听证会组成人员为单数，听证会应当设书记员1名，负责听证笔录的制作和其他事务。

从事听证工作的听证主持人、听证员、书记员，应当持有国家知识产权局或者当地人民政府颁发的行政执法证件，并通过有关法律、法规和业务的培训考核。听证主持人、听证员、书记员有下列情况之一的，应当自行回避，当事人及其代理人有权申请回避。

① 本案执法人员。

② 行政相对人、本案执法人员的近亲属。

③ 担任过本案的证人、鉴定人。

④ 与本案的处理结果有利害关系的。

（6）听证主持人履行职责。听证主持人应由在专利行政执法部门从事法制工作2年以上或者从事专利行政执法工作3年以上的人员担任。听证主持人履行下列职责。

① 决定举行听证的时间、地点并通知听证参加人。

② 审查听证参加人的资格。

③ 主持听证，并就案件的事实、证据或者与之相关的法律进行询问，要求听证参加人提供或者补充证据。

④ 维护听证的秩序，对违反听证纪律的行为进行警告或者采取必要的措施予以制止。

⑤ 对听证笔录进行审阅，并提出审核意见。

⑥ 决定中止、终止或者延期听证，宣布结束听证。

⑦ 法律、法规、规章规定的其他职责。

（7）听证员的职责。

① 阅读案卷、查阅有关证据，熟悉案情。

② 参加听证主持人召集的讨论会，拟定听证会要点。

③ 参加听证会，就案件的事实、证据或者与之相关的法律问题进行询问。

④ 阅读听证笔录并在听证笔录上签名。

⑤ 参加听证会结束后的合议，讨论决定《假冒专利案件听证报告书》的内容。

（8）听证参加人及其职责或权利。听证参加人是指参加听证会并对听证会产生实体和程序影响的有关人员，包以下几种。

① 涉案执法人员。

② 行政相对人及其代理人。

③ 与案件处理结果有直接利害关系的第三人及其代理人。

④ 证人、鉴定人、翻译人员。

⑤ 其他有关的人员。

第三人参加听证的可以自行申请并由听证主持人决定，也可以由听证主持人通知其作为第三人参加听证会。行政相对人、第三人可以亲自参加听证，也可以委托1~2名代理人参加听证。委托代理人参加听证的，应当要求其提交由委托人签名（盖章）的授权委托书，授权委托书应当写明委托事项和权限。

涉案执法人员在听证中的职责有以下几种。

① 查阅案卷、核实有关证据，详细了解案件的有关内容，明确之前程序中的遗漏、错误事项，可以补正的及时进行补正。

② 向负责听证的机构和听证主持人提交有关的案件材料。

③ 拟定听证会的发言材料。

④ 参加听证会，在听证会上提出行政相对人违法的事实、证据、法律依据和拟作出行政处罚建议，向其他听证参加人发问，回答听证主持人和听证员的提问，回答行政相对人及其代理人的提问，参加质证和辩论。

⑤ 核对听证笔录，在听证笔录中签名。

行政相对人在听证中的权利有以下几种。

① 要求或者放弃听证。

② 申请回避。

③ 出席听证会或者委托 1~2 人代理参加听证，并出具委托代理书，明确代理人权限。

④ 进行陈述、申辩和质证。

⑤ 核对听证笔录。

无民事行为能力或者限制民事行为能力的人，依据有关法律规定，由其法定代理人代为参加听证，法定代理人享有前款规定的权利。

（9）听证会的举行。听证会举行的时间由听证主持人确定，一般可以在行政相对人提出听证之日起 15 日内举行听证。

听证会举行前，听证主持人应当召集听证人员阅读案卷、查阅有关证据，熟悉案情，对案件事实、证据、适用法律等进行讨论，拟定听证要点，并通知执法人员准备相关事项。

听证主持人确定听证举行的时间、地点后，应当在听证会举行 7 个工作日前将制作的《假冒专利案件听证会通知书》送达行政相对人，并要求其在《假冒专利案件听证会回执》签字；将听证时间、地点等事项通知其他参加人。

《假冒专利案件听证会通知书》内容包括以下几点。

① 听证会举行的时间、地点。

② 听证会组成人员的姓名。

③ 告知行政相对人有权申请回避。

④ 告知行政相对人准备证据、通知证人等事项。

《假冒专利案件听证会通知书》应当加盖专利行政执法部门印章。

听证会应当公开举行，但根据国家法律、法规等规定保密的除外。公开听证的案件应当在听证会举行 3 个工作日以前公告案由、当事人姓名或者名称、听证举行时间和地点。

听证应当按期举行。专利行政执法部门因特殊情况，可以决定延期举行听证并书面通知听证参加人。当事人符合延期举行听证的情形的，应当及时书面告知听证主持人，请求延期举行听证。由听证主持人决定是否延期，并书面通知听证参加人。

听证会举行前，书记员应查明行政相对人和其他参加人是否到会，宣布听证纪律。听证会开始时，由听证主持人核对当事人，宣布案由，宣布听证会组成人员、书记员名单；告知当事人有关权利，询问当事人是否提出回避申请。

在听证会调查阶段，案件执法人员提出行政相对人违法的事实、证据和拟作出的行政处罚建议；行政相对人、第三人及其委托代理人进行陈述、申辩和质证；案件执法人员可以向行政相对人及第三人提问，行政相对人及第三人也可以向案件执法人员提问；听证会组成人员可以向案件执法人员、行政相对人及第三人提问。

案件执法人员应当向听证会出示物证，宣读书证，让行政相对人及第三人辨认、质证；对未到会的证人证言、鉴定结论、勘验笔录和其他作为证据的文书，应当宣读；听证会组成人员对证据有疑问的，可以暂停听证，待对证据进行调查核实后再继续听证；案件执法人员、行政相对人及其代理人有权申请通知新的证人到会，调取新的证据，申请重新鉴定或者勘验。对于上述申请，听证主持人应当作出是否同意的决定。申请重新鉴定或者勘验的费用由申请人支付。

听证会辩论阶段，在听证主持人的组织下，案件执法人员、行政相对人和代理人可以对证据和案件情况发表意见并且可以互相辩论。听证主持人在宣布申辩终结后，当事人有最后陈述的权利。

听证会的全部过程应当制作听证笔录。听证笔录应作为管理专利工作的部门作出行政处罚决定的依据。听证笔录应当载明下列事项。

① 案由。
② 听证参加人姓名或者名称、地址。
③ 听证主持人、听证员、书记员姓名。
④ 举行听证的时间、地点和方式。
⑤ 案件执法人员提出的事实、证据和适用听证程序的行政处罚建议。
⑥ 行政相对人及第三人陈述、申辩和质证的内容。
⑦ 其他有关听证的内容。

听证笔录应当交给当事人和其他参加人员审核无误后签字或者盖章。当事人拒绝签名的，应在笔录上写明。听证笔录经听证主持人审阅后，由听证会组成人员和书记员签字或盖章。

（10）听证报告书。听证结束后，听证主持人应组织听证会组成人员依法对案件作出独立、客观、公正的判断，并写出《假冒专利案件听证报告书》连同听证笔录一并报告专利行政执法部门负责人。听证会组成人员有不同意见的，应如实报告。

听证报告书内容包括以下几个方面。

① 听证案由。
② 听证主持人和听证参加人的基本情况。
③ 听证举行的时间、地点和方式。
④ 听证会的基本情况。
⑤ 处理意见和建议。

专利行政执法部门负责人应根据听证报告书的意见和听证笔录，依法作出行政处罚或不处罚的决定。

五、处罚

这一部分主要包括责令改正处罚的种类、处罚决定、办理时限、行政处罚应当注意的事项等方面内容。

（一）责令改正

责令改正是指专利行政执法部门依法作出要求违法行为人停止和纠正违法行为

的行政行为。按照《行政处罚法》第23条的规定，行政机关实施行政处罚时，应当责令当事人改正或限期改正违法行为。在行政管理法律、法规中，责令改正的法律属性既不是行政处罚，亦非行政强制措施，而是一种行政管理措施。《行政处罚法》没有把责令改正作为一种行政处罚的种类加以规定，这是因为责令改正的本意是要求相对人有错必纠，责令改正本质上是教育性的，而不是惩罚性的。责令改正作为一个重要的行政管理手段，并且在执法实践中得到广泛运用，具有灵活性、可操作性强等特点。

责令改正的基本特征有以下几点：(1) 作出责令改正的主体是专利行政执法部门或法律、法规授权的组织；(2) 责令改正的对象是违法行为人，即违法行为的公民、法人或其他组织；(3) 责令改正的作出是以行政相对人违法行为事实为前提；(4) 责令改正是行政主体依据法律、法规、规章或依职权作出。

作出责令改正应注意的问题有以下几点。(1) 作出责令改正的期限。法律、法规、规章有明确规定的，应按规定确定责令改正的期限；未明确规定的，应根据违法行为的性质确定责令改正的期限。可以当场改正的，应当责令当场改正；需要一定期限改正的，应当根据实际情况确定责令改正期限。(2) 作出责令改正的形式。从理论上说，责令改正可以口头形式作出，也可以书面形式作出。但是口头形式不利于证据的固定保存，容易引起争议，而书面的责令改正对当事人而言比口头的责令改正更有威慑力，特别是对部分将责令改正作为行政处罚的前置性行政行为的，更应以书面形式作出。(3) 作出责令改正的程序。责令改正应当遵循一般的行政监督管理程序，即表明身份、进行检查、指出问题、听取当事人陈述及申辩、责令改正，送达责令改正通知书、送达签字确认等。(4) 作出责令改正的文字表述。责令改正通知书中表述的内容应是责令当事人停止或纠正违法行为的意思表示，以及当事人如果未在限定期限内改正可能引起的法律后果。应当避免将责令改正表述为行政处罚、行政强制措施等其他行政行为。

(二) 处罚的种类

按照我国《专利法》第63条的规定，假冒专利的，除依法承担民事责任外，由管理专利工作的部门责令改正并予公告，没收违法所得，可以并处违法所得4倍以下的罚款；没有违法所得的，可以处20万元以下的罚款；构成犯罪的，依法追究刑事责任。

(1) 责令停止假冒专利行为和采取改正措施。专利行政执法部门认定假冒专利成立的，应当责令行为人采取下列改正措施。

① 在未被授予专利权的产品或者其包装上标注专利标识、专利权被宣告无效后或者终止后继续在产品或者其包装上标注专利标识或者未经许可在产品或者产品包装上标注他人的专利号的，立即停止标注行为，消除尚未售出的产品或者其包装上的专利标识；产品上的专利标识难以消除的，销毁该产品或者包装。

② 销售第①项所述产品的，立即停止销售行为。

③ 在产品说明书等材料中将未被授予专利权的技术或者设计称为专利技术或者专利设计，将专利申请称为专利，或者未经许可使用他人的专利号，使公众将所涉及的技术或者设计误认为是他人的专利技术或者专利设计的，立即停止发放该材料，销毁尚未发出的材料，并消除影响。

④ 伪造或者变造专利证书、专利文件或者专利申请文件的，立即停止伪造或者变造行为，销毁伪造或者变造的专利证书、专利文件或者专利申请文件，并消除影响。

⑤ 责令假冒专利的参展方采取从展会上撤出假冒专利展品，销毁或封存相应的宣传材料、更换或者遮盖相应的展板等撤展措施。

⑥ 专利行政执法部门认定电子商务平台上的假冒专利行为成立的，应当通知电子商务平台提供者及时对假冒专利产品相关网页采取删除、屏蔽或者断开链接等措施，其他必要的改正措施。

（2）没收违法所得。没收违法所得是指国家行政机关根据行政管理法规，将行为人违法所获得的财物或非法财物强制无偿收归国有的一项行政处罚措施。没收是一种较为严厉的财产处罚，其执行领域具有一定程度的限定性，只有对那些为谋取非法收入而违反法律法规的公民、法人及组织才可以实行这种财产处罚。

专利行政执法部门认定假冒专利行为成立，当事人有违法所得的，应当没收违法所得。

专利行政执法部门可以按照以下方式确定行为人的违法所得。

① 销售假冒专利产品的，以产品销售价格乘以所销售产品的数量作为其违法所得。

② 订立假冒专利的合同的，以收取的费用作为其违法所得。

（3）罚款。罚款是指行政机关依法强制违反行政管理法规的行为人（包括法人及其他组织）在一定期限内缴纳一定数量货币的处罚行为。罚款是一种财产处罚。罚款是一种适用范围比较广泛的行政处罚。为了避免罚款的随意性，《行政处罚法》对罚款有一些限定性的规定。对已经制定的法律、行政法规规定的行政处罚的种类中没有罚款的，地方性法规和规章不能增加规定罚款的处罚。为了避免罚款执行人营私舞弊，法律规定作出罚款决定的机关与收缴罚款的机构分离，罚款必须全部上缴国库，任何行政机关或者个人不得以任何形式截留、私分。罚款的设定与执行要运用适当，罚与过相当。

对应当进行行政处罚的假冒专利行为，有违法所得的，专利行政执法部门可以并处违法所得4倍以下的罚款；没有违法所得的，可以处20万元以下的罚款。其中：① 情节较轻，可处以违法所得的1倍以下的罚款；没有违法所得的，处以5万元以下罚款；② 情节较重，可处以违法所得的1～2倍的罚款；没有违法所得的，处以5万元～10万元罚款；③ 情节严重，可处以违法所得的2～4倍的罚款；没有违法所得的，处以 10 万元~20 万元罚款。

情节轻重主要从行为的性质、涉案产品的数量、涉案金额、违法所得数额、产生的社会影响（包括对权利人的损害程度、行为人的主观过错程度、行为人配合执法的程度、行为人是否及时采取减轻损害和减小影响的纠正措施等）几个方面进行综合考虑。

（4）构成犯罪的，依法追究刑事责任。按照我国《刑法》第 216 条规定，假冒他人专利，情节严重的，处 3 年以下有期徒刑或者拘役，并处或者单处罚金。

按照最高人民法院、最高人民检察院《关于办理侵犯知识产权刑事案件具体应用法律若干问题的解释》第 4 条的规定，假冒他人专利，具有下列情形之一的，属于《刑法》第 216 条规定的"情节严重"，应当以假冒专利罪判处 3 年以下有期徒刑或者拘役，并处或者单处罚金。

① 非法经营数额在 20 万元以上或者违法所得数额在 10 万元以上的。

② 给专利权人造成直接经济损失 50 万元以上的。

③ 假冒两项以上他人专利，非法经营数额在 10 万元以上或者违法所得数额在 5 万元以上的。

④ 其他情节严重的情形。

假冒他人专利是指未经专利权人许可，擅自使用其专利标记的行为，这是《刑法》对专利犯罪的唯一规定。按照最高人民法院、最高人民检察院《关于办理侵犯知识产权刑事案件具体应用法律若干问题的解释》第 10 条的规定，实施下列行为之一的，属于《刑法》第 216 条规定的"假冒他人专利"的行为。

① 未经许可，在其制造或者销售的产品、产品的包装上标注他人专利号的。

② 未经许可，在广告或者其他宣传材料中使用他人的专利号，使人将所涉及的技术误认为是他人专利技术的。

③ 未经许可，在合同中使用他人的专利号，使人将合同涉及的技术误认为是他人专利技术的。

④ 伪造或者变造他人的专利证书、专利文件或者专利申请文件的。

可见，假冒他人专利行为应同时具备以下条件。

① 必须有假冒行为。

② 被假冒的必须是他人已经取得的、实际存在的专利。

执法人员认为行为人已涉嫌构成犯罪的，应当向部门负责人提出移交公安机关处理的意见，经办案处（科）室负责人审定后，报局领导审批。

对公安机关决定不予立案的案件，专利行政执法部门应当依法作出行政处罚。

（三）处罚决定

（1）处理意见。经调查取证，案件事实清楚、证据确凿的，调查终结，由承办案件的执法人员提出如下处理意见。

① 构成应当受行政处罚的违法行为的，根据情节轻重及具体情况，作出处罚决定。

② 违法行为轻微，依法可以不予行政处罚的，不予行政处罚。

③ 违法事实不成立的，撤销案件。

④ 违法行为已构成犯罪的，移送司法机关。

对情节复杂或者重大违法行为给予较重的行政处罚，专利行政执法部门的负责人应当集体讨论决定。

承办案件的执法人员必须提出明确意见，不得弃权或沉默，实行少数服从多数的原则，讨论中有不同意见的，应当如实记入笔录，由全体承办案件的执法人员签名，并注明日期。

执法人员认为可以结案的，将结案审批表、合议笔录、行政处罚告知书等其他案件材料，经办案处（科）室审定后，报局领导审批。

（2）结案意见审批。部门负责人和局领导对执法人员的结案意见，主要对以下内容进行审查。

① 是否符合行政处罚地域管辖的规定。

② 违法行为的事实是否清楚。事实清楚是指执法人员收集到足以确认当事人有无违法行为、违法行为后果轻重的基本事实。对于事实的审查重点在于当事人对处罚的意见和执法人员的意见是否一致，双方对事实不一致的地方，执法人员是否有足够的证据支持自己的观点。

③ 违法行为的证据是否合法、充分和确凿。包括收集证据的行为是否合法，证据与案件事实是否有联系。证据充分是指在调查取证过程中所掌握的证据具体、全面，证据性质明显，能为认定违法事实是否存在及其轻重提供足够的依据。如果审查后认为证据不够充分的，应要求执法人员进行补充调查。

④ 执法人员的行政处罚程序是否合法，有无违反行政处罚程序规定的行为。即审查执法人员是否依照法定程序进行调查，是否告知当事人所享有的权利以及处罚的依据、事实和理由，执法人员是否认真听取当事人的陈述和申辩，对当事人提出的事实、理由和证据是否进行了复核。审查过程中发现有违反法定程序的做法，必须及时予以纠正。

⑤行政处罚法律依据是否正确适用。即审查执法人员给予假冒专利违法行为的行政处罚是否符合法律、法规或者规章的规定，行政处罚法律依据是否正确适用，发现有不适当的地方，应当依照法律、法规或者规章的规定办理。

（3）处罚决定。当事人进行陈述和申辩的，专利行政执法部门应当对当事人提出的事实、理由和证据进行核实，由案件执法人员进行讨论，形成多数意见后，以行政处罚决定书或者其他结案文书的形式向部门领导提出维持或变更原拟处罚内容的意见，作出行政处罚决定。应当做到认定违法事实清楚，定案证据确凿充分，违法行为定性准确，适用法律正确，办案程序合法，处罚幅度合理适当。

行政处罚决定须经办案处（科）室负责人审定后，报局领导审批。经局领导审批，决定对当事人实施行政处罚的，应当制作行政处罚决定书。行政处罚决定书应当载明下列事项。

① 当事人的姓名或者名称、地址。
② 违反法律、法规或者规章的事实和证据。
③ 行政处罚的种类和依据。
④ 行政处罚的履行方式和期限。
⑤ 不服行政处罚决定，申请行政复议或者提起行政诉讼的途径和期限。
⑥ 作出行政处罚决定的行政机关名称和作出决定的日期。

行政处罚决定书必须盖有作出行政处罚决定的专利行政执法部门的印章。

行政处罚决定书应当在宣告后当场交付当事人。当事人不在场的，专利行政执法部门应当在7日内依照民事诉讼法的有关规定，将行政处罚决定书送达当事人。

我国《行政处罚法》虽然没有明确规定行政处罚决定书的生效时间，但相关履行处罚决定和未按决定履行处罚义务应招致何种法律后果的条文均已表明，行政处罚决定书应当是自送达给当事人之日起生效，这是普遍性原则（特殊性除外），是由行政行为生效的即时性、连续性的性质决定的。除行政处罚决定书上明确了某具体时间履行外，一般均应当立即开始履行决定中指定的义务，或立即采取相应制裁措施。

因此，行政处罚决定书一经送达即生效，专利行政执法部门不得随意变更已经作出的行政处罚决定。

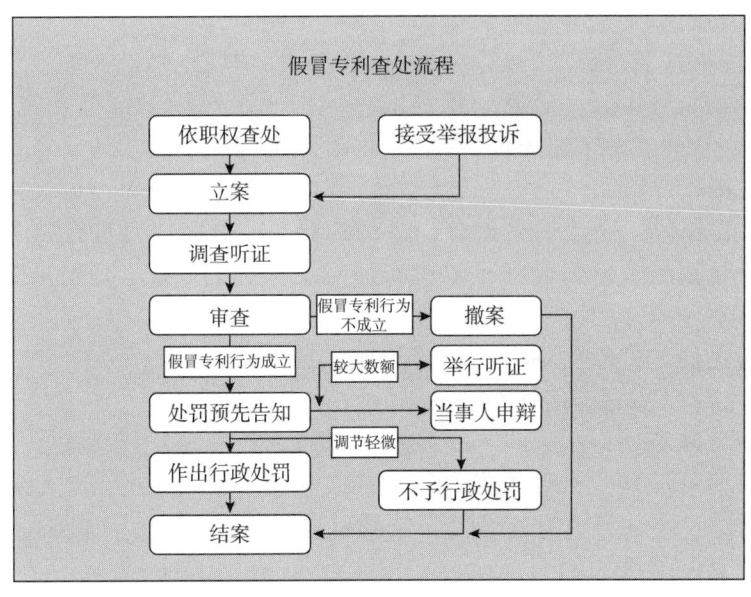

（四）办理时限

按照《专利行政执法办法》第 36 条的规定，专利行政执法部门查处假冒专利案件，应当自立案之日起 1 个月内结案。案件特别复杂需要延长期限的，应当由专利行政执法部门负责人批准。经批准延长的期限，最多不超过 15 日。案件处理过程中听证、公告等时间不计入前款所述案件办理期限。

（五）行政处罚应当注意的事项

（1）不予处罚。依法应当给予行政处罚的，专利行政执法部门必须查明事实；违法事实不清的，不得给予行政处罚，对已经立案的，专利行政执法部门应当向行政相对人发出撤销案件通知书，以撤销案件的方式结案。

专利行政执法部门及其执法人员在作出行政处罚决定之前，不依照《行政处罚法》的相关规定向当事人告知给予行政处罚的事实、理由和依据，或者拒绝听取当事人的陈述、申辩，行政处罚决定不能成立；当事人放弃陈述或者申辩权利的除外。

（2）从轻、减轻处罚的情形。专利行政执法部门发现当事人有下列情形之一的，应当依法从轻或者减轻行政处罚。

① 行为人已满 14 周岁不满 18 周岁的。
② 主动消除或者减轻违法行为危害后果的。
③ 在共同违法行为中起次要或辅助作用的。
④ 受他人胁迫有违法行为的。
⑤ 配合专利行政执法部门查处违法行为，有立功表现的。
⑥ 其他依法从轻或者减轻行政处罚的。

有从轻、减轻处罚的情形的，当事人也可以向专利行政执法部门提出。从轻、减轻处罚主要用于有罚款的处罚。从轻处罚是指在规定的处罚额度区间内，按照较轻的额度进行处罚。减轻处罚是指在规定的处罚额度区间以内进行处罚。

（3）不予处罚的情形。专利行政执法部门发现当事人有下列情形之一的，不予处罚。

① 违法行为轻微并及时纠正，没有造成危害后果的。
② 不满 14 周岁的人有违法行为的。
③ 精神病人在不能辨认或者不能控制自己行为时有违法行为的。
④ 除法律另有规定外，假冒专利行为在 2 年内未被发现的。该期限从违法行为发生之日起计算；违法行为有连续或者继续状态的，从行为终了之日起计算。
⑤ 其他依法不予处罚的。

（4）不得重复罚款。对当事人的同一个违法行为，专利行政执法部门不得给予两次以上罚款。

六、行政处罚决定的执行

行政处罚决定依法作出后，当事人应当在行政处罚决定的期限内予以履行。除法律另有规定外，当事人对行政处罚决定不服申请行政复议或者提起行政诉讼的，行政处罚不停止执行。

（一）立即停止假冒专利行为和采取改正措施的执行

（1）在未被授予专利权的产品或者其包装上标注专利标识、专利权被宣告无效后或者终止后继续在产品或者其包装上标注专利标识或者未经许可在产品或者产品包装上标注他人专利号的，立即停止标注行为，消除尚未售出的产品或者其包装上的专利标识；产品上的专利标识难以消除的，销毁该产品或者包装。

（2）销售第（1）项所述产品的，立即停止销售行为。

（3）在产品说明书等材料中将未被授予专利权的技术或者设计称为专利技术或者专利设计，将专利申请称为专利，或者未经许可使用他人的专利号，使公众将所涉及的技术或者设计误认为是他人的专利技术或者专利设计的，立即停止发放该材料，销毁尚未发出的材料，并消除影响。

（4）伪造或者变造专利证书、专利文件或者专利申请文件的，立即停止伪造或者变造行为，销毁伪造或者变造的专利证书、专利文件或者专利申请文件，并消除影响。

（5）责令假冒专利的参展方采取从展会上撤出假冒专利展品、销毁或者封存相应的宣传材料、更换或者遮盖相应的展板等撤展措施。

（6）电子商务平台上假冒专利的，电子商务平台应当及时对假冒专利产品相关网页采取删除、屏蔽或者断开链接等措施。其他必要的改正措施。

（二）销毁

专利标记和专利号与产品难以分离的，产品与标识一并销毁，费用由假冒专利行为的单位或者个人承担。行为人拒不销毁有关产品的，由专利行政执法部门销毁或者申请法院强制执行。专利标记和专利号与产品可以分离的，在当事人消除假冒专利标记后，由当事人领回。

对于国家法律、法规、规章规定应当予以销毁的违法物品，不得作其他处理或者低价出售。

（三）没收违法所得和罚款的执行

（1）没收违法所得的执行。"没收违法所得"作为行政处罚的一种，是指由行政机关实施的将违法当事人的违法收入收归国有的处罚方式，各个行政机关都有自己的把握尺度，不尽相同。专利行政执法部门认定假冒专利行为成立的，可以按照下列方式确定行为人的违法所得。

① 销售假冒专利的产品的,以产品销售价格乘以所销售产品的数量作为其违法所得。

② 订立假冒专利的合同的,以收取的费用作为其违法所得。

"没收违法所得"不需要使用听证程序。按照《行政处罚法》第42条的规定,行政机关作出责令停产停业、吊销许可证或者营业执照、较大数额罚款等行政处罚决定之前,应当告知当事人有要求举行听证的权利;当事人要求听证的,行政机关应当组织听证。尽管听证是行政相对人的一项重要权利,但听证并不是所有行政处罚的必经程序,它只适用于法定范围内的行政处罚案件。对"没收违法所得"并没有要求必须适用听证程序。

(2)罚款的执行。作出罚款决定的专利行政执法部门应当与收缴罚款的机构分离。作出行政处罚决定的专利行政执法部门及其执法人员不得自行收缴罚款。

当事人应当自收到行政处罚决定书之日起15日内,应当持专利行政执法部门开具的罚款缴款通知书(统一格式,一式三联)到指定的银行缴纳罚款。

(3)罚款的减免或者延期缴纳。按照《行政处罚法》第52条的规定,当事人确有经济困难,需要延期或者分期缴纳罚款的,经当事人申请和行政机关批准,可以暂缓或者分期履行。根据这一规定,当事人可以暂缓或者分期缴纳罚款。但是,应当符合以下三个条件。

① 当事人在规定的期限内完全缴纳罚款确有经济困难。"确有经济困难",主要指以下几种情形:一是生活一直贫困,无力缴纳罚款的;二是由于罚款金额较大,缴纳罚款之后会严重影响当事人正常生活的,对于法人企业而言,缴纳罚款之后将使企业面临停产停工局面的;三是由于遭遇严重的自然灾害,致使当事人蒙受巨大经济损失,不具备缴纳罚款的能力的。必须区分被处罚人故意拒绝或拖延缴纳罚款的情形,如果当事人有能力履行罚款决定,而故意不履行,或者拖延履行,专利行政执法部门应当对其加处罚款或申请法院强制执行。

② 当事人应当及时提出申请。鉴于自身的经济困难,当事人认为很难在规定的期限内履行缴纳罚款义务的,应当及时向专利行政执法部门提出申请,申请应当说明理由与事实,不得弄虚作假,夸大其辞。

③ 当事人的申请应得到专利行政执法部门的批准。对于当事人的申请,应当进行审查。凡是确有经济困难的,专利行政执法部门应当批准当事人的申请,决定暂缓履行或者分期履行。如经审查不符合实际情况,当事人的申请理由不成立的,则应拒绝批准。对于当事人弄虚作假情节严重的,可对其进行批评教育。应当注意"暂缓缴纳"或者"分期缴纳"并不是不缴纳,两者都是缴纳罚款的变通方式,这是法律根据实际情况作出的规定。专利行政执法部门认为申请理由成立的,应当作出允许延期或者分期缴纳罚款的决定,送达当事人。

(4)加处罚款。当事人逾期不履行行政处罚决定的,作出行政处罚决定的专利行政执法部门可以采取下列措施：①到期不缴纳罚款的，每日按罚款数额的3%加处罚款；②根据法律规定，将查封、扣押的财物拍卖或者将冻结的存款划拨抵缴罚款。

（四）申请强制执行

当事人在收到行政处罚决定书后，没有在60日内提出行政复议申请，或没有在6个月内向人民法院提起诉讼，又不履行行政处罚决定的，作出行政处罚决定的专利行政执法部门可以申请人民法院强制执行。请求人民法院强制执行所需费用，由当事人承担。

决定申请强制执行的，应当填写《行政处罚强制执行申请书》，报局领导审批。

（五）执行的停止

行政复议或者行政诉讼期间，不停止行政处罚决定的执行。有下列情形之一，应当予以停止执行。

（1）法律规定停止执行的。
（2）人民法院裁定停止执行的。
（3）行政复议机关认为需要停止执行的。
（4）专利行政执法部门认为需要停止执行的。

第四节　查处假冒专利行为的行政复议和行政诉讼

行政复议是指公民、法人或者其他组织不服行政主体作出的具体行政行为，认为行政主体的具体行政行为侵犯了其合法权益，依法向法定的行政复议机关提出复议申请，行政复议机关依法对该具体行政行为进行合法性、适当性审查，并作出行政复议决定的行政行为。行政复议是公民、法人或其他组织通过行政救济途径解决行政争议的一种方法。

行政诉讼是指公民、法人或者其他组织认为行政机关和行政机关工作人员的具体行政行为侵犯其合法权益，依法向人民法院提起诉讼，由人民法院依法进行审理和判决的诉讼制度。

根据《行政处罚法》《行政诉讼法》《专利法》的相关规定，对于假冒专利行为的查处，当事人可以自由选择行政复议或行政诉讼进行救济，既可以在提起行政诉讼前先行申请行政复议，也可以放弃行政复议权利而直接提起行政诉讼。

一、查处假冒专利行为的行政复议

行政复议机关，是指依照《行政复议法》受理行政复议申请，依法对具体行政行为进行审查并作出裁决的行政机关。行政复议机关具有以下几个特点：第一，行政复议机关是行政机关；第二，行政复议机关是有权行使行政复议权的行政机关；第三，行政复议机关是能以自己的名义行使行政复议权，并对行为后果独立承担法律责任的行政机关。就如各级人民政府、各级政府的组成部门，公安、司法、海关，专利行政执法部门、工商管理、教育、卫生等部门，都可以作为行政复议机关。

行政复议机构是指复议机关内设的具体办理有关行政复议工作的机构。目前承担行政复议工作的机构，包括地方各级人民政府和政府工作部门的行政复议机构。根据《行政复议法》的规定，县级以上地方各级人民政府的行政复议机构，应当设在政府法制工作机构，或者与政府法制工作机构合署办公。目前地方各级人民政府的行政复议机构已比较健全，特别是省、市两级，绝大部分都设有法制工作机构。据有关部门统计，已有70%的县级人民政府设有法制工作机构，承担行政复议工作。

（一）行政复议法律关系

行政复议法律关系，是指在行政复议中行政复议机关与行政复议参与人及其他参与人（如法定代理人、委托代理人等）为了解决行政争议，根据行政复议法律法规规范而形成的权利义务关系。行政复议法律关系有主体、客体、内容三个要素。

（1）行政复议法律关系的主体。行政复议法律关系的主体包括行政复议机关、申请人、被申请人、行政复议第三人。

申请人，是指不服行政机关的具体行政行为，依法申请作出具体行政行为的上级行政机关或者法律、法规规定的其他机关提出行政复议申请的人。

在查处假冒专利行为中，申请人是指不服专利行政执法部门的具体行政行为，依法申请作出具体行政行为的上级专利行政执法部门或者法律、法规规定的其他机关提出行政复议申请的人。这里可分为三个层面。

① 对县（市、区）专利行政执法部门查处假冒专利行为的具体行政行为，可以依法申请作出具体行政行为所属地的地市（州）级专利行政执法部门或者设在县（市、区）人民政府的法制工作机构提出行政复议。

② 对地市（州、区）级专利行政执法部门查处假冒专利行为的具体行政行为，可以依法申请作出具体行政行为所属地的省（自治区、直辖市）级专利行政执法部门或者设在地市（州、区）人民政府的法制工作机构提出行政复议。

③ 对省（自治区、直辖市）专利行政执法部门查处假冒专利行为的具体行政行为，可以依法申请作出具体行政行为所属地设在省（自治区、直辖市）人民政府的法制工作机构提出行政复议。

被申请人，即作出原具体行政行为的人。其中，具体行政行为是由一个专利行政执法部门独立作出的，该部门为被申请人；具体行政行为是由两个以上专利行政执法部门以共同名义作出的，共同作出该具体行政行为的机关为共同被申请人；具体行政行为是由法律、法规授权的组织作出的，该组织为被申请人；具体行政行为是行政机关委托的组织作出的，委托的行政机关是被申请人；作出具体行政行为的机关被撤消的，继续行使其职权的专利行政执法部门是被申请人。

行政复议第三人，是指在行政复议中，其虽然不是申请人或者被申请人，但是与案件有利害关系，案件的处理结果对其产生直接影响的人，包括自然人、法人、其他组织（即非法人单位）。

行政复议代理人，是指代理申请人、被申请人参与行政复议的人。

行政复议其他参与人，是指当事人、第三人、代理人之外的参与行政复议的人。包括证人、鉴定人、勘验人、翻译人等。

（2）行政复议法律关系的客体，是指行政复议法律关系主体的权利义务所指向的对象。包括被申请复议的具体行政行为、案件的事实和证据。

（3）行政复议法律关系的内容，是指行政复议法律关系主体的复议权利和复议义务，以及引起行政复议法律关系发生变动的法律事实。

（二）行政复议范围

按照我国《行政复议法》第6条的规定，对查处假冒专利的行政行为，根据行政争议标的的不同，将行政复议的受案范围划分为以下几种。

（1）对警告、罚款或责令改正、没收违法所得的行政处罚不服的。

（2）对财产的查封、扣押等强制措施不服的。

（3）认为专利行政执法部门侵犯法律、法规规定的经营自主权的。

（4）认为专利行政执法部门的其他具体行政行为侵犯其合法权益的。

需要注意的是，对不服管理专利工作部门对专利侵权纠纷作出的调解或者处理决定的，可以依法向人民法院提起诉讼。

（三）行政复议程序

（1）行政复议申请。公民、法人或者其他组织认为具体行政行为侵犯其合法权益的，可以自知道该具体行政行为之日起60日内提出行政复议申请，但是法律规定的申请期限超过60日的除外。因不可抗力或者其他正当理由耽误申请期限的，申请期限自障碍消除之日起继续计算。

对县级以上专利行政执法部门的具体行政行为不服的，由申请人选择，可以向该部门的本级人民政府申请行政复议，也可以向上一级主管部门申请行政复议。

申请复议应符合以下条件。

① 申请人是认为具体行政行为直接侵犯其合法权益的公民、法人或者其他组织。

② 有明确的被申请人。

③ 有具体的复议请求和事实根据。

④ 属于受理复议机关管辖。
⑤ 属于申请复议范围。
⑥ 法律法规规定的其他条件。

申请行政复议必须符合法定形式。《行政复议法》规定，申请人申请行政复议可以书面申请，也可以口头申请。申请人书面申请行政复议的，可以采取当面递交、邮寄或者传真等方式提出行政复议申请；申请人是以口头形式提出复议申请的，复议机关或者作出具体行政行为的专利行政执法部门应当场制作行政复议申请笔录交申请人核对或者向申请人宣读，并由申请人签字确认。

（2）行政复议受理。行政复议机关收到行政复议申请后，应当在 5 日内进行审查，对不符合规定的，决定不予受理并书面通知申请人；对不属于本行政机关受理的复议申请，应当告知申请人向有管辖权的复议机关提出行政复议申请。

除上述两种情况外，行政复议申请自行政复议机关负责法制工作的机构收到之日起即视为受理。行政复议申请有下列情形之一的，行政复议机关裁决不予受理并书面告知其理由。

① 具体行政行为不涉及复议申请人的权益，或者没有具体的复议请求和法律、法规、规章及事实依据的。
② 没有明确的被申请人的。
③ 不属于申请复议范围和不属于受理复议机关管辖。
④ 复议超过法定期限且无正当理由的。
⑤ 复议申请提出前已经向人民法院起诉的。

此外，按照《行政复议法》第 20 条的规定，公民、法人或者其他组织依法提出行政复议，复议机关无正当理由不予受理的，上级行政机关应当责令其受理；必要时，上级行政机关也可以直接受理。

对于法律规定当事人可以申请复议也可以向法院起诉的，当事人向法院起诉的则不得再申请行政复议；已经申请行政复议的，则不得再向法院起诉。但是，公民、法人或者其他组织申请行政复议，行政复议机关不予答复或者作出不予受理裁决的，可以在行政复议期限届满或者收到不予受理决定书之日起 15 日内向法院提起诉讼。

（3）行政复议审理。行政复议机关自收到复议申请书后，应当在 5 日内审查，符合条件的决定受理，不合格的决定不予受理并书面告知申请人。行政复议机关自受理之日起 7 日内，将复议申请书副本或者申请笔录复印件送达被申请人。被申请人在收到复议申请副本或者复印件 10 日内作出答辩。

行政复议机构审理行政复议案件，应当由 2 名以上行政复议人员参加。行政复议机构认为必要时，可以实地调查核实证据。调查取证时，行政复议人员不得少于 2 人，并应当向当事人或者有关人员出示证件，被调查单位和人员应当配合行政复议人员的工作，不得拒绝或者阻挠。行政复议人员向有关组织和人员调查取证时，可以查阅、复制、调取有关文件和资料，向有关人员进行询问。对重大、复杂的案件，申请人提出要求或者行政复议机构认为必要时，可以采取听证的方式进行审理。

行政复议机关在对被申请人的具体行政行为进行审查时，认为其依据不合法，本机关有权处理的，应当在30日内依法处理；无权处理的，应当在7日内依法转送有处理权的机关处理，处理期间中止对具体行政行为的审查。

行政复议机关应当自受理申请之日起60日内作出行政复议决定，但是法律规定的行政复议期限少于60日的除外。情况复杂的案件，经行政复议机关负责人批准，可以适当延长，并告知申请人，但是延长的期限最多不能超过30日。

应当注意的是，《行政复议法》明确规定在行政复议期间具体行政行为不停止执行。但是有下列情形之一的，可以停止执行。

① 被申请人认为需要停止执行的。
② 行政复议机关认为需要停止执行的。
③ 申请人申请停止执行，行政复议机关认为其要求合理，决定停止执行的。
④ 法律规定停止执行的。

（4）行政复议决定。行政复议决定是指行政复议机关通过复议审理，在查明事实的基础上，依照法律、法规和规章以及其他规范性文件，对有争议的具体行政行为是否合法、适当作出的判断和处理。

行政复议决定的种类有以下几种。

① 维持决定。复议机关经过对具体行政行为审查，认为其认定事实清楚，证据确凿，适用依据正确，程序合法，内容适当，从而作出否定申请人的指控，肯定被审查的具体行政行为合法、正确的决定。

② 履行决定。如果被申请人没有履行其应当履行的法定职责而被公民法人申请复议，复议机关经过对具体行政行为的审查，认定被申请人未履行法定的职责，应当责令被申请人在一定期限内履行自己的职责。

③ 撤销、变更或者确认该具体行政行为违法的决定。具体行政行为有下列情形之一的，决定撤销、变更或者确认该具体行政行为违法；决定撤销或者确认该具体行政行为违法的，可以责令被申请人在一定期限内重新作出具体行政行为：主要事实不清、证据不足的；适用依据错误的；违反法定程序的；超越或者滥用职权的；具体行政行为明显不当的。

行政赔偿是指行政机关及其工作人员在实施行政管理中，因违法侵害了行政管理相对人的合法权益，依法给予经济赔偿的制度。申请人在申请行政复议时可以一并提出行政赔偿请求，行政复议机关对符合《中华人民共和国国家赔偿法》（以下简称《国家赔偿法》）的有关规定应当给予赔偿的，在决定撤销、变更具体行政行为或者确认具体行政行为违法时，应当同时决定被申请人依法给予赔偿。如果申请人在申请行政复议时没有提出行政赔偿请求，行政复议机关在依法决定撤销或者变更罚款，撤销对财产的查封、扣押等具体行政行为时，应当同时责令被申请人返还财产，解除对财产的查封、扣押等措施，或者赔偿相应的价款。

行政复议机关应当自受理申请之日起 60 日内作出行政复议决定，但是法律规定的行政复议期限少于 60 日的除外。情况复杂，不能在规定期限内作出行政复议决定的，经行政复议机关的负责人批准，可以适当延长，并告知申请人和被申请人，但是延长期限最多不超过 30 日。

在行政复议过程中，被申请人不得自行向申请人和其他有关组织或者个人收集证据。行政复议决定作出前，申请人要求撤回行政复议申请的，经说明理由，可以撤回；撤回行政复议申请的，行政复议终止。

行政复议机关作出行政复议决定，应当制作行政复议决定书，并加盖印章。行政复议决定书是指行政机关按《行政复议法》规定的程序，对审理终结的复议案件依据法律、法规、规章及上级发布的具有普遍约束力的决定、命令就全案的具体问题作出处理的书面决定，应载明下列事项：申请人与被申请人的基本情况；申请复议的主要请求和理由；复议机关认定的事实和理由，以及法律依据；复议结果；交代诉权；作出复议决定的时间。

（5）行政复议决定的效力和执行。行政复议决定书一经送达即发生法律效力，被申请人应当履行行政复议决定。如果被申请人不履行或者无正当理由拖延履行行政复议决定的，行政复议机关或者有关上级行政机关应当责令其限期履行。

《行政复议法》规定申请人逾期不起诉又不履行行政复议决定的，或者不履行最终裁决的行政复议决定的，按照下列规定分别处理。

① 维持具体行政行为的行政复议决定，由作出具体行政行为的专利行政执法部门依法申请人民法院强制执行。

② 变更具体行政行为的行政复议决定，由行政复议机关依法申请人民法院强制执行。

因此，上述行政复议决定，申请人在法定期限（收到复议决定 15 日内）内没有提起诉讼的，发生法律效力。当事人对已经生效的行政复议决定和原具体行政行为；对于不起诉又不履行义务的，可以按照下列规定处理：复议机关维持原具体行政行为的，由作出原具体行政行为的行政机关申请人民法院强制执行；复议机关改变原具体行政行为的，由复议机关申请人民法院强制执行。

二、查处假冒专利行为的行政诉讼

《行政处罚法》第 35 条规定，当事人对当场作出的行政处罚决定不服的，可以依法申请行政复议或者提起行政诉讼。《行政诉讼法》第 46 条的规定，公民、法人或者其他组织直接向人民法院提起诉讼的，应当在知道作出具体行政行为之日起 6 个月内提出，法律另有规定的除外。申请人不服行政复议决定的，可以在收到行政复议决定书之日起 15 日内向人民法院提起诉讼。

当事人对专利行政执法部门基于职权作出的处罚假冒专利行为的行政行为可以提起专利行政诉讼。

针对查处假冒专利行为提起的《行政诉讼法》通常包括：

（1）对罚款、没收违法所得等行政处罚不服的。

（2）对财产的查封、扣押等行政强制措施不服的。

（3）认为行政机关侵犯法律规定的经营自主权的。

（4）认为专利行政执法部门侵犯其他人身权、财产权的。

在应对针对查处假冒专利行为提起的行政诉讼时，作为专利行政执法一线人员，也应当积极应对、认真答辩、及时提交证据材料并积极应诉。具体可以参考第二章第五节的相应内容。

【本章小结】

本章从《专利法》《专利法实施细则》对假冒专利行为的定义入手，结合实务操作，系统、详细地介绍了专利行政执法部门查处假冒专利行为的法律依据、实施程序和法律责任等，并介绍了规范专利标识等相关内容。其中重点介绍了假冒专利行为的类型、含义以及不同类型假冒专利行为之间的区别与联系，对假冒专利行为的查处方式以及查处程序，目的是帮助执法人员学习理解并掌握《专利法》《行政处罚法》《行政诉讼法》《专利法实施细则》《专利行政执法办法》等法律、法规、规章的相关规定，掌握查处假冒专利行为的行政执法程序及方式方法。

【重点概念】

（1）假冒专利行为。

（2）专利标识。

（3）行政强制措施。

（4）听证。

【复习思考题】

（1）假冒专利行为的类型有哪些？

（2）侵犯专利权行为与假冒专利行为之间的关系？

（3）如何规范专利标识？

（4）假冒专利行为的法律责任有哪些？

（5）假冒专利行为的查处方式有哪些？

（6）查处假冒专利行为的程序有哪些？

（7）假冒专利行为如何认定？

第四章　调解专利纠纷

【本章学习目标】
1. 掌握专利纠纷的概念和相关法律规定
2. 掌握关于行政调解工作的特点
3. 掌握调解专利纠纷的内容和程序

第一节　概　　述

专利纠纷的调解与第二章专利侵权纠纷的处理有很大区别，虽然都是专利纠纷，在处理专利侵权纠纷时专利行政执法部门能够下达停止侵权的处理决定，但是对于其他专利纠纷不能以专利行政执法部门的名义作出具有行政强制力的行政决定。《专利法》及《专利法实施细则》赋予了专利行政执法部门调解其他专利纠纷这一法定职权，主要原因在于专利行政执法部门相对于其他调解组织具有其特定的优势，包括对专利工作的熟悉、专业上的优势、对行业内情况的了解等。目前，国家大力倡导以调解方式解决社会纠纷矛盾，专利行政执法部门应当抓住机遇，加大调解工作力度。本章将主要就概念、程序结合具体案例介绍专利纠纷的调解。

一、概念

专利纠纷就是在涉及专利的各种民事法律关系中，各方当事人对于权利和义务的分配发生分歧后所产生的纠纷。专利行政执法部门对于专利侵权行为具有处理的权限，在处理的过程中不排除调解手段的使用。同时，对于侵权赔偿额也有调解权。由于与专利侵权有关的调解在本书第二章已有介绍，因此本章所称专利纠纷如没有特别说明，特指除专利侵权以外的其他专利纠纷。

专利行政执法部门处理其他专利纠纷属于行政调解的一种。行政调解是国家行政机关对属于本机关职权管辖范围内的平等主体之间的民事纠纷进行处理的一种方法，是在国家行政机关的主持下，以当事人双方自愿为基础，以法律、法规及政策为依据，通过对争议双方的说服与劝导，促使双方当事人互让互谅、平等协商、达成协议，以解决有关争议的活动。

专利行政执法部门调解专利纠纷，是指对于涉及专利且不属于专利侵权纠纷的争议，在各方当事人自愿的基础上，以法律、法规及政策为依据，通过对争议各方的说服与劝导，促使当事人互让互谅、平等协商、达成协议，以解决有关争议的活动。专利纠纷主要包括：专利申请权、专利权归属纠纷；发明人、设计人资格纠纷；职务发明创造的发明人、设计人的奖励和报酬纠纷以及在发明专利申请公布后专利权授予前使用发明而未支付适当费用的纠纷等。

二、调解其他专利纠纷的特点

专利行政执法部门在其他专利纠纷调解程序中承担着居间调解的角色。严格说来，任何人、任何部门都可以调解纠纷，只要当事人双方认可即可，但专利行政执法部门调解其他专利纠纷是《专利法实施细则》中规定的法定职权，因此与其他人、其他部门的调解有区别，具备以下特点。

（1）具有法律依据。专利行政执法机关受理其他专利纠纷的法律依据为《专利法实施细则》第85条："除专利法第六十条规定的外，专利行政执法部门应当事人请求，可以对下列专利纠纷进行调解：（一）专利申请权和专利权归属纠纷；（二）发明人、设计人资格纠纷；（三）职务发明创造的发明人、设计人的奖励和报酬纠纷；（四）在发明专利申请公布后专利权授予前使用发明而未支付适当费用的纠纷；（五）其他专利纠纷。对于前款第（四）项所列的纠纷，当事人请求专利行政执法部门调解的，应当在专利权被授予之后提出。"《专利法实施细则》第85条第1款第（5）项是一个兜底条款，也就是说所有涉及专利的纠纷，专利行政执法部门都能够进行调解。

（2）具有严格的程序。国家知识产权局发布的《专利行政执法办法》中有着严格的程序性规定，包括受理、意见陈述、调解、结案等。

（3）具有一定的法律效力。在专利申请权纠纷、专利权属纠纷、发明人和设计人资格纠纷中，当事人以地方专利行政执法部门作出的调解协议为依据，可以直接到国家知识产权局做著录项目变更，如变更专利申请人、专利权人、发明人和设计人。对于一些已经开展行政调解司法确认的地区，如果该调解协议经过司法确认，当事人一方不履行协议时，另一方有权向法院申请强制执行。

（4）按照当事人意愿进行调解。专利行政执法部门在调解其他专利纠纷的时候，应当遵循当事人各方意愿，在不能达成调解协议或者一方明确表示不愿参加调解的时候，未立案时应当不予立案，立案后应当及时撤案，不能强行调解。对于当事人之间自愿达成的协议内容，专利行政执法部门不应当随便加以干涉。

（5）不能违背法律的强制性规定。专利行政执法部门在调解其他专利纠纷的时候，应当遵守法律的强制性规定，调解程序和调解协议的实体内容都不应违背法律的强制性规定。

（6）调解工作应当方便当事人。专利行政执法部门在调解其他专利纠纷的时候，应当在程序上尽量方便当事人，不能设置不合理的障碍，使得当事人难以顺利参加调解。

三、专利纠纷的类型

专利纠纷的类型主要分为专利申请权纠纷，专利权属纠纷，发明人、设计人资格纠纷，职务发明的发明人、设计人的奖励和报酬纠纷，在发明专利申请公布后专利权授予前使用发明而未支付适当费用的纠纷等。

（一）专利申请权纠纷

专利申请权纠纷是指在专利申请过程中，各方当事人对于哪一方应是合法的申请人而产生的纠纷。

专利申请权纠纷主要包括以下几种。

（1）关于职务发明创造与非职务发明创造的争议。此类纠纷主要是由发明人或设计人与其单位就哪一方有权对一项发明创造申请专利而产生的纠纷。

职务发明创造是指执行本单位的任务，或者利用本单位的资金、设备、零部件、原材料或者不对外公开的技术资料等物质技术条件中所完成的发明创造。

职务发明创造不仅包括在本职工作中作出的发明创造，也包括履行本单位交付的本职工作之外的任务所完成的发明创造，还包括在退职、退休或者调动工作后1年内作出的，与其在原单位承担的本职工作或者原单位分配的任务有关的发明创造。

单位包括临时工作单位，例如借调人员在完成借调单位分配的临时任务中产生的发明创造属于职务发明创造。

其他不属于上述职务发明创造的，都为非职务发明创造。

职务发明创造申请专利的权利属于该单位；非职务发明创造，申请专利的权利属于发明人或者设计人。利用本单位的物质技术条件所完成的发明创造，单位与发明人或者设计人订有合同，对申请专利的权利作出约定的，从其约定。

【案例】

张某在一家公司的市场业务部门负责产品销售。在销售过程中，张某发现产品存在缺陷，并向公司反映了缺陷问题，公司没有回应，后续的产品也没有改进。张某看到这样的情况，自行针对该缺陷进行研发，提出了产品的改进方案，并以个人名义申请了专利。公司得知后，认为张某的专利是职务发明创造，应当以公司的名义申请专利，与张某协商未果，向专利行政执法部门提出调解专利申请权纠纷请求。

分析与评述：

本案中，由于张某本职工作是销售，并非从事产品设计和研发工作，同时公司也未给其安排产品改进工作，因此如果张某没有主张利用本单位的物质技术条件，应当认定该发明创造为非职务发明创造，专利申请权应该属于张某。

（2）关于涉及合作完成或接受委托完成发明创造后专利申请权归属的纠纷。这种纠纷是指在此情况下各方对于哪一方对该发明创造有权申请专利没有合同约定，或者合同约定不明确，或者一方没有遵守相关合同约定而出现各方都认为自己有权申请专利而产生的纠纷。

在合作或者委托完成发明创造中，除非协议中对于专利申请权作出明确规定的，申请专利的权利属于完成或者共同完成的单位或者个人。

（二）专利权属纠纷

专利权属纠纷是指在专利已经获得授权后，各方当事人对于哪一方才是合法的专利权人所产生的纠纷。

专利权属纠纷主要包括以下几种。

（1）属于职务发明创造，但被发明人或设计人作为非职务发明申请专利并获得了专利权而引起的纠纷。

（2）属于非职务发明创造，但被单位作为职务发明申请专利并获得专利权而引起的纠纷。

职务发明创造的专利权属于单位，而非职务发明创造的专利权属于发明人或者设计人。主要利用本单位的物质技术条件所完成的发明创造，单位与发明人或者设计人订有合同，对专利权的归属作出约定的，从其约定。

（3）委托开发完成的发明创造，在当事人未明确约定的情况下，该发明创造的委托开发方申请专利并获得专利权而引起的纠纷。

（4）合作开发所完成的发明创造，在无合同约定又无其他各方声明放弃其所共有的专利申请的情况下，该发明创造被共有人中的一方申请专利并获得专利权而引起的纠纷。

两个以上单位或者个人合作完成的发明创造、一个单位或者个人接受其他单位或者个人委托所完成的发明创造，除非协议中对于专利权作出明确规定的，授权后的专利权应当属于完成或者共同完成的单位或者个人。

（三）发明人、设计人资格纠纷

发明人资格纠纷是指对于发明专利、实用新型专利中注明的发明人是否属实产生的纠纷。设计人资格纠纷是指对于外观设计专利中注明的设计人是否属实产生的纠纷。

《专利法》第17条规定："发明人或者设计人有权在专利文件中写明自己是发明人或者设计人。"

《专利法》所称发明人或者设计人，是指对发明创造的实质性特点作出创造性贡献的人。在完成发明创造过程中，只负责组织工作的人、为物质技术条件的利用提供方便的人或者从事其他辅助工作的人,不是发明人或者设计人。

(四) 职务发明的发明人、设计人的奖励和报酬纠纷

职务发明的发明人、设计人的奖励和报酬纠纷是指对于职务发明的发明人、设计人在专利权授权后,以及在专利实施中是否给予奖励和报酬、奖励和报酬金额是否合理产生的纠纷。

《专利法》第16条规定:"被授予专利权的单位应当对职务发明创造的发明人或者设计人给予奖励;发明创造专利实施后,根据其推广应用的范围和取得的经济效益,对发明人或者设计人给予合理的报酬。"

被授予专利权的单位未与发明人、设计人约定,也未在其依法制定的规章制度中规定《专利法》第16条规定的奖励的方式和数额的,应当自专利权公告之日起3个月内发给发明人或者设计人奖金。一项发明专利的奖金最低不少于3000元;一项实用新型专利或者外观设计专利的奖金最低不少于1000元。

由于发明人或者设计人的建议被其所属单位采纳而完成的发明创造,被授予专利权的单位应当从优发给奖金。

发给发明人或者设计人的奖金,企业可以计入成本,事业单位可以从事业费中列支。

被授予专利权的单位未与发明人、设计人约定,也未在其依法制定的规章制度中规定《专利法》第16条规定的报酬的方式和数额的,在专利权有效期限内,实施发明创造专利后,每年应当从实施该项发明或者实用新型专利的营业利润中提取不低于2%或者从实施该项外观设计专利的营业利润中提取不低于0.2%作为报酬给予发明人或者设计人,或者参照上述比例,给予发明人或者设计人一次性报酬;被授予专利权的单位许可其他单位或者个人实施其专利的,应当从收取的使用费中提取不低于10%作为报酬给予发明人或者设计人。

(五) 在发明专利申请公布后专利权授予前使用发明而未支付适当费用的纠纷

在发明专利申请公布后专利权授予前使用发明而未支付适当费用的纠纷是指发明专利申请在公布以后,授权之前,他人实施专利申请的技术方案,在专利授权之后,专利权人与实施人因这一期间的适当费用发生争议而产生的纠纷。

发明专利申请公布后至专利权授予前使用该发明未支付适当使用费的,专利权人要求支付使用费的诉讼时效为2年,自专利权人得知或者应当得知他人使用其发明之日起计算。但是,专利权人于专利权授予之日前即已得知或者应当得知的,自专利权授予之日起计算。

对于发明专利申请公布后专利权授予前使用发明而未支付适当费用的纠纷,当事人请求专利行政执法部门调解的,应当在专利权被授予之后提出。这主要是由于该发明专利申请是否能被授权还不确定,如果发明专利申请公布后在实审过程中发现不具备专利性而没有获得授权，当事人没有权利要求其他人支付任何费用，因此不宜提前要求支付费用。

第二节　程　　序

一、立案

调解其他专利纠纷案件的立案和处理专利侵权案件以及查处假冒专利案件都不相同。假冒专利案件是专利行政执法部门主动查处的，即使案件来源为举报投诉，是否立案完全由专利行政执法部门决定，不需要举报人和投诉人的同意，也不需要通知举报人和投诉人。处理专利侵权案件是依据当事人的请求而立案，当事人的请求只要符合条件，专利行政执法部门就应当立案，并且立案后应当通知请求人，同时将请求书及其附件的副本送达被请求人。专利纠纷案件是依当事人申请，由专利行政执法部门调解，而调解成立的前提条件是双方当事人都同意参加调解，一方当事人提出调解请求并不能立案，只有其他各方当事人都同意参加调解后专利行政执法部门才能正式立案。

（一）请求调解专利纠纷的条件
请求调解专利纠纷，应当符合以下条件。
（1）请求人是与案件有直接利害关系的单位或者个人。
（2）有明确的被请求人，有具体的请求事项和事实理由依据。
（3）当事人没有就该专利纠纷向人民法院起诉，也没有仲裁约定。
（4）属于专利行政执法部门受案范围并具备管辖权。

（二）请求调解时应当提交的材料

1. 专利纠纷调解请求书

请求专利行政执法部门调解专利纠纷的，应当提交请求书，具体请求书格式应当按照国家知识产权局印发的《专利行政执法文书表格》中的专利纠纷调解请求书填写。

在专利纠纷调解请求书填写时应当记载以下内容。
（1）请求人的姓名或者名称、地址、法定代表人或者主要负责人的姓名、职务，委托代理人的姓名、职务。有委托代理人的，应当写明委托代理人的姓名及联系方式。
（2）被请求人姓名或者名称、地址、法定代表人或者主要负责人的姓名、职务。

（3）请求调解的事项、事实、理由和依据。
（4）请求书应当由请求人签名或者盖章。
请求书为正本1份，并按被请求人人数提供副本。

2．请求人身份证明文件
（1）主体证明（身份证、军官证、护照、营业执照副本、行政机关事业单位主体证明），法人提交复印件并加盖公章，自然人当事人在复印件上签字确认。
（2）法定代表人身份证明，要求必须加盖公章。
（3）个人身份证及代理人身份证件，应当提交复印件并在复印件上签字确认。
在要求其提交证明材料的复印件（各一份）时，应当同时提供原件予以核对，原件核对后退还，在复印件上注明"经核对与原件一致"。

3．与纠纷相关的证据、材料
无论是请求人还是被请求人提供证据，都应当提交证据材料的原件及复印件。提交的复印件份数按照专利行政执法部门1份，所有被请求人各1份的数量提供。
上述证据包括发明、设计过程中的原始档案材料，双方签订的委托合同、合作合同，在职证明，专利权实施后产生的利润证明等。

4．授权委托书
请求人可以委托1~2人作为代理人。委托代理人时，应当要求其提交由委托人签名或者盖章的授权委托书，授权委托书必须记载委托事项和权限。代理人代为承认、放弃、变更请求、进行和解、代为签署有关法律文件等，必须有委托人的特别授权。授权委托书记载的委托权限为全权委托的，应当要求请求人明确委托权限。

（三）材料的送达

专利行政执法部门收到专利纠纷调解请求书及其附件后，应当从专利纠纷调解请求书格式是否符合要求，主体是否适格，主体证明文件是否合法有效，证据材料是否合法有效等各方面进行详细审查。符合上文所述要求的，应当及时将专利纠纷调解意见陈述通知书、专利纠纷调解请求书副本及其附件、送达回证等文书送达被请求人，要求其在收到之日起15日内提交意见陈述书，表明是否同意调解，并就被请求人提出的调解事项说明理由。

在《专利行政执法办法》中，仅仅规定在收到专利纠纷调解请求书及其附件后应当将其"及时"送达被请求人，并未明确具体时限。可以参照专利侵权纠纷案件处理的时限（即5个工作日内）将其送达给被请求人。如果为邮寄送达，应当理解为在5个工作日内将专利纠纷调解请求书及其附件寄出，而非被请求人收到。当然，如果地方相关法规或者规章对此有特别规定，应当从其规定。

（四）正式立案

被请求人提交意见陈述书并同意进行调解的，专利行政执法部门应当在收到意见陈述书后及时填写专利纠纷调解案件立案审批表，经分管领导批准立案后，制作并向各方当事人下发专利纠纷调解立案通知书，指定执法人员承办。被请求人逾期未提交意见陈述书，或者在意见陈述书中表示不接受调解的，专利行政执法部门不予立案，并通知请求人。注意，此处专利纠纷调解立案通知书与专利侵权纠纷立案通知书的处理方式不同。专利侵权纠纷的立案通知书仅仅送达请求人，而专利纠纷调解立案通知书不仅仅送达请求人，被请求人也要同时送达，这是由于侵权纠纷中的被请求人对是否立案没有决定权，而其他专利纠纷的被请求人不同意参加调解就不能立案，对立案有着决定权。

被请求人提交意见陈述书并同意进行调解的，管理专利工作的部门应当在收到意见陈述书之日起5个工作日内立案，并通知请求人和被请求人进行调解的时间和地点。

《专利行政执法办法》未就办案人员的人数作出规定。由于是调解案件，不需要像侵权案件一样必须组成合议组，也不需要像假冒专利案件一样必须要两人以上才能办案，原则来说安排一名执法人员调解也是合法的。但是为了调解的规范性，应当指定两名以上执法人员承办案件。案情复杂的可以根据需要组成合议组，合议组人员应当是3人以上单数。如果地方相关法规或者规章对此有规定，应当从其规定。

（五）证据审查

执法人员应当对请求人提交的材料、被请求人提交的意见陈述书及材料进行审查。

（1）当事人提交证据材料的，执法人员应当要求其对证据材料进行逐一分类编号，对证据材料的来源、证明对象和内容作简要说明，签名盖章，注明提交日期。

（2）当事人提交证据材料时，执法人员应当填写《当事人提交证据材料清单》，并交当事人签名确认。《接收当事人提交证据材料清单》一式二联，第一联附卷，第二联交当事人。

（3）当事人提供证据材料的，应当提供原件或者原物。如需自己保存证据原件、原物或者提供原件、原物确有困难的，可以提供经核对无异的复制件或者复制品。执法人员在接收当事人提交的证据材料后，应当审查其是否为原件，不是原件的，应当将复印件与原件校对后，在复印件上注明"经核对与原件一致"字样，并由校对人签章。

（4）域外证据。请求人在中华人民共和国领域内没有住所或者营业场所的外国公司或外国人，其提交的请求人身份证明文件、授权委托书等证据材料是在中华人民共和国领域外形成的，该证据材料应当经所在国公证机关予以公证，并经中华人民共和国驻该国使领馆予以认证，或者履行中华人民共和国与该所在国订立的有关条约中规定的证明手续。

（5）港澳台证据。请求人提供的证据是在香港特别行政区、澳门特别行政区、台湾地区形成的，应当要求其履行相关的证明手续。

（6）执法人员在接收当事人提交的外文证据时，应当审查其是否提供中文译本，未能提供中文译本的，退回其外文证据并通知其在指定期限内将中文译本和外文证据原件一并提交。

（7）执法人员应当要求当事人必须在指定的期限内提交所有的证据材料。当事人因特殊原因无法按期提交且要求延期提交的，由其提出书面申请并说明原因，经办案处（科）室负责人审定后，报分管局领导审批。当事人无故逾期提交的，可以不予接收。

（8）对于应当保密的证据，案件承办及有关人员负有保密义务。

二、调解

调解是专利纠纷案件的核心内容，主要涉及调解方式、现场调解程序这两部分内容。

（一）调解方式

专利纠纷案件在正式立案后，专利行政执法部门应当及时开展调解工作，调解方式主要包括以下几种。

（1）现场调解，是指专利行政执法人员与纠纷各方当事人都到场的调解方式，这种方式由于其能够面对面沟通，最有利于纠纷的解决，因此是最主要的调解方式。

（2）电话调解，是指主要由专利行政执法人员与纠纷各方当事人电话沟通进行调解。通过电话调解很多时候难以解决问题，因此大多数时候只作为现场调解的一种辅助方式。

（3）书面调解，是指专利行政执法人员与纠纷各方当事人针对纠纷焦点或者调解协议的内容以书面的形式进行沟通交流的一种调解方式。

（4）执法人员调解后当事人之间自行沟通。在执法人员已经进行过细致的调解工作后，纠纷各方当事人之间由于之前大多有过合作等关系，自行沟通往往能够起到意想不到的良好效果，有利于纠纷的解决和调解协议的达成。

执法人员应当按照案情和具体情况来选择调解方式，例如一方当事人在外地，现场调解可能将造成时间和费用成本过高，因此可以主要以电话调解为主。在一件案件中，调解方式不是唯一的，可以综合使用，例如先电话沟通，调解至最关键的时候以电话方式很难沟通时，可以进行现场调解，当然也可以现场调解后再用电话、书面等形式确认如何解决纠纷焦点。总之，执法人员应当灵活采用各种方式，以能够最快、最有效解决纠纷为主要原则来选择调解方式。

(二) 现场调解程序

现场调解是最重要的调解方式，掌握如何进行现场调解对专利行政执法人员来说十分重要。按照《专利行政执法办法》的规定，现场调解应当遵循一定的程序性规定。虽然通常情况下我们应当按照其中的程序进行现场调解，但是专利行政执法人员也不应当完全拘泥于这一规定。调解专利纠纷与查处假冒专利和处理专利侵权纠纷不同，如果在程序上存在问题会导致在行政诉讼或者行政复议中处于不利的位置，因此需要视具体情况进行现场调解。

1. 通知

通知各方当事人参加现场调解应当制作专利纠纷调解通知书，以通知请求人和被请求人进行调解的时间和地点。当事人不能参加的，应当提前3日申请改期进行调解。

当事人各方应当在收到专利纠纷调解通知书后，于调解日3个工作日前内填写专利纠纷调解回执，将出席调解人员的姓名、职务，以及是否申请调解员回避等事项的书面材料提交专利行政执法部门。

专利行政执法部门调解专利纠纷可以邀请与当事人有特定关系或者与案件有一定联系的单位，以及具有专门知识、特定社会经验、与当事人有特定关系并有利于促成调解的个人，参与和协助调解。

【案例】

某市知识产权局处理一起专利申请权纠纷，该纠纷起源于双方合作开发的一个项目。在合作协议内双方约定通过合作产生的发明创造，哪方对该发明创造的研发作出了主要贡献，该发明创造就由哪方申请专利，并且专利权属于哪方，另一方有权免费试用。项目完成后，双方都申请了一些专利，但对于其中一项关键的专利，双方对于在合作过程中究竟应当是哪方研发了该专利技术存在不同的观点，并将该专利申请权纠纷提交专利行政执法部门调解。执法人员通过查阅双方提交的材料和听取主要意见后，发现因为对于该行业技术不了解，很难断定该专利技术是由哪方研发的，在现场调解的时候，就邀请了该行业的行业协会技术专家参加调解，在技术专家的协助下，很快判定了该专利技术的研发方，另一方在事实面前也表示认同，纠纷双方很快达成调解协议，案件得以顺利结案。

2. 陈述与质证

（1）由请求人陈述有关事实和证据。

（2）由被请求人陈述有关事实和证据。

（3）出示当事人所有证据，由当事人质证。未经质证的证据，不能作为认定案件事实的依据。

参加调解的双方当事人应当持有效的身份证件。

3. 辩论

（1）如果组成合议组，经合议组组长许可，当事人可以互相发问，合议组成员可以询问当事人。

（2）在专利纠纷调解调查后，当事人双方进行口头辩论。

案件的同一事实，除举证责任倒置外，由提出主张的一方当事人首先举证，然后由另一方当事人举证。另一方当事人不能提出足以推翻前一事实的证据的，对这一事实可以认定；提出足以推翻前一事实的证据的，再转由提出主张的当事人继续举证。

在双方当事人对案件证据和事实无争议的情况下，可以在双方当事人对证据和事实予以确认的基础上，直接进行口头辩论。由当事人就证据所表明的事实、争议的问题和适用的法律、法规各自陈述其意见，并进行辩论。

辩论一般先由请求人发言。

（3）在双方当事人的辩论意见表达完毕后，执法人员宣布辩论终结，由双方当事人作最后意见陈述。

4. 调解

当事人可以自行提出调解方案，专利行政执法部门也可以提出调解方案供当事人协商时考虑。

5. 调解笔录

专利行政执法部门调解专利纠纷，应当制作调解笔录，简要记载调解时间、地点、参加人员、协商事项、当事人意见和调解结果，由调解参加人员核对无误后签名或者盖章。

三、结案

经调解，专利纠纷案件可以通过调解协议书、撤销案件等方式结案。

（一）调解结案

经调解达成协议的，专利行政执法部门应当制作专利纠纷调解协议书，其中应当载明以下事项。

（1）当事人的姓名或者名称、地址，法定代表人或者主要负责人、委托代理人的姓名、工作单位、职务。
（2）纠纷的主要事实。
（3）协议的内容，主要包括双方享有的权利以及应当承担的责任。
（4）调解书的生效条件和生效日期。
（5）当事人签字或者盖章。
（6）专利行政执法部门加盖公章。

专利纠纷调解协议书的内容不得违反国家法律法规、规章和政策的规定，不得损害公共利益和他人的合法利益。

专利纠纷调解协议书由双方当事人签名或者盖章后由专利行政执法部门盖章后生效，专利纠纷调解协议书应当及时送达双方当事人。双方当事人及专利行政执法部门各执1份。

1. 注意事项

（1）调解专利纠纷以双方当事人自愿为原则。
（2）必须依法调解。一是专利行政执法部门要依照实体法、程序法的规定确实保护双方当事人的合法利益；二是双方当事人在调解过程中作出的让步或者放弃的某些正当权利确实是出自其自愿，合议组不能强迫当事人作出让步，强行调解。

2. 专利申请权或专利权的归属纠纷的特例

因专利申请权或者专利权的归属纠纷申请调解的，专利行政执法部门立案后，当事人可以持专利行政执法部门的专利纠纷调解立案通知书请求国家知识产权局中止该专利申请的审批或专利权的有关程序。

经调解达成协议的，当事人应当持专利纠纷调解协议书向国家知识产权局办理恢复手续；达不成协议的，当事人应当持专利行政执法部门出具的专利纠纷调解案件中止调解通知书向国家知识产权局办理恢复手续。自请求中止之日起满1年未请求延长中止的，国家知识产权局自行恢复有关程序。

需要进行著录事项变更的，有关单位或者个人可以凭发生法律效力的调解书及有关证明文件到国务院专利行政执法部门进行著录事项变更。

（二）撤销案件

经调解双方当事人自行达成和解协议或未能达成协议或久调不决的案件，专利行政执法部门以撤销案件的方式结案，并向双方当事人发出专利纠纷调解案件终止调解通知书，符合法院立案条件的，请求人可以向法院申请立案。

（三）时限

专利行政执法部门调解专利纠纷，由于当事人自行处分权较大，当事人随时能够依照自主意愿停止调解，因此《专利行政执法办法》没有规定结案时限，但是根据国家知识产权局有关文件要求，对于专利权权属纠纷，应当在 2 个月内结案，案情复杂的，可以最多延长 1 个月。在实际工作中，各专利行政执法部门应当务实高效，防止出现案件拖延现象，及时调解，快速处理。对于确实无法通过调解达成协议的，应当及时撤销案件。

【本章小结】

专利纠纷的调解是法律法规赋予专利行政执法部门的重要职责，专利行政执法部门有义务在当事人有需要的时候做好相关工作。

本章目的在于让专利行政执法人员了解专利纠纷的含义、类型以及这类纠纷的特点及调解原则。并且在此基础上掌握相关的调解程序和实体性知识，系统理解相关法律规定，依法有效开展专利纠纷的调解工作。

【重点概念】

（1）专利纠纷、其他专利纠纷、行政调解、专利纠纷行政调解。

（2）专利申请权纠纷、专利权属纠纷、发明人、设计人资格纠纷。

（3）职务发明的发明人、设计人的奖励和报酬纠纷、在发明专利申请公布后专利权授予前使用发明而未支付适当费用的纠纷。

（4）职务发明创造、非职务发明创造。

【复习思考题】

一、思考题

（1）为什么职务发明创造的专利申请权和专利权属于单位所有？

（2）在调解过程中如果当事人自愿放弃自身的合法权益，例如非职务发明创造的个人自愿将专利申请权让与单位，受委托完成发明创造的受托方在合同没有约定的情况下将专利申请权让与委托方，是否合法？行政机关能否据此作出调解协议？

二、案例分析题

王某由于技术水平高，退休后临时受聘于某电子公司做技术顾问，负责解决工厂生产中出现的技术问题，但不负责技术研发。王某在来到该公司之前对行业内某项产品的革新有了初步方案，在该公司工作期间，利用工作之余通过公司的电脑上网查阅国内外相关资料，进行设计，完成了该项产品的革新。

王某在一次与公司负责人的谈话中将自己完成产品革新的事情告诉了公司负责人，并表示自己将就此申请专利。公司负责人认为由公司申请专利母公司会给予奖励，建议以公司的名义进行申请。王某同意，该专利最后以公司及王某个人的名义共同进行申请专利并获得授权。

后王某在专利实施转化过程中，投资人要求其具有完全的权利，而当时王某与该电子公司作为共同专利权人，投资人无法投资。王某要求该电子公司将共有的专利权完全转给王某个人，该电子公司不同意。王某向专利行政执法部门提起专利权权属纠纷调解请求，要求该电子公司将共有的专利权转给王某个人。

（1）王某完成的发明创造是否属于在本职工作中或单位交付的本职工作之外的任务作出的发明创造？

（2）王某在完成发明创造的过程中通过公司的电脑上网查阅国内外相关资料，是否属于主要利用了公司的物质技术条件？

（3）王某临时受聘于该电子公司，该电子公司是否属于王某的工作单位？

（4）本案中该专利属于职务发明创造还是非职务发明创造？

第五章 展会专利保护

【本章学习目标】
1. 展会专利保护的重要性
2. 展会专利保护的规范性要求
3. 展会专利侵权纠纷处理程序

第一节 概　　述

一、展会专利保护的意义与现状

展会是展示创新成果和开拓产品市场的主要场所，也是知识产权保护的重要阵地。开展展会专利保护工作，对于推动会展经济发展具有积极作用。

（一）展会专利保护的意义

随着经济全球化和中国加入世界贸易组织，我国的会展经济快速发展，以年均20%左右的速度增长，展会数量和规模逐年增加，已成为新的经济增长点，其中北京、上海、广州并列为国内三大会展中心，引领全国会展业的发展。

实践证明，开展展会专利保护工作具有以下三个方面的重要作用。

（1）保护创新，促进展会业健康发展。没有专利保护，专利权人的利益就得不到保障，就不会拿出新技术、新产品参展，不能激发其创新的积极性。通过鼓励和保护创新维护正常的交易秩序，从而促进展会业健康可持续发展。

（2）有利于建设法治化、国际化营商环境。专利保护是国内外参展商都十分关注的营商环境要素，各部门各司其职，构建展会专利保护体系，这是促进我国展会业向规范化、国际化、品牌化发展的重要措施。

（3）有利于维护我国政府保护知识产权的国际形象。在大型展会上，特别是国际性展会上，国内外的参展商、采购商、媒体、国外使领事馆都十分关注，因此要做好展会专利保护工作，打击侵权假冒行为，维护我国政府保护知识产权的良好国际形象。

（二）展会专利保护的现状

展会中采购商高度集中、参展企业高度集中、同类产品高度集中、侵权现象高度集中，因此展会专利保护问题容易引起多方关注，但由于会展业内部自律机制还不够健全，专利行政部门在展会的法规规章规定不完善的情况下，很难做到在展会期间有效地处理专利侵权纠纷案件。如果存在的问题不能得到及时研究处理，展会就会成为专利保护的"灰色地带"，逐渐形成"侵权产品的集散地"，不但影响展会正常的交易秩序，而且影响当地会展业的声誉和发展。

如何解决会展中展品侵犯专利权的问题是我国专利行政执法实践中的一个难题。国家知识产权局、工商局、版权局和商务部等四部委于2006年制定了《展会知识产权保护办法》，但内容规定较为原则性，程序和手段也没有明确细化，操作性不强，难以适应会展时间短、参展商流动性大、群发性重复性侵权案件比较多的情况。为此，全国各地出台了展会知识产权保护的地方性规章，其中具有代表性的有《北京市展会知识产权保护办法》《广东省展会专利保护办法》等，这些地方性政府规章，总结了展会知识产权保护的经验，对处理程序和手段等问题都进行了明确细化。

二、展会专利保护规范

展会专利保护应当遵循政府监管、展会主办方负责、参展商自律、社会公众监督的原则，形成政府、主办方、参展商、社会公众多方共同参与的专利保护体系。

（一）专利行政部门主要职责

专利行政部门应当履行职责，加强展会专利保护工作指导、监督和管理，在展会举办期间，以巡查等管理方式督促展会主办方和参展商履行专利保护的义务，抽查有专利标识的展品，对涉嫌假冒专利的展品予以及时处理。

（二）展会主办方的主要职责

（1）展会主办方应当与参展商签订参展合同，约定展会专利保护的相关条款，加强展会专利审查和保护工作，并接受专利行政部门的指导、监督和管理。

（2）应当制定展会专利保护规则，及时向专利行政部门进行告知性备案，并在展会显著位置和参展商手册上公布。

（3）应当建立专利公示制度，将参展展品中涉及的专利以数据库、目录或者其他形式予以公布，可以起到良好的宣传和预警作用。

（4）设立展会专利投诉处理机构，接受专利权人或者利害关系人的投诉，对展会中发生的专利侵权纠纷进行调解处理。

（三）行业协会的主要职责

随着会展业的发展，有越来越多的行业协会（或商会）以不同形式组织会员企业参展。在展会中，要发挥相关行业协会（或商会）自律维权的重要作用，通过制定行业自律规范，开展宣传培训等方式，增强参展商的专利保护意识，协助专利行政部门和展会主办方开展专利保护工作。

（四）参展商要履行的义务

参展商应当合法参展，遵守展会主办方制订的展会专利保护规则；参展展品涉及专利的，应准备相关权利证明材料，并对展品的专利状态进行自查，不得有侵犯专利权和假冒专利行为；配合专利行政部门的执法活动。

（五）参展合同的专利保护主要条款

国家知识产权局、工商局、版权局和商务部等四部委制定的《展会知识产权保护办法》中规定，展会主办方可通过与参展方签订参展期间知识产权保护条款或合同的形式，加强展会知识产权保护工作。在参展合同中约定专利保护条款十分重要，它是展会主办方专利保护工作的基础和依据。根据实际情况，可以将快速解决纠纷的调解机制、撤展措施等通过合同约定的形式确定下来，规范化、合法化。

展会主办方只有在与参展商事先有合同约定的前提下，才能根据约定对参展项目的知识产权状况进行检查，并对涉嫌侵权的展品采取相应的处理措施，否则展会主办方没有相关的职权。

参展商对展会主办方调解和处理结果不服的，按合同纠纷进行诉讼。专利行政部门的执法人员以"鉴定专家"的身份贯穿案件处理全过程，以快速化解矛盾、调解纠纷为指导思想，尽量避免不必要的行政诉讼。

展会主办方应当与参展商签订参展合同，参展合同应当包括以下专利保护主要条款。

（1）参展商应当遵守展会的专利保护规则。

（2）参展商应当接受展会专利投诉调解，拒绝配合调解的，展会主办方可以按照约定解除合同，取消参展。

（3）经展会专利投诉处理机构调解认为涉嫌专利侵权并禁止展出的参展展品，参展商拒绝采取遮盖、撤架、封存相关宣传资料、更换展板等撤展措施的，展会主办方可以按照约定解除合同，取消参展。

（4）参展商在展会结束后应积极通过司法或其他途径寻求解决专利侵权纠纷，否则展会主办方不予受理参展商就同一专利权向同一被投诉人提出的重复投诉。

（5）展品被专利行政部门或者人民法院认定为侵犯专利权的，参展商拒绝采取遮盖、撤架、封存相关宣传资料、更换展板等撤展措施时，展会主办方可以按照约定解除合同，取消参展。

（6）与展会专利保护有关的其他内容。

第二节　展会专利保护途径

《专利法》第11条规定："发明和实用新型专利权被授予后，除本法另有规定的以外，任何单位或者个人未经专利权人许可，都不得实施其专利，即不得为生产经营目的制造、使用、许诺销售、销售、进口其专利产品，或者使用其专利方法以及使用、许诺销售、销售、进口依照该专利方法直接获得的产品。外观设计专利权被授予后，任何单位或者个人未经专利权人许可，都不得实施其专利，即不得为生产经营目的制造、许诺销售、销售、进口其外观设计专利产品。"

展会期间发生的专利侵权纠纷，专利权人或者利害关系人可以请求展会专利投诉处理机构或者专利行政执法部门调解，也可以请求专利行政部门处理，或者直接向人民法院起诉。

一、调解

展会期间，在专利行政执法部门或会展主办单位聘请的专业人员主持下进行调解，按照会展主办单位与参展商合同约定，要求参展商遵守展会保护知识产权的自律办法和规定，调解结果可以由展会主办方协助执行，大多数案件可以通过这种办法解决禁止侵权展品参展问题，达到快速维权的目的。

以广交会为例，展会主办单位制订广交会《涉嫌侵犯知识产权的投诉及处理办法》编印在参展手册中，参展商与主办方签订展位使用责任书，同意遵守各项规定，并将回执交回展会备案。会展主办单位与参展商建立合同关系，保证遵守各项规定，为展会知识产权投诉案件的受理、处理和处罚提供依据。

（一）展会专利投诉处理机构调解

1. 展会专利投诉处理机构人员组成

展会专利投诉处理机构组成人员不得少于3人，可以从专利行政执法部门的专家库中选聘，也可以请求专利行政执法部门指派或者聘请相关领域的专家。

专利行政执法部门建立专利保护专家库，为展会提供服务，体现服务型政府的要求。专家库由知识产权法律及相关领域的专家组成。建立专家库可以解决随着开展专利保护的展会增多专利行政执法人员相对不足的问题。在展会专利保护工作中，专利行政执法人员重点在本辖区内重大影响的展会上驻会，其他一般性展会可以要求主办方从专家库中选聘，提供专业化服务。

2. 展会专利投诉处理机构主要职责

展会专利投诉处理机构在展会中履行的职责主要包括以下几点。

（1）接受展会专利侵权纠纷投诉。

（2）对投诉进行调查核实。

（3）组织投诉人与被投诉人进行调解。

（4）根据调查查明情况或者调解情况向展会主办方提出是否继续履行参展合同的意见。

3. 调解程序

（1）受理。展会专利投诉处理机构对投诉人提交的材料进行审查，以决定是否受理。

向展会专利投诉处理机构投诉的，应当提交以下材料。

① 投诉申请书，包括投诉人与被投诉参展商（下称被投诉人）的基本情况、投诉请求和所依据的事实及理由。

② 合法有效的权属证明，包括专利证书、专利公告文本、专利权人的主体资格证明、专利法律状态证明。

③ 其他相关证据材料。

（2）到展位调查核实。展会专利投诉处理机构接受投诉后，应当到被投诉人的展位进行现场调查、送达相关文书。

（3）听取双方当事人的陈述和申辩。听取投诉人的意见陈述和被投诉人的申辩意见，组织当事人进行质证，查明事实、分清是非责任。

（4）组织双方当事人进行调解。调解达成协议的，当场制作调解协议书，并由双方当事人签收后发生效力。

（5）异议。由于展会时间短，对于达成调解协议的，被投诉人首先依调解协议执行，避免故意拖延时间，同时被投诉人可以继续收集证据。有异议的，在24小时内通过展会专利投诉处理机构向展会主办方提出书面意见，并提交相应的证据。

被投诉人的异议成立的，视为原双方达成的调解协议无效，展会专利投诉处理机构应当在24小时内通知被投诉人恢复展示，并书面告知投诉人。

被投诉人的异议不成立的，原双方达成的调解协议有效。

（6）结案。双方当事人不接受调解或者调解不能达成协议的，针对构成涉嫌侵权的事实，展会专利投诉处理机构应根据相关法律法规或合同约定的要求及时向展会主办方提出是否继续履行参展合同的意见。

4. 展会主办方采取的处理措施

展会专利投诉处理机构向展会主办方提出构成涉嫌侵权的认定意见之后，根据相关法律法规或合同约定，展会主办方可采取以下措施。

（1）对涉嫌侵权的展品，应当要求被投诉人立即采取撤展措施，禁止该展品展出。

（2）参展商拒绝采取遮盖、撤架、封存相关宣传资料、更换展板等撤展措施的，展会主办方可以解除合同，取消其参展资格。

参展合同解除后，被投诉人应当立即撤展，确保涉嫌侵权的展品不继续参展。

5. 其他

展会专利投诉处理机构在调解过程中，对涉及大型机械设备、精密仪器内部结构、产品制造方法的专利以及其他难以判定的专利，可以终止调解，并书面告知投诉人。

展会专利投诉处理机构应当根据专利权人或者利害关系人的请求出具相关事实证明或者为其查阅、复印有关的材料提供便利。

（二）专利行政执法部门调解

展会期间，专利权人或者利害关系人可以请求驻会的专利行政执法部门进行调解。专利行政执法部门调解展会专利侵权纠纷，应当严格依据相关法律法规规章的规定进行。专利行政执法部门进行调解，达成协议的，应当当场制作调解协议书，经双方当事人签收后，即发生效力。调解未达成协议或者调解协议书送达前反悔的，专利行政执法部门应终止调解。

二、行政执法

专利行政执法部门作为执法主体，对符合立案条件的案件依法进行处理。这样做的不足之处有以下两个方面：一方面专利行政执法部门按照国家知识产权局《专利行政执法办法》的规定要经过立案、调查、审理、结案等程序，案件处理时间较长，一般展会只有3~7天，作出处理决定时展会已经结束；另一方面，专利行政执法部门收集证据时采取抽样取证的方式，被投诉人还有样品（或补充样品）继续展示，难以及时制止涉嫌侵权展品参展，专利权人的合法权益难以得到有效保护。如双方当事人对处理决定不服可提起行政诉讼的规定在实践中就难以操作。

在此情况下，建议各地专利行政执法部门处理展会中的专利侵权纠纷可以适用适合本地实际情况的、与上位法不冲突的简易程序。

（一）设立驻会受理点

展会举办时间在3日以上，所在地县级以上人民政府专利行政执法部门认为需要派员驻会的，可以派员驻会并设立临时的专利侵权纠纷受理点，接受专利权人或者利害关系人提出的专利侵权纠纷处理请求，对符合受理条件的依法予以受理。

展会主办方应当配合，提供必要的场所和办公条件。

（二）立案条件

专利权人或者利害关系人向专利行政执法部门提出专利侵权纠纷处理请求的，应当符合以下条件。

（1）提交专利侵权纠纷处理请求书、证据，以及身份证明、营业执照等资料。

（2）请求人是专利权人或者利害关系人。

（3）有明确的被请求人。

（4）有明确的请求事项和事实、理由。

（5）当事人未向人民法院起诉。

（6）属于该专利行政执法部门管辖范围和受理事项范围。

（7）重复侵权的，请求人还应当提交已经生效的行政处理决定、民事裁判或者仲裁裁决文书。

专利权正处于无效宣告请求程序中且无效理由明显成立的展会专利侵权纠纷，专利行政执法部门可以不予受理。

（三）按普通程序处理

1. 执法依据

展会期间专利侵权纠纷案件的普通处理程序依据《专利行政执法办法》、各地方专利条例、各地方展会知识产权保护规章以及相关法律法规的规定执行。

2. 检查展位时可以行使的职权

按照《专利法》《专利行政执法办法》等法律、法规、规章的规定，专利行政执法部门处理展会专利侵权纠纷案件，可以到被请求人的展位进行现场检查，查阅、复制与案件有关的文件，询问当事人，采取拍照、摄像、抽样等方式调查取证。

3. 采取封存暂扣措施

目前一些地方法规规定可以对与案件有关的物品封存暂扣，这对于在展会侵权行为存续时间短的情况下处理专利侵权纠纷十分有利，可以固化侵权证据，防止由于展会结束权利人或者利害关系人无法取得证据不能维权。例如按照《广东省专利条例》第32条、第33条的规定，符合以下条件，可以对与案件有关物品采取封存暂扣措施。

（1）请求人申请和担保。

（2）应当提交国务院专利行政执法部门出具的实用新型检索报告或者专利权评

价报告。

（3）请求人承担所产生的运输、仓储等费用。

但是，专利行政执法部门在采取该措施时应持谨慎态度。因为封存、暂扣某种意义上实质属于行政强制措施。某些地方性法规制定该措施条款时可能《行政强制法》还未出台。《行政强制法》出台后，只有法律才可设立行政强制措施。所以专利行政执法部门在使用该措施时应事先与当地中院或知识产权法院沟通，确立法院是否支持，以免行政诉讼败诉。

（四）按简易程序处理

1．案件适用条件

专利行政执法部门对事实清楚、证据确凿充分、争议不大并且符合以下条件之一的专利侵权纠纷案件，可以适用简易程序处理。

（1）专利权人或者利害关系人仅要求被投诉人停止在本届展会中的侵权行为的。

（2）已经生效法律文书认定专利侵权的。

（3）被投诉的参展展品的技术方案或者外观设计与发明、实用新型或者外观设计专利权相同的。

（4）其他可以适用简易程序的情形。

2．立案要求

适用简易程序处理的，除了应符合上述立案规定外，还应当符合以下条件。

（1）专利权人或者利害关系人提出专利侵权纠纷处理请求的时间距离展会结束48小时以上。

（2）请求人应当提供担保。

（3）提供国务院专利行政执法部门出具的实用新型检索报告或者专利权评价报告以及相关证明材料。

（4）提供落入专利权的保护范围的对比分析材料。

3．及时送达文书材料

适用简易程序受理的案件，专利行政执法部门应当及时将案件受理通知书等相关文书材料送达双方当事人。

4．答辩和举证

被请求人应当在收到案件受理通知书等相关文书材料后，在指定时间内进行答辩和举证（通常是现场答辩，展会时间长的，可以适当延长），逾期未答辩和举证的，不影响专利行政执法部门进行处理。

5. 审理
按照简易程序处理的专利侵权纠纷案件，专利行政执法部门应当在被请求人申辩期满后 24 小时内进行审理，并进行调解。

6. 作出处理决定
调解不成的应作出处理决定。

（五）简易程序转普通程序处理
按照简易程序立案的案件，通过现场对比无法判断是否落入专利权的保护范围等案情复杂的，不再适用简易程序，按照普通程序进行处理。专利行政执法部门应当及时告知当事人，并说明理由。

第三节 展会专利诚信档案管理

一、建立专利诚信档案的作用

实践证明，建立专利诚信档案很重要，专利行政执法部门一方面在展会期间巡查时可对纳入展会专利诚信档案的参展商进行重点检查，核查展品的相关专利权利证明材料；另一方面按照规定将展会诚信档案信息纳入行政执法部门企业信用信息系统，可以实现部门之间的企业信用信息资源共享，有效监控和防范专利侵权和假冒专利。

二、展会专利诚信档案可以将以下情形列入档案

（1）情节严重，被展会主办方按照约定解除合同，取消参展有关情形的。
（2）被认定为假冒专利或者重复侵权的；

【案例】
广交会上国内某电子集团侵犯法国某公司外观设计专利纠纷
2009 年 4 月，在第 105 届广交会上，宁波市某电子集团有限公司（以下简称宁波市某电子公司）在 2.2J43.44 摊位上摆放涉嫌侵犯法国 SEB 公司外观设计专利号为 ZL 200630015113.5 的"炸锅"（即薯条机）。SEB 公司向广交会知识产权投诉站投诉（以下简称投诉站）。经将上述外观设计专利的各视图与被投诉的展品"炸锅"进行对比后，双方在投诉站工作人员主持下进行了调解，被投诉人同意将"炸锅"从展位上撤下。

2009 年 9 月，在 106 届广交会上，SEB 公司又发现宁波市某电子公司持续销

售、许诺销售涉嫌侵权展品"炸锅",并向大会投诉站进行了投诉。大会投诉站经再次分析对比,认定宁波市某电子公司涉嫌侵犯 ZL 200630015113.5 外观设计专利权,并对展品"炸锅"采取暂扣措施,禁止展示。SEB 公司进行了公证,并向广州市中级人民法院提起诉讼,经两审审理,法院判决宁波市某电子公司停止侵权行为,赔偿 20 万元,并销毁侵权产品及生产模具。

该案为展会维权与其后续法律行动方面提供了很好的范例。ACTIFRY 自动薯条机是 SEB 公司的战略产品,但上市不久就遭遇侵权。在两届广交会上,执法人员以"专家身份"驻会,认真研究案情并及时处理投诉,制止了展会侵权行为,有效保护了权利人的合法权益,体现了广交会作为"中国第一展"对专利保护所做的努力,维护了我国政府保护知识产权的良好现象。

【本章小结】

展会专利保护越来越受到各界重视,它可以树立我国政府保护权利人利益,保护创新的良好国际形象。展会专利保护应当遵循政府监管、展会主办方负责、参展商自律、社会公众监督的原则,形成政府、主办方、参展商、社会公众多方共同参与的专利保护体系。针对会展时间短、参展商流动性大、案件量多的特点,可以在专利行政执法部门或展会专利投诉处理机构主持下,按照会展主办单位与参展商的合同约定进行调解。大多数案件可以通过这种办法解决,达到快速维权的目的,对有重大影响的案件,专利行政执法部门应及时依法进行查处。

【重点概念】

(1)展会。
(2)展会主办方。
(3)展会专利投诉处理机构。
(4)参展展品。
(5)许诺销售。

【复习思考题】

(1)参展商提出,公司经常参加各类展会,发现别人侵犯自身的专利,有什么办法解决?应该找展会主办方,还是应该找请求专利行政执法部门处理?
(2)展会主办方与参展商签订参展合同,约定专利保护条款的作用是什么?

第六章 专利行政执法文书

【本章学习目标】
1. 掌握专利行政执法文书的概念
2. 掌握专利行政执法文书的特点、作用和分类
3. 掌握专利行政执法文书撰写的基本要求
4. 掌握各种专利行政执法文书在撰写中的注意事项和具体要求

第一节 概　　述

专利行政执法文书的撰写十分重要，执法过程中离不开行政执法文书，专利行政执法活动的方方面面都体现在各种行政执法文书上。行政执法文书关系重大，如果撰写中出现问题，可能会导致在行政诉讼和行政复议中处于不利的地位。例如，某案中执法人员查处假冒专利案件过程中向行政相对人发出《行政处罚决定书》，在确定行政相对人构成假冒专利行为时引用了《专利法实施细则》，但仅仅引用到条，未引用到款和项，在救济途径中仅仅告知行政相对人有向人民法院提起行政诉讼的权利，未告知其有行政复议的权利，行政相对人提起行政诉讼，专利行政执法部门败诉。又如另一专利侵权纠纷案件中，口头审理时，执法人员记录的《专利侵权纠纷案件口头审理笔录》开头部分未记录告知当事人权利义务的内容，尤其是关于回避的权利，庭审过程中一项重要证据的质证过程也没有记录，该案由于笔录的问题导致在行政诉讼中败诉。

上面两个例子说明了专利行政执法文书撰写的重要性。专利行政执法人员如果不能熟练掌握行政执法文书的撰写，将难以合法有效地进行专利行政执法办案。

一、概念

行政执法文书，是指国家机关或者法律、法规授权的组织或者接受委托行使行政执法职能的组织，在进行国家或者社会事务的管理活动中，制作的具有法律效力的文件。专利行政执法文书是指专利行政机关在专利行政执法过程中制作的具有法律效力的文件。

专利行政执法文书的撰写十分重要。首先，良好的撰写体现了专利行政执法人员的业务素质，在当前大力提升执法能力的形势下，做好法律文书的撰写工作是提升执法能力的有效手段。其次，严谨的，事实清楚、依据明确、逻辑清晰的法律文书能够提高当事人对行政执法的认同。最后，很多法律文书在后续的行政诉讼、行政复议过程中决定一个具体的行政执法行为是否能够被支持。不只是专利行政执法案件，其他很多的行政诉讼和行政复议案件，行政机关败诉或者被复议机关撤销行政决定，都是因为行政执法文书撰写中出现的错误或者疏漏。因此，作为专利行政执法人员，应当加强行政执法文书撰写能力培养。

二、专利行政执法文书的特点

专利行政执法文书的特点，主要有以下几个。

（一）制作的合法性

行政执法文书是一种法律文件，即具有法律效力或者具有法律意义的文件。制作执法文书必须严格依据法律的规定，特别是《行政诉讼法》的规定，按照不同的文种、要求和时限进行制作。

（二）内容的规范性

执法文书是一种高度程式化的书面文件，各类执法文书的写作内容、形式结构等都有严格要求。

（三）内容体现法律规定

执法文书的内容所反映和体现的是国家法律、法规规定，具体体现实体法律规范所确定的权利义务关系和程序法律规范所规定的行为人享有权利、履行义务的方式、方法、步骤等。专利行政执法文书表格中很多规定都是有法律渊源的，因此，要想做好专利行政执法文书的撰写，应当熟练掌握与专利和行政执法有关的法律法规和部门规章，包括各种司法解释。例如：《专利法》《专利法实施细则》《专利行政执法办法》《行政诉讼法》《行政处罚法》《行政强制法》《行政复议法》《国家赔偿法》等。

（四）语言表述的准确性

执法文书是庄重严肃的文书，在语言文字的运用上要求十分严格，不能模棱两可、似是而非，也不能任意夸大或缩小事实。

（五）具有法律上的确定力

法律上的确定力是指执法文书一经制作完毕并送达到当事人，非经法定程序不得变更或撤销。执法文书是行政执法机关具体适用法律的书面表现形式，一旦发生法律效力，就不得以其他文书代替，其执行以国家强制力为保证。如果要改变或撤销，只能由行政执法机关依照法定程序进行，除人民法院和政府行政复议机构外，以及行政机关在法定情形下其他任何机关、团体或个人都无权予以变更或撤销。

三、专利行政执法文书的作用

专利行政执法文书的作用主要有以下几种。

（一）行政执法文书是贯彻执行法律法规和规章的工具

行政机关在实施国家所授予的行政执法权时，是通过行政执法文书表明管理者执行法律的意思的。

（二）行政执法文书是行政复议及诉讼的证据对象的法律载体

行政相对人向人民法院提起诉讼的对象是具体行政行为。行政执法文书是表明该具体行政行为的法律载体，是行政机关进行答辩的证据载体。

（三）行政执法文书是专利行政执法活动的真实记录

专利行政执法活动不会有一份详细的记录来记录你都做了哪些事情，而这一切都会体现在一份份执法文书中。例如审批表记录了你履行审批手续的相关活动，调查笔录记录了你如何开展调查、调查的时间和地点、参加人等具体事项。因此，专利行政执法文书是专利行政执法活动的真实记录。

（四）行政执法文书是考核专利行政执法工作的重要依据

考核执法工作的重点之一就是执法案卷评查，因为这是直接记录执法工作是否合法的依据。目前全国绝大多数省份都在开展执法案卷评查工作，以此来判断执法部门的执法工作是否合法。而执法案件就是由一份份专利行政执法文书组成的。因此行政执法文书是考核专利行政执法工作的重要依据。

（五）行政执法文书是专利行政执法机关的重要档案资料

专利行政执法工作在每个案子办理完毕后必须要装订成卷，并存入档案室进行保管，以备将来复查，这些案卷是重要的档案资料。

四、专利行政执法文书的分类

专利行政执法文书的分类主要有以下几种。

（一）按其存档原则可分为内部文书和外部文书

内部文书是指在行政执法活动过程中执法机关为行政管理活动需要而制作的在

行政机关内部流转或存档的书面文件，如立案审批表、案件审批表、结案报告以及合议笔录等。而外部文书是指执法机关在具体执法活动中制作的涉及当事人权利、义务关系的如决定、通知、告知等；或调查取证过程中有行政机关以外的人员、组织参与的文书，如调查笔录、检查笔录等。内部文书和外部文书要分别独立装订存档。

（二）按照使用的主体可以分为当事人使用和行政机关使用

当事人使用的行政执法文书是指当事人按照行政机关的要求，采用必要的表格或者必要的形式制作的文书，在专利行政执法中包括专利侵权纠纷处理请求书、专利纠纷案件授权委托书等。行政机关使用的文书是指以行政机关为主体制作的文书，当然其中部分文书的制作也有当事人的参与，例如调查笔录需要当事人配合调查并签字，但是其制作是以行政机关为主体的。

严格来说，专利行政执法人员不需要撰写当事人使用的行政执法文书，但是由于该类文书当事人在使用中应当严格按照行政机关的要求进行制作，其内容和形式行政机关都有着严格的规定。对于该类法律文书的制作要点行政执法人员如果不能熟练掌握，在案件的后续处理过程中就容易出现问题。例如在专利侵权纠纷处理请求书中，当事人将主体名称填写简称而没有填写全称，将可能导致主体错误，案件无法处理。本节中对于此类文书也将进行阐述，执法人员应当熟练掌握相关要点。

（三）按其形式可分为笔录式和填写式

执法文书主要以笔录式执法文书和填写式执法文书为主。笔录式执法文书主要详细记录当事人涉嫌违法的客观事实及执法人员的调查结果。填写式执法文书的格式相对固定，如抽样取证决定等，这类文书在制作时只需在空白处根据实际情况填写即可。

（四）按照不同的执法类别可分为处理专利侵权纠纷、调解其他专利纠纷和查处假冒专利行为三类法律文书

由于很多执法类别中使用的法律文书撰写要求都具有相似性，例如侵权纠纷中和假冒专利中的调查笔录撰写要求形式上完全一致，仅仅有实体内容上的区别。因此本节将不一一列举上述三类法律文书中的撰写要求，而是仅仅就每种执法类别中具有突出特点的法律文书单独列明，对于各种执法类别中共有的、撰写形式相似的法律文书，合在一起予以说明。

五、专利行政执法文书的撰写要求

专利行政执法人员在制作行政执法文书时，应符合以下四项基本要求。

（一）格式要求

目前全国各地使用的执法文书表格并未完全统一，很多地方都有自己的一套文

书表格形式，这十分不利于在全国有序开展专利行政执法工作，保证专利行政执法工作的严肃性和权威性。各地方知识产权局内应当按照国家知识产权局印发的《专利行政执法文书表格》中的格式式样进行制作。

（二）内容要求主要格式要件

（1）文书的填写要齐全。在制作行政执法文书时，文书中的格式要件都必须按有关法律、法规规定的形式要求填写齐全，不能空缺。因为空缺可能会丧失某种重要信息，严重时可能造成所做的文书无效。例如，调查笔录中缺少被调查人签字则不能成为有效笔录。

（2）文书的正文（实体内容）书写要严谨，描述事实要客观真实，引用法律要准确完整，行政决定量罚幅度要适当。

（三）语言要求

（1）要使用公文语体。语言必须规范、严谨、使用准确，不能渲染、虚饰、比喻和夸张，应直截了当，文字平实。

（2）语言要科学。由于专利行政执法文书涉及很多专业性、技术性问题，在制作过程中应准确运用专业术语，使其更加严谨科学和规范。

（3）语言要完整。文书中出现的各种名称，如法律名称、单位名称或当事人名称以及物品名称等应使用全称，不得随意省略和使用代号。

（4）文书结构要有逻辑性。一是要注意叙述事实本身的逻辑性，事实的前因后果、来龙去脉要层次分明，使人看得清楚。其次要注意事实、理由、结论之间的逻辑关系，事实、理由和结论之间要互相印证，一环扣一环，使其顺理成章无懈可击，同时防止前后矛盾、牵强附会。

（5）正确使用标点符号。标点符号如使用不当，会引起内容歧义或改变原意。

（四）填写要求

在不具备计算机打印的情况下，填写执法文书应当使用蓝黑色、黑色钢笔或者签字笔，要求字迹清楚、文字规范、用词准确、标点正确。

第二节 专利侵权纠纷行政执法文书撰写

一、立案阶段的法律文书

立案阶段的法律文书主要有以下六种。

（一）专利侵权纠纷处理请求书

专利侵权纠纷处理请求书是专利权人或者利害关系人发现有侵犯其合法权益的侵权行为发生时，向专利行政执法部门提出处理请求的法律文书。该文书属于当事人使用的行政执法文书，由当事人填写，其填写应当符合相关要求，专利行政执法部门应当在收取该文书时进行检查。

（1）专利权人与请求人的区别。专利侵权纠纷处理请求书有专利权人和请求人两个栏目，绝大多数情况下专利权人就是请求人，但在某些特定情况下这两个栏目填写的内容未必相同，请求人未必是专利权人，例如，请求人可以是利害关系人。按照《专利行政执法办法》的规定，利害关系人包括专利实施许可合同的被许可人、专利权人的合法继承人。专利实施许可合同的被许可人中，独占实施许可合同的被许可人可以单独提出请求；排他实施许可合同的被许可人在专利权人不请求的情况下，可以单独提出请求；除合同另有约定外，普通实施许可合同的被许可人不能单独提出请求。在实施许可合同中约定普通实施许可合同的被许可人也有权向专利行政执法部门提起专利侵权纠纷处理请求的情况下，专利行政执法部门也应当予以受理。专利行政执法部门在审查中应当加以注意，审查当事人是否一并提供了相关的实施许可合同等证明文件。还有一种情况是专利权人为2个以上，全体共有权人为共同请求人。如果请求人只是专利权人之一，则需要其他专利权人明确表示放弃请求权的书面声明。

（2）主体名称。专利权人、请求人、被请求人应当写全称，不能写简称，对于专利权人和请求人，当事人应当随请求书提供相关主体证明文件，行政执法人员应当以证明文件上注明的名称为准进行核对，防止由于主体名称错误导致案件后续程序出现问题。

（3）被请求人。被请求人主体名称应当明确，其联系方式（包括地址、电话、邮政编码）不能缺失，防止在立案后无法联系当事人。被请求人两个以上（例如同时请求销售商停止销售，制造商停止生产、销售时），可以在表格中自行增加。

（二）专利纠纷案件授权委托书

专利纠纷案件授权委托书是指在专利纠纷案件发生后，纠纷当事人委托他人代表自己行使合法权益，在委托书的授权范围内，被委托人的行为都将由委托人承担的法律文书。该文书由当事人制作提交专利行政执法部门，但是如果当事人书写不规范，在后续案件审理过程中可能会发生由于当事人委托权限不明导致行政程序无法进行或者无法作出处理决定的问题。

（1）委托人明确。委托人应当是案件的当事人，其主体名称应当准确，不能有任何不确定性。

（2）被委托人明确。被委托人姓名、职业、身份证号码应当明确，不能有任何不确定性存在。

（3）代理权限明确。在专利纠纷案件授权委托书中应当明确代理权限，不能简单书写为全权代理，对于承认、变更、放弃处理请求或者答辩意见等涉及实体性权利的授权委托必须明确写出。

（4）被委托人的身份证号码或者其他有效身份证明文件的号码应当在文书中写明，执法人员应该审查是否准确。

（三）立案审批表

立案审批表是行政执法人员在接收立案材料后，经过审查符合立案条件，向主管领导报请立案填写的表格。

（1）专利权人与请求人的关系。

（2）案情简介，在立案审批表中对案件进行简要介绍，以通过简介能够明确整个案情为宜，不要求面面俱到。

（3）承办人意见明确，即承办人要写明是否应当立案。

（4）审核意见明确，即领导审核签署意见必须明确是否同意立案，不能仅仅签名，不写明意见。

（5）与其他法律文书时间的关系，由于在立案后会向专利侵权纠纷处理请求人发出专利侵权纠纷处理请求立案通知书，原则上立案时间应当以领导在立案审批表中签署的时间为准，所以专利侵权纠纷处理请求立案通知书中的立案时间应当与立案审批表中领导签署的时间一致。

（四）专利侵权纠纷处理请求立案通知书

专利侵权纠纷处理请求立案通知书是专利行政执法部门接到请求人的侵权纠纷处理请求后，向其发出的行政执法文书。

（1）专利权人与请求人的区别。专利权人与请求人不是同一主体的，在专利侵权纠纷处理请求立案通知书中予以注明。

（2）案件承办人。案件承办人应当为3人以上单数，并应当在受理通知书上全部注明，以便请求人能够知道具体承办人，判断是否提出回避申请。另外，应当将承办案件的主要负责人写在第1位，方便当事人联系。

（3）案件受理日。案件受理日是计算案件审理期限的开始日期，应当加以注意，防止由于填写错误导致案件审理超出期限，在行政诉讼和行政复议中导致败诉。

（五）答辩通知书

答辩通知书是专利行政执法部门在案件受理后，向涉嫌专利侵权人，即案件被请求人发出的，要求其在规定时限内，提交答辩和证据的执法文书。

（1）日期。在国家知识产权局下发的《专利行政执法文书表格》中有"本局已经对请求人×年×月×日提交的专利侵权纠纷处理请求进行立案。"字样，该日期与专利侵权纠纷处理请求受理通知书中写明的提交日期必须保持一致。并非受理通知书下面的受理日期。

（2）被请求人。被请求人项填写的内容必须准确，防止由于填写错误导致涉嫌侵权人逃避法律责任的情况出现。有营业执照或其他证明文件的，无论是何种经营组织形式（包括法人、合伙企业、分支机构、连锁门店、个体工商户、个人合伙等），原则上以上述法律证明文件上登记核准的内容为准。无上述法律证明文件的，以公民身份证上记载的内容为准。

（3）案件承办人。案件承办人应当为3人以上单数，并应当在《答辩通知书》上全部注明，这样案件被请求人能够知道具体承办人，从而有助于判断是否提出回避申请。另外，应当将承办案件的主要负责人写在第1位，方便当事人联系。

（4）时限。填写答辩通知书时应注意通知书的时间，防止时限出现错误。

（六）提交专利权评价报告/实用新型检索报告通知书

提交专利权评价报告/实用新型检索报告通知书是专利行政执法部门对于在专利侵权纠纷案件涉及实用新型或者外观设计专利的，要求当事人提交专利权评价报告或者实用新型检索报告的法律文书。这两种通知书都是表格式的，只要按照项目填写即可，专利行政执法人员主要应注意这两种通知书的区别，防止使用错误。

（1）法律依据不同。要求提交实用新型检索报告依据的是《专利法》（2008年12月27日第三次修正）第61条第二款。要求提交专利权评价报告依据的是《专利法》（2000年8月25日第二次修正）第57条第二款。

（2）对象不同。实用新型检索报告仅能针对实用新型专利，而专利权评价报告既可以针对实用新型专利也可以针对外观设计专利。

（3）两种报告所针对专利的申请日不同。实用新型检索报告针对申请日在2009年10月1日前的实用新型专利，专利权评价报告则针对申请日在2009年10月1日之后（含当日）的实用新型或者外观设计专利。

二、处理过程中的法律文书

处理过程中的法律文书主要有以下五种。

（一）专利侵权纠纷案件中止处理申请书

专利侵权纠纷案件中止处理申请书是指在处理专利侵权纠纷过程中，被请求人提出无效宣告请求并被专利复审委员会受理的，请求专利行政执法部门中止处理的法律文书。

（1）该文书为当事人填写的法律文书，格式不限，只要其内容满足要求即可。

（2）该申请应当是书面形式，不能是口头或者电子邮件等其他形式。

（3）该申请原则上应当在答辩期内提出，需要注意答辩期的时间。如果是邮寄的，在答辩期内邮寄即可，以寄出邮戳为准。如果是现场递交的，应当以递交的时间为准。文件的落款时间不能作为是否在答辩期内提出请求的依据。如果当事人在答辩期届满后提出请求的，专利行政执法部门认为确有必要中止处理的，也可中止处理。

（4）专利侵权纠纷案件中止处理申请书在递交的时候应当附上国家知识产权局专利复审委员会发出的无效请求受理通知书以及提起无效的相关理由和证据，以便专利行政执法人员决定是否有必要中止案件的处理。

（二）专利侵权纠纷案件中止处理通知书

《专利侵权纠纷案件中止处理通知书》是案件被请求人依据其向国家知识产权局专利复审委员会提出的宣告涉案专利权无效的请求并被专利复审委员会受理的事由提出中止处理请求后，专利行政执法部门，按照《专利法实施细则》第82条的规定，决定中止案件处理的行政执法文书。

专利侵权纠纷案件中止处理通知书应当按照国家知识产权局下发的《专利行政执法文书表格》严格填写，需要注意的是案件中止起始时间应当为发出通知书的日期，而非当事人接到通知书的日期，这与专利侵权纠纷处理请求受理通知书相同，与答辩通知书不同。中止时限也由此开始计算。

（三）专利侵权纠纷案件恢复处理通知书

专利侵权纠纷案件恢复处理通知书是国家知识产权局专利复审委员会已经就涉案专利作出决定，或者中止期限届满，专利行政执法部门恢复专利侵权纠纷处理程序发出的行政执法文书。

专利侵权纠纷案件恢复处理通知书应当按照国家知识产权局下发的《专利行政执法文书表格》严格填写，需要注意的是案件恢复处理时间应当为发出通知书的日期，而非当事人接到通知书的日期，这与专利侵权纠纷案件中止处理通知书相同。

（四）口头审理通知书

口头审理通知书是专利行政执法部门根据需要决定对专利侵权案件进行口头审理的情况下，向案件当事人发出的确定审理时间和地点，要求案件当事人到场参加的行政执法文书。

（1）发出时间。口头审理通知书应确保所有案件当事人能够在确定的口头审理日3个工作日前收到，确保当事人能够及时安排各种事务，满足国家知识产权局下发的《专利行政执法办法》中第14条的规定，即"管理专利工作的部门处理专利侵权纠纷，可以根据案情需要决定是否进行口头审理。管理专利工作的部门决定进行口头审理的，应当至少在口头审理3个工作日前将口头审理的时间、地点通知当事人。"当事人因正当理由不能参加的,应提前3日向专利行政执法部门提出,申请改期。

(2) 审理地点。审理地点应当明确详细,写全称,不应写简称,应当具体到房间。例如:×省×市×街×号×大厦×层×房间,而不能简单地写为×市×街×号。

(3) 审理时间。审理时间应当准确,原则上应当准确到分,例如2016年5月7日上午9时30分,而不是5月7日上午。

(4) 联系人可以为案件承办人员中的1人,也可为书记员。

(五) 专利侵权纠纷案件口头审理笔录

专利侵权纠纷案件口头审理笔录是在口头审理过程中,由书记员或者案件承办人员记录的审理过程中各方活动和发言的行政执法文书。

(1) 庭前准备。庭前准备要充足。第一,预先审阅案卷,熟悉案情材料是做好笔录的先决条件。要做到认真查阅案件材料,了解与掌握主要案情以及当事人、关系人的情况与特点,审理前要主动接触当事人,初步了解他们说话的快慢、语言特点。第二,有重点地摘记案情要点,不同的案件有不同的具体情况和特点,有的需记时间多、数字多,有的需记人名多、地名多,专利侵权案件涉及科学、技术名词术语多,如不熟悉或准备不足,很容易出错。因此,审理前要认真查明了解与案件有关的科技名词、术语、数字、时间、人名、地名、方言土语和案件中不常用的事物名称,必要时,还可写在纸上,供记录时参考。第三,预先填好笔录开头。审理笔录头几页中有关合议组成员的姓名、当事人的基本情况、告知审理时当事人的权利义务的程序事项等固定内容,可以口审前填好。

(2) 专利侵权纠纷案件口头审理笔录主要应当包括以下内容。

①格式性开头,包括叙述案件来源,案由等。②宣布口头审理纪律、当事人权利义务,此处重点在于告知当事人有权申请回避,对当事人是否申请回避必须记录,不能缺失。③核对当事人身份,是否有合法授权。④请求人陈述、被请求人答辩,此处如果当事人提供了书面材料,并且当场陈述内容与书面材料一致,可以简单记录为:"当事人宣读请求书,当事人宣读答辩状"。如果当事人没有提供书面材料,或者当庭陈述内容与书面材料不一致,则应当如实记录。⑤质证,应当将每一个证据都完整记录,不能缺失。⑥总结焦点、辩论,如实记录即可。需要注意的是在总结焦点之前,合议组应当组织当事人进行技术特征比对,如果一方当事人拒绝比对,应在笔录中注明。⑦调解,记录当事人是否同意调解以及主要的意见。⑧最后陈述,如果当事人没有其他新的意见,则可以简单记录为"坚持我方的处理请求及意见"及"坚持我方的答辩意见"。如果当事人有新的意见,如实记录即可。

(3) 真实准确。专利侵权纠纷案件口头审理笔录要确保记录真实准确,做到"真实记录,而非记录真实"亦即,对于当事人的用语,原则上应当如实记录,不能以记录人员主观判断后认为的事实真相进行记录。

(4) 案由。在口头审理阶段,案由均应当加"涉嫌"二字。案由书写形式为:涉案产品或涉案工艺名称+涉嫌+专利侵权案。

(5) 笔录签字。专利侵权纠纷案件口头审理笔录应当由合议组成员、书记员、参加口头审理的当事人或者当事人代理人逐页签字并注明日期。

(6) 笔录更改。口头审理结束后,由各方当事人或代理人查看口头审理笔录是否真实记录了其在口审过程中的活动和发言,是否存在错误。如果提出存在错误要求更改,应当由记录人进行核实,当事人不得随意撤回、更改或否认,对于确属错误的,应当予以更改,对于不存在错误的,不予更改。如果属于重要的、可能影响案件处理结果的更改,应当经过合议组长的同意。

笔录更改为手写内容的,当事人应在更改处按指纹并签字,按指纹应当是右手食指。

(7) 活动记录。口审笔录不仅仅记录当事人陈述的语言,还包括合议组成员和当事人在庭审过程中的各种活动,以便在需要时能够详细了解口审过程,防止出错。如:组织当事人对音像类证据进行质证时,应当在记录当事人质证意见标准(观看录像、照片)等字样;再如对公证封存物证进行质证时,也应标准(查看封存物品及封存形式,当场拆封)等活动信息。

三、结案阶段的法律文书

结案阶段的法律文书主要分为以下三种。

(一) 专利侵权纠纷调解协议书

专利侵权纠纷调解协议书是专利侵权纠纷案件各方当事人,在专利行政执法部门的调解下,以不违反法律规定,尊重各方当事人自主意愿为原则,对侵权纠纷中涉及各方当事人权利义务的内容达成一致协议,由专利行政执法部门作出的法律文书。有以下几项注意事项。

(1) 主体名称,注意要写明全称。

(2) 简要记载处理过程,不能从一开始就记载协议内容。

(3) 协议书要由专利侵权纠纷各方当事人签章,之后由专利行政执法部门盖章。

(4) 协议书不能违背法律的强行性规定,在此前提下,以尊重当事人的意愿为主,专利行政执法部门不能强迫当事人签订违背其意愿的协议书。

(二) 撤销专利侵权纠纷案件决定书

撤销专利侵权纠纷案件决定书是指在专利侵权纠纷案件处理过程中,当事人要求撤案或者专利行政执法部门因法定原因撤案,由专利行政执法部门发出的撤销案件的法律文书。

（1）注意核对主体名称，防止错误。

（2）即使是撤案，也应当注意记载处理的全过程，包括立案、组成合议组，如果有过口头审理要记载口头审理情况，然后再记载有关撤案的内容。

（3）费用问题。部分专利行政执法部门处理专利侵权纠纷会收取一定费用，因此对于撤案如何收费要按照各地规定执行。一般情况下撤案费用减半收取。

（4）专利侵权纠纷处理请求人要求撤案是合法的，并且应当是其真实意思表示。对于违反法律规定，或者违背当事人真实意思表示的撤案请求，专利行政执法部门可以不予批准，继续审理。

（三）专利侵权纠纷案件处理决定书

专利侵权纠纷案件处理决定书是专利行政执法部门对专利侵权案件经过调查和审理，案件合议组合议后得出侵权成立与否的决定，并对当事人的实体权利作出处理，如驳回侵权纠纷处理请求或认定侵权行为成立要求当事人停止侵权的行政执法文书。

（1）当事人。专利侵权纠纷案件处理决定书中的当事人必须准确。有营业执照或其他证明文件的，无论是何种经营组织形式（包括法人、合伙企业、分支机构、连锁门店、个体工商户、个人合伙等），一律以上述法律证明文件上登记核准的内容为准。无上述法律证明文件的，以公民身份证上记载的内容为准。

（2）委托代理人。必须如实记载案件处理过程中当事人委托的全部代理人，委托代理人的姓名和其他信息应当完整准确。

（3）事实部分。经审理查明的事项即为事实部分，专利行政执法部门应当详细记录查明的事实，包括时间、地点、行为方式等。重点记载有关产品的技术特征以及当事人制造、使用、许诺销售、销售、进口等具体行为和方式。

对于上述事实，应当同时记载所有证据。

（4）认定部分。在认定部分主要写明两个方面。一是侵权是否成立，发明专利、实用新型专利应当详细对比技术特征，外观设计专利应当详细说明是否相同、相近似或者不同。二是各种答辩理由是否成立，应当详细分析每一项理由。

（5）处理理由、处理依据。所引用的法律法规的有关条款要准确、完整、具体，引用法律、法规、规章要写全称，引用条文要具体到条、款、项、目。

（6）最终的处理决定。对于具体的处理决定，应当明确。例如不能简单记载"停止侵权行为"，应当详细到"停止销售侵权产品"。

（7）当事人的救济途径。要写明当事人不服本处理决定可以自收到本处理决定之日起15日内向××中级人民法院（或××知识产权法庭）提起行政诉讼。

（8）落款。要写明合议组成员。做出处理决定的时间（注意时限）及书记员姓名，并加盖知识产权局公章。

【文书示例】

某知识产权局
专利侵权纠纷案件处理决定书

某知法处字〔2013〕1号

请求人：甲制药有限公司

法定代表人：王某

住所：某省某市某区某路001号

委托代理人：于某　男　汉族　1974年9月11日出生

被请求人：某市某医院

法定代表人：沈某

住所：某省某市某区某路003号

委托代理人：涂某　男　某市某医院职员

被请求人：乙制药有限责任公司

法定代表人：张某

住所：某省某市某区某路004号

委托代理人：邓某　某律师事务所律师

案由："一种某药用制剂及制备方法"（专利号：ZL××××××××××××.×）发明专利侵权纠纷

请求人甲制药有限公司就其"一种某药用制剂及制备方法"（专利号：ZL×××××××××××××.×）发明专利与被请求人某市某医院、乙制药有限责任公司的专利侵权纠纷，向本局提出处理请求。本局于2013年3月1日受理后，依据《专利行政执法办法》组成合议组，并向某市某医院、乙制药有限公司发出《答辩通知书》。2013年4月10日，对本案进行了口头审理，请求人的委托代理人于某，被请求人某市某医院的委托代理人涂某，乙制药有限公司的委托代理人邓某参加了口头审理。2013年5月15日，对本案进行了第二次口头审理，请求人的委托代理人于某，被请求人某市某医院的委托代理人涂某参加了口头审理，乙制药有限公司缺席。现本案已审结。

请求人甲制药有限公司称：

甲制药有限公司是"一种某药用制剂及制备方法"（专利号：ZL×××××××××××××.×）发明专利的专利权人，该专利至今有效。2013年2月25日，某市某医院销售了乙制药有限公司生产的"某氯化钠注射液"，某市某医院的销售行为及乙制药有限公司的生产和销售行为侵犯了请求人的专利权。故请求贵局依法处理，责令某市某医院停止销售乙制药有限公司生产的"某氯化钠注射液"，乙制药有限公司停止制造和销售"某氯化钠注射液"。

被请求人某市某医院辩称：对本院销售的乙制药有限公司生产的"某氯化钠注射液"现提供增值税发票、质量保证协议书等证据，证明销售的产品来源合法。

被请求人乙制药有限公司辩称：我公司生产、销售"某氯化钠注射液"药品系合法行为，不构成侵权，因为我公司以专利权人生产的原料药通过常规方法制成"某氯化钠注射液"，甲制药有限公司一直向我公司供应该产品原料药，所以我公司生产"某氯化钠注射液"应当认为是得到了专利权人的默许，不应视为专利侵权行为。

经审理查明：

甲制药有限公司是"一种某药用制剂及制备方法"（专利号：ZL××××××××××.×）发明专利的专利权人，该专利至今有效。该专利权利要求1为："一种某药用制剂，其特征在于该药用制剂是由某活性成分与药用载体组成的，并且按含某活性成分0.01%～99.99%（重量%）与含药用载体为99.99%～0.01%（重量%）的配比组成。"

2013年2月25日某市某医院销售了乙制药有限公司生产的"某氯化钠注射液"。该产品包括瓶贴、说明书及外包装盒。该产品说明书中写明了产品中包含的某活性成分的化学结构式。产品的瓶贴、说明书及外包装盒中均注明产品规格为100ml：10万单位某活性成分：0.9g氯化钠，生产企业为乙制药有限公司。某市某医院销售的乙制药有限公司生产的"某氯化钠注射液"是通过药品统一招标采购渠道合法购进的。

以上事实有发明专利登记簿副本、专利授权公告文本、涉案产品、涉案产品说明书、涉案产品外包装盒、涉案产品瓶贴、涉案产品发票及口头审理笔录等在案佐证。

本局认为：

1. 《中华人民共和国专利法》第五十九条第一款规定："发明或者实用新型专利权的保护范围以其权利要求的内容为准，说明书及附图可以用于解释权利要求的内容。"涉案产品"某氯化钠注射液"与涉案专利的权利要求1相对比：

第一，组分相同。其中涉案产品"某氯化钠注射液"附的说明书中化学结构式对应的是涉案专利权利要求1中的"某活性成分"，并与涉案专利说明书中化学结构式分完全一致；其中涉案产品"某氯化钠注射液"附的说明书中规格部分的"100ml：0.9g氯化钠"，对应的是涉案专利权利要求1中的"药用载体"。

第二，组分的配比落入了涉案专利权利要求1的保护范围。涉案产品"某氯化钠注射液"附的说明书中的配比，即规格部分的"100ml：10万单位某某活性成分"，对应的是涉案专利权利要求1中的"某活性成分与含药用载体为99.99%～0.01%（重量%）的配比组成"。

2. 某市某医院所售涉案产品来源于药品统一招标采购，应属于来源合法。《中华人民共和国专利法》第七十条规定："为生产经营目的使用、许诺销售或者销售不知道是未经专利权人许可而制造并售出的专利侵权产品，能证明该产品合法来源的，不承担赔偿责任。"某市某医院属于销售了不知道是未经专利权人许可而制造并售出的专利产品，不应承担赔偿责任；但《中华人民共和国专利法》第十一条第一款规定："发明和实用新型专利权被授予后，除本法另有规定的以外，任何单位或者个人未经专利权人许可，都不得实施其专利，即不得为生产经营目的制造、使用、许诺销售、销售、进口其专利产品，或者使用其专利方法以及使用、许诺销售、销售、进口依照该专利方法直接获得的产品。"某市某医院仍应承担停止销售侵权产品的责任。

3.《中华人民共和国专利法》第十二条规定："任何单位或者个人实施他人专利的，应当与专利权人订立实施许可合同，向专利权人支付专利使用费。被许可人无权允许合同规定以外的任何单位或者个人实施该专利。"甲制药有限公司制造、销售的原料药其最终用途并非只能用于制造"某氯化钠注射液"，同时还能生产其他药品，因此，该被请求人乙制药有限公司提出的其生产和销售"某氯化钠注射液"药品的行为已得到专利权人甲制药有限公司默许，不应当视为专利侵权的理由，本局不予认可。

根据《中华人民共和国专利法》第六十条之规定，本局决定如下：
1. 责令某市某医院停止销售乙制药有限公司生产的"某氯化钠注射液"。
2. 责令乙制药有限责任公司停止制造、销售"某氯化钠注射液"。

当事人如不服本决定，可自收到处理决定书之日起十五日内依照《中华人民共和国行政诉讼法》向某市中级人民法院起诉。

合议组：张某　陈某　刘某
某市知识产权局
2013 年 6 月 17 日

第三节　查处假冒专利案件行政执法文书

一、立案阶段的法律文书

立案阶段的法律文书主要有以下两种。

（一）涉嫌假冒专利行为举报登记表

涉嫌假冒专利行为举报登记表是举报人发现涉嫌假冒专利行为，向专利行政执法部门举报时填写的表格，该表格可以由举报人填写，也可以由举报人叙述，执法人员填写。

（1）表格中对于举报的时间、方式、地点、联系方式的填写应当准确详细。当然，举报人也可以匿名举报，在此情况下对于举报人的姓名和联系方式等，执法人员不能强行要求举报人提供，或者因此不接受举报。

（2）对于被举报人的信息，应当要求举报人尽可能提供详细准确的信息，但是如果举报人不能提供，或者仅能提供部分信息，执法人员也应当接受，执法部门有进一步调查核实的义务。

（3）举报的内容可以（而非应当）包括产品名称、标注专利号、涉嫌假冒专利行为发生地、产品销售地、生产单位、销售单位、地址、邮编、电话等。

（二）涉嫌假冒专利案件立案审批表

涉嫌假冒专利案件立案审批表是执法人员发现涉嫌假冒专利案件具有初步线索，需要立案后进一步详细调查时呈请主管领导决定是否立案的法律文书。

（1）行政执法人员在填写表格前应当从以下方面审查是否符合立案条件。

① 行政相对人是否适格，如果行政相对人不存在或者不能独立承担行政责任，则应当予以注意。例如一家公司的分公司不是独立的主体，其责任应当由总公司承担，因此行政相对人应当为母公司。

② 是否存在涉嫌假冒专利行为的事实，该事实不要求已经确定，只要求具有初步证据即可。

③ 是否具有管辖权。

④ 注意时效。按照《行政处罚法》的规定，违法行为发生两年以上的，不应再进行处罚，因此也没有必要立案查处。但是，如果违法行为具有连续性，应当从行为结束日，而不是从行为开始日计算。

（2）填写涉嫌假冒专利案件立案审批表应当注意以下几点。

① 案件来源。一是在日常监督检查中发现的，二是社会公众举报投诉的，三是新闻媒体、网络披露的，四是上级主管部门交办、有关部门移送的。

② 案情简介。说明案件来源情况，附举报登记表、案件移送书、现场调查笔录、案件交办（督办）函等文书，相关来源文书应在案卷中存档；记录初步调查核实的过程、所调取的证据材料及明确的违法嫌疑人和客观的违法事实，可附证据目录。

③ 申请立案的法律依据。详细记载当事人涉嫌违反《专利法实施细则》第84条相关款、项。

④ 案件承办人签字并写明日期，案件承办人须有2人以上。

⑤ 审批意见。由部门负责人和主管局领导写明同意或不同意立案的意见。

二、查处阶段的法律文书

查处阶段的法律文书主要分为以下四种。

（一）协助调查通知书

协助调查通知书是指对于涉嫌假冒专利案件，需要行政相对人协助调查时，向其发出的要求其在具体的时间和地点接受调查的法律文书。

（1）该通知书是对行政相对人发出的，如果行政相对人是法人，应当在通知书中明确要求其接受调查的具体人员。具体人员可以不具体到某一人而是担任某一具体职位的人员，例如该行政相对人的单位负责人、法定代表人等。

（2）时间、地点应当准确详细，时间具体到分钟，地点具体到房间。

（3）协助调查通知书发出的日期应当确保当事人能够在指定接受调查时间的3日前收到，以保证协助调查人因正当理由无法接受调查时，其能提前3日向行政执法部门申请改期。

（4）联系人最好为案件主办人员。

（二）限期提供证据接受调查通知书

限期提供证据接受调查通知书是指通知行政相对人在指定的期限内提交专利行政执法部门要求其提供的证据的法律文书。

（1）限期提供证据接受调查通知书是针对行政相对人发出的，行政相对人是法人的，应当记载法人的全称，是自然人的，应当记载自然人的姓名。

（2）应当准确详细说明要求行政相对人提交的证据，不能简化，例如"2009—2012年度财务报表，"不能简化为"财务报表"。

（3）时间、地点要求同《协助调查通知书》要求。

（4）发文日期应当与限期提供证据接受调查通知书中提出的要求，如"接到通知7日内接受调查"相衔接。

（5）联系人最好为案件主办人员。

（三）查封（扣押）决定书

查封（扣押）决定书是对有证据证明是假冒专利的产品作出查封或者扣押的决定，并送达当事人时使用的文书。

（1）查封（扣押）的物品。有证据证明是假冒专利的产品。

（2）救济途径。告知当事人提出行政复议、行政诉讼的受理机关和时限。

（3）无论原地查封还是异地扣押，相应物品或材料必须加贴封条，并开列《物品清单》。

（四）解除行政强制措施决定

解除行政强制措施决定是指专利行政执法部门在查处假冒专利案件中对于已经查封或者扣押的产品决定解除查封或者扣押的法律文书。

（1）解除行政强制措施是指解除查封、扣押。

（2）解除查封、扣押绝大多数情况适用于已经作出处罚决定，认定构成假冒专利行为，责令当事人销毁假冒专利产品或者消除专利标识，极少数情况是由于违法行为不成立。

（3）完整填写，不能缺项。
（4）作出解除行政强制措施决定应当同时出具《解除查封或扣押物品清单》。

三、结案阶段的法律文书

结案阶段的法律文书主要分为以下六种。

（一）行政处罚前先告知通知书

行政处罚前先告知通知书是在对违法行为作出行政处罚前，告知当事人行政机关调查认定的事实、处罚的理由、依据、拟作出的行政处罚决定的内容（处罚种类及罚款数额）以及当事人依法享有的陈述和申辩权利时使用的法律文书。陈述申辩权是当事人的一项重要权利，也是保证公正执法的必要手段，在行政处罚过程中，未告知当事人具有陈述申辩权或拒绝听取当事人的陈述申辩，会导致行政处罚决定不能成立。

（1）时限。虽然现有法律、法规、规章均未对当事人行使陈述申辩权的时限作任何规定，但实务中一定要给当事人留出适当的准备时间。时间过短，相当于变相剥夺了当事人陈述申辩的权利。行使陈述申辩权的时限一般为3个以上工作日，截止期限为周六、周日、节假日的，应顺延。国家知识产权局下发的《专利行政执法文书格式》中建议的"为5日内"，应当理解为5个工作日。

（2）违法事实。应写明认定的当事人存在的具体违法行为，包括违法行为的性质，发生的时间、地点、经过，涉及的违法物品、违法所得等基本要素。

（3）处罚理由、处罚依据。引用的法律法规的有关条款要准确、完整、具体，引用的法律、法规、规章要写全称，引用的条文要具体到条、款、项、目。

（4）具体处罚内容必须按照法律、法规、规章的具体规定填写，并清楚记载具体的处罚种类和幅度。

（5）签收人。当事人为个人的，应为当事人本人或其授权的有关人员。当事人是单位的，应为当事人的法定代表人（企业负责人）或者得到其授权的代理人，上述人员无法签收的，由单位负责相应工作的人员签收，例如前台、办公室工作人员。

（二）处罚前听证告知书

处罚前听证告知书是在作出责令停产停业、吊销许可证或者执照、较大数额罚款的行政处罚前，告知当事人相应处罚和理由，以及其依法享有听证权利时使用的法律文书。由于专利行政执法不涉及责令停产停业、吊销许可证或者执照，仅仅涉及罚款，因此只有在较大数额罚款的时候才使用该通知书。

（1）较大数额。《行政处罚法》没有对"较大数额"的具体数值加以规定，由各省市相关法规自行规定，具体数额遵照各省市规定。

（2）处罚前听证告知书是告知当事人享有要求听证的权利，并有可能启动听证程序的法律文书，与行政处罚事先告知书虽然内容基本相同，但由于要求听证权和陈述申辩权是不同的权利，因此不能相互替代。

（三）假冒专利案件听证笔录

假冒专利案件听证笔录是记录假冒专利案件听证时当事各方的活动和陈述内容的法律文书。

（1）时间、地点应当准确详细，时间具体到分钟，地点具体到房间。

（2）注意是否需要公开听证，对于涉及国家秘密、商业秘密、个人隐私的案件，听证不予公开。

（3）笔录内容应当包括但不限于对违法的事实、证据、行政处罚建议的听证。

（4）听证笔录应当由听证各方审核无误后签字或者盖章。

（四）假冒专利案件听证报告书

假冒专利案件听证报告书是在假冒专利案件听证结束后，由听证部门向主管领导报告有关听证会相关情况的法律文书。

（1）听证案由为"某产品涉嫌假冒专利案件"而不应当填写为"某公司/某人涉嫌假冒专利案件"。

（2）听证主持人和听证员应当为专利行政执法部门中的法制部门人员，而非执法部门人员，听证参加人中听证申请人为行政相对人。

（3）时间、地点、方式应当准确详尽。

（4）对听证会情况记录应当简明扼要。

（5）处理意见和建议应当明确。

（五）行政处罚决定书

行政处罚决定书是对事实清楚、证据确凿的假冒专利案件，依照法定程序对违法当事人作出行政处罚决定的文书。

根据《行政处罚法》第39条第1款的规定："行政处罚决定书应当载明下列事项：（一）当事人的姓名或者名称、地址；（二）违反法律、法规或者规章的事实和证据；（三）行政处罚的种类和依据；（四）行政处罚的履行方式和期限；（五）不服行政处罚决定，申请行政复议或者提起行政诉讼的途径和期限；（六）作出行政处罚决定的行政机关名称和作出决定的日期。"

（1）被处罚人情况。违法行为人持有营业执照或其他证明文件的，无论是何种经营组织形式（包括法人、合伙企业、分支机构、连锁门店、个体工商户、个人合伙等），一律以上述法律证明文件上登记核准的内容为准。违法行为人无上述法律证明文件的，以公民身份证上记载的内容为准；相关证照、证明文件或身份证复印件必须由当事人注明"此件与原件一致"字样并签名、签日期后留存案卷。

（2）违法事实。违法事实是作出行政处罚决定的基础，必须是已经查证属实的事实，包括违法行为人、违法时间、地点、形式或手段（情节）、违法物品的数量、规格、价格、违法所得、剩余物品数量和价值等内容，要求定性准确，叙述完整、详尽，不能过于简单。当事人有从轻、减轻、从重、免除处罚情节的，也应在违法事实中清楚注明。原则上，对于违法事实的记载要达到无需翻看其他材料，仅从处罚决定书的内容就能够了解执法全过程的程度。

（3）处罚决定。处罚种类、数额要具体、明确、完整，以罚款为例，要写明罚款标准（违法所得）、罚款倍数、罚款数额，罚没款数额应当用中文大写表述。

（4）改正措施应当与《专利行政执法办法》中的规定一致，并且应当明确具体，例如"删除产品包装上的专利标识"不能简化为"责令改正"。

（5）没收违法所得的数额应当按照《专利行政执法办法》中的相关规定计算。

（6）履行方式和期限要符合法律规定。

（7）要明确告知当事人不服处罚决定的救济途径。

（8）日期必须与审批表中局领导签署审批的日期一致。

（六）假冒专利案件结案报告

结案报告是行政处罚决定履行或执行后，案件主办人员履行结案手续时使用的法律文书。

（1）案由。不得再出现"涉嫌"字样。

（2）结案日期。行政处罚决定的内容全部履行或执行的终结日期即为案件结案日期。

（3）案情简介。应如实、详细填写，确保仅通过结案报告就能够明了整个案情。

（4）处理结果。记录已经执行、部分执行或未执行的情况，部分执行或未执行的应说明理由。

（5）审核意见。执法办案机构负责人对案件主办人员制作的审批表的内容进行审核后，签署明确的处理意见，并签名确认及签署日期。

第四节　调解其他专利纠纷案件行政执法文书撰写

一、立案阶段的法律文书

立案阶段的法律文书主要有以下六种。

（一）专利纠纷调解请求书

专利纠纷调解请求书是其他专利纠纷当事人用来向行政机关提起专利纠纷调解

请求的法律文书。

（1）主体名称应当准确。

（2）提起调解的请求人范围与侵权纠纷处理案件请求人范围不同，侵权纠纷处理请求人为专利权人或者利害关系人，其他专利纠纷调解请求人主体范围很广，包括专利权人、利害关系人、发明人、设计人等。

（3）调解被请求人与侵权纠纷中的被请求人不同，侵权纠纷中的被请求人一定是涉嫌侵犯专利权的人，而其他专利纠纷调解的被请求人包括专利权人、利害关系人、发明人、设计人等。

（4）请求调解的事项应当明确。

（5）有相关的事实和理由。

（6）专利纠纷调解请求书由当事人签章。

（二）专利纠纷调解意见陈述通知书

专利纠纷调解意见陈述通知书是专利行政执法部门在收到请求人调解请求后，向被请求人发出的，要求其表明是否同意专利行政执法部门进行调解，并提交相关证据的行政执法文书。

（1）当事人。填写当事人名称应当详细准确，不能填写简称。专利纠纷调解意见陈述通知书中的专利权人/专利申请人、请求人、被请求人三个项目有可能重合，也有可能完全不一致。在专利权人没有变化的情况下，专利权权属纠纷中的专利权人/专利申请人和被请求人两项可能重合。在专利权发生转让的情况下，在奖酬纠纷中，三者可能完全不一致。

（2）专利纠纷调解意见陈述通知书中15日的时限由被请求人收到或者应当收到开始计算，并非发出的日期或者通知书中写明的日期。

（三）意见陈述书

意见陈述书是其他专利纠纷案件中被请求人向专利行政执法部门提交的，对于其是否参加调解，以及对于纠纷的意见和理由的法律文书。

（1）意见陈述书是当事人撰写的法律文书，其格式并非必须按照国家知识产权局下发的表格制作，只要其形式和内容符合规定即可。

（2）意见陈述书必须明确是否参加调解。

（3）意见陈述书中应当有其对于纠纷的意见、事实和理由。

（4）最后应当签章并写明日期。

（四）专利纠纷案件授权委托书

专利纠纷案件授权委托书是当事人在其他专利纠纷中，委托他人代表自己行使合法权益，在委托书的授权范围内，被委托人行为及其法律后果均由委托人承担的法律文书。

（1）注意事项与专利侵权案件一致。

（2）委托书中应当明确具体纠纷类型。

（五）专利纠纷调解案件立案审批表

专利纠纷调解案件立案审批表是专利行政执法人员在其他专利纠纷案件符合立案条件时填写的呈请领导审批是否立案的法律文书。

（1）调解请求人与被请求人填写要准确，并注意与专利侵权纠纷的区别。

（2）纠纷类型填写要准确。

（3）案情简介要简明扼要，以审批领导能够通过案情简介了解案情为准。

（4）承办人对于是否立案应当明确意见。

（5）审批领导对于是否同意立案的审批意见应当明确，不能仅签名。

（六）专利纠纷调解立案通知书

专利纠纷调解立案通知书是专利行政执法部门，在专利纠纷案件中，被请求人同意进行调解后，向当事人发出的表明正式立案的行政执法文书。

专利纠纷调解立案通知书重点在于案由部分的填写，应当明确是哪种专利纠纷。

二、调解阶段的法律文书

该阶段涉及的法律文书主要指专利纠纷调解通知书。

专利纠纷调解通知书是指专利行政执法部门通知其他专利纠纷案件当事人参加调解的法律文书。

（1）案由应当写明纠纷类型。

（2）时间、地点要准确详尽。

（3）在专利纠纷调解通知书告知当事人，"双方当事人应当在收到本通知之日起的3日内将参加调解回执送交本局。当事人因正当理由不能参加的，应提前3日向本局提出，申请改期。"所以该文书的发文日期及正式发出的日期应当确保当事人能够在调解日前3天收到。

三、结案阶段的法律文书

结案阶段的法律文书主要分为以下三种。

（一）专利纠纷调解协议书

专利纠纷调解协议书是专利行政执法部门在调解专利纠纷案件，当事人达成一致后制作的明确当事人在纠纷中的权利义务的行政执法文书。

有关调解协议的注意事项可以参见专利侵权纠纷案件处理决定书,但协议中明确当事人权利义务的条文,在合法的前提下,以尊重当事人的意思表示为准。

(二) 专利纠纷调解案件终止调解通知书

专利纠纷调解案件终止调解通知书是专利行政执法部门由于法定原因,终止对专利纠纷进行调解后,用于通知当事人的法律文书。

(1) 主体名称应当准确。

(2) 对于终止的原因在选项前画勾即可。

(三) 专利纠纷和解协议书

专利纠纷和解协议书是专利纠纷当事人自行达成和解协议,或者在专利行政执法部门的调解下达成和解协议时所制作的法律文书。

(1) 由当事人自行制作,其格式并非一定要按照国家知识产权局的表格制作。

(2) 如果当事人不提供给专利行政执法部门,则不需进入案件档案。

(3) 不需写明案件办理过程。

(4) 专利行政执法部门不需要加盖公章。

(5) 相关的其他专利纠纷案件由当事人撤案结案。

第五节 办理专利行政执法案件中其他相关文书的撰写

一、调查取证阶段使用的法律文书

调查取证阶段使用的法律文书主要包括以下四种。

(一) 调查笔录

调查笔录是在进行案件调查时依法向案件当事人、直接负责人或者知情人调查了解有关情况时所填写的文字笔录。

(1) 制作调查笔录应当有两名以上执法人员,调查笔录开始要写明向被调查人出示执法证件、证件号码及被调查人的姓名、职业、所在单位、职务和身份证号码等内容。

(2) 一份调查笔录的被调查对象只能是一个人,不能在一份调查笔录中出现两个或两个以上被调查对象。

(3) 调查目的要明确,重点围绕违法主体,违法行为,违法行为发生的时间、地点、方式、后果及所涉及违法物品的名称、数量、来源、进销价格、规格(违法标的物的数量、质量、货值)等重要情节展开询问。

(4) 调查笔录案件承办人和被调查人应当逐页签字并注明时间,案件承办人员应当在笔录终了处注明"以下空白",尾部应由被检查人写明"以上笔录我已看过,情况属实"字样,并签名、签署日期以证明笔录的真实性。被调查人无正当理由拒绝签字的,执法人员应在笔录中予以说明,并签字。有单独记录人的,也应签字。

(5) 如有更改内容,被调查人应在更改处按指纹并签字。

(6) 在立案、调查取证阶段,案由均应当加"涉嫌"两字。自作出行政(处罚)决定时,不再用"涉嫌"两字。案由书写形式为:涉嫌+具体违法行为+案。

(二) 抽样取证决定、登记保存决定

抽样取证决定、登记保存决定是专利行政执法部门在办理专利行政执法案件中,根据案情需要,为了案件的处理和提取证据而发出的行政执法文书。

(1) 抽样取证决定、登记保存决定是与抽样取证清单、登记保存清单配合使用的,不能单独向当事人发出。

(2) 当事人的名称应当详细准确,不能写简称。

(3) 主要注意事项与抽样取证清单、登记保存清单、查封或扣押物品清单相同。

(三) 抽样取证清单、登记保存清单、查封或扣押物品清单

抽样取证清单、登记保存清单、查封或扣押物品清单是行政机关在抽样取证、登记保存和查封扣押过程中,与相应行政执法文书中对应的对涉案物品进行清点、登记时使用的文书,此清单与上述相应的行政执法文书配合使用,不能单独使用。

(1) 当事人。必须与相应执法文书中当事人的名称一致。

(2) 地点。填写实际地点,但有时需要带回或在其他地点填写的,仍然要填写发现物品时的地点。

(3) 清单的具体内容应按照物品分类逐项填写,所有项目全部填写,无法填写的项目可写"无"或划"斜杠"。

(4) 物品名称应填写物品包装上的通用名称或产品注册名称的全称。规格型号应填写物品包装上注明的规格型号。价格应填写物品的销售价格。数量应填写同一产品、同一规格的总数量,不能使用"大约""左右"等模糊写法。

(5) 清单空余部分注明"以下空白"字样或打斜杠。

(6) 由当事人对清单内容核对无误后,逐页签署"无误"字样,并签字注明日期,两名执法人员分别签名并注明日期。

(四) 现场检查笔录

现场检查笔录是执法人员对涉嫌违法活动的现场及相关证物进行实地检查时所作的文字记录。

（1）现场检查笔录与调查笔录中的（1）（3）（4）（5）项完全一致。

（2）笔录的主要内容包括但不限于下列内容：①无法通过双方提供的证据证明的各种客观事实；②涉嫌侵权产品、假冒专利产品的生产销售现场情况；③产品生产销售库存数量；④产品、方法的技术特征。

（3）笔录内容要写明被检查人是否在场，不在场应注明不在场的原因。笔录中应当依次列出检查中的实际情况。对于假冒专利案件要写明检查现场发现的涉嫌假冒专利产品的数量、规格。对于专利侵权案件现场检查要写明现场发现的涉嫌侵权产品的数量、规格。对于需要检查是否侵权的情况，要将检查现场发现的用来生产涉嫌侵权产品的生产工艺、生产设备以及使用的涉嫌侵权产品的具体技术特征详细如实写明。还可以对有关证据、物品进行摄像、录像等，并应在笔录中注明。正文最后，应注明"整个现场检查过程××（人名）一直在现场"字样。

（4）内容要尽量全面、准确，只能对现场检查情况进行客观描述，不能对当事人行为及案件性质进行定性，不能使用"大概、可能、估计、大约"等模糊性语言，也不能使用分析、判断、评价性语言。不得有询问情况出现，如"经向××询问，该公司生产涉嫌假冒专利产品80件"，而应写"在现场发现涉嫌假冒专利产品80件"。

二、其他法律文书

其他法律文书主要分为以下四种。

（一）合议/讨论笔录

合议/讨论笔录是指专利行政执法部门在办理专利侵权案件或者假冒专利案件过程中，对于案件所涉及的实体性、程序性的法律问题进行合议/讨论记录的法律文书。

（1）笔录中应当记录有明确的合议问题，也就是对案件处理的分歧所在。

（2）笔录中应当有记录合议组成员或者案件承办人明确的意见。

（3）合议笔录不对外供查阅。

（二）结案审批表

结案审批表是专利行政执法部门在案件办理结束后，向领导申请结案，由领导审批是否同意结案的法律文书。

（1）案情简介，应当保证审批领导通过阅读了解整个案情和处理结果。

（2）承办人对于是否结案应当意见明确。

（3）领导对于是否同意结案的审核意见必须明确，不能仅签名。

（4）案件结案的日期即为领导最后的审批日期。

（三）其他事项审批表

其他事项审批表是在案件办理过程中，需要向行政机关负责人报请办理其他事项时，由承办人报请执法办案机构负责人审核，并经局领导审批的文书。

（1）案情简介要简明扼要。

（2）承办人意见。要写明具体办理的事项，例如要给当事人下发《处罚前告知书》，采取查封、扣押等强制措施等。

（3）审核意见。执法办案机构负责人对承办人制作的呈批表的内容进行审核后，签署明确的处理意见，并签名确认及签署日期。

（4）局领导签署审批的日期与具体行政行为日期不必完全一致。

（四）送达回证

送达回证是将行政处罚决定书、专利侵权纠纷案件处理决定书等法律文书送达当事人时使用的回执和凭证，从当事人签收时起，文书即产生法律效力。送达回证也是诉讼中的证据。

（1）凡需送达当事人的告知类、通知类文书中已设定当事人签收栏的，由当事人签收即为送达，没有设定的，必须使用送达回执。

（2）受送达人（单位）。要与行政处罚决定书或其他法律文书中当事人的名称一致。

（3）送达文件名称及编号。必须填写得具体、完整，缺一不可。

（4）送达方式。有直接送达、留置送达、委托送达、邮寄送达、公告送达等送达的具体方式和要求可参考本书第一章第二节。直接送达的当事人在送达回执上注明收到日期，并签名或盖章。邮寄送达的。通常使用快递方式，应将快递回执及邮寄凭证粘贴在备注栏，并用文字注明。公告送达的，采用的媒体应为大众常见、易接触的，如为纸质媒体，应将刊登公告的报纸附在案卷中。

（5）送达地点。填写实际送达地点，一般为本局相关处（科）室。

（6）送达人。两名及以上负责送达的执法人员应分别签名。

（7）收件人。受送达人是法人或其他组织的，由法人单位的法定代表人、其他组织的主要负责人或者负责收件的人、委托授权的人签收，如果上述人员在送达的时候都不在的，由当事人处负责相应工作的人员签收，例如前台、办公室工作人员。受送达人是公民个人的，由其本人或同住成年家属签收；他人代为签收的，由代收人在收件人一栏签名，并在备注栏注明代收人与受送达人的关系。签收日期即为送达日期。

【本章小结】

本章主要目的在于使行政执法人员掌握如何使用各种法律文书和表格。

本章第一部分通过对于专利行政执法文书表格的概念、作用和分类的阐述，让大家对专利行政执法文书撰写的重要性有所认识。第二部分阐明了专利行政执法文书表格填写及各种专利行政执法文书撰写的要求，这些要求是普遍适用的，不仅仅在执法文书撰写过程中应当遵守，对执法活动的方方面面也都有一定的指导意义。第三至五部分分别对专利侵权、假冒专利查处、其他专利纠纷调解过程中应当使用的各种表格加以梳理，对每种表格的特殊撰写要求进行说明，在制作过程中应当严格遵守。第六部分对各种程序中都会使用的文书表格加以阐述，实际使用过程中应当注意结合各程序的特点略加变通。

使用上述文书表格时也应当注意《专利法》、相关行政法规、部门规章以及地方性法规、规章的变动，对于其中涉及的内容和格式及时加以更改，防止因与最新的法律法规规章不一致而导致在行政诉讼或者行政复议中处于不利位置。

【重点概念】

（1）行政执法文书。
（2）专利行政执法文书。
（3）内部文书。
（4）外部文书。
（5）笔录式文书。
（6）填写式文书。

【复习思考题】

一、名词解释

（1）调查笔录。
（2）现场勘验笔录。
（3）专利侵权纠纷案件口头审理笔录。
（4）抽样取证决定。
（5）登记保存决定。
（6）实施行政强制措施决定。
（7）呈批表。
（8）专利侵权纠纷案件处理决定书。
（9）行政处罚决定书。
（10）专利纠纷调解协议书。

二、思考题

（1）专利行政执法文书表格和各种行政法律法规规章之间是什么关系？试举例说明。

（2）专利行政执法文书表格中的行政执法机关，例如工商、文化执法等单位有哪些相同处和不同处？

（3）是否所有的行政执法文书都具有法律效力？

（4）《现场检查笔录》与《调查笔录》的相同点和主要区别是什么？

（5）《专利侵权纠纷案件处理决定书》《行政处罚决定书》和《专利纠纷调解协议书》三者的相同点和主要区别是什么？

三、案例分析题

（1）以下是一份某知识产权局执法人员对某保健品公司作出的涉嫌假冒专利案件的调查笔录，请找出其中的错误。执法人员所问的问题是否全面，是否符合逻辑？如何修改？

假冒专利案件调查笔录

案号：×知法查字〔2013〕0001号

案由		"保健鞋"涉嫌假冒专利行为		
被调查人	姓名	张三	性别	男
	单位	保健品公司	职务	总经理
	住所	某市某区	电话	××××××××
调查人	姓名	李四	性别	男
	单位	某知识产权局	职务	科员
	住所	某市某区	电话	××××××××
调查人	姓名	王五	性别	男
	单位	某知识产权局	职务	科长
	住所	某市某区	电话	××××××××
调查地点		保健品公司会议室		
调查时间	开始	2013年5月14日9时30分	结束	日10时50分

调查笔录

问：我是某知识产权局执法人员，李四，向你出示执法证，证件号码为：××××××。

答：看清楚了，没有问题。

问：你的姓名，工作单位，职务，身份证号码？

答：我叫张三，在保健品公司工作，我的职务是总经理，身份证号码是：××××××××××××××××。

· 171 ·

续表

案由	"保健鞋"涉嫌假冒专利行为

调查笔录：
  问：我局在执法检查中发现，你公司生产、销售的某牌保健鞋，其鞋盒上标有"专利产品，仿冒必究，专利号：201312345678.9"字样，是否属实？
  答：是的。
  问：该专利是以你申请的专利？
  答：是的，专利申请人是我。
  问：该专利经查目前还没有授权，是否属实？
  答：正在申请过程中，我这里有受理通知书。
  问：该产品具体销售了多少？
  答：关于这个问题我不太清楚，让我们销售赵经理和您说一下。
  答（赵经理）：该产品总计销售了1500双。
  问：该产品生产成本和销售价格是多少？
  答：该产品的生产成本应当在100元上下，销售价格是每双450元。
  问：生产成本到底是多少？
  答：100元吧。
  问：现在你的库房里面还有未销售的该产品吗？
  答：还有3000双上下。
  问：调查结束。
  答：好的。

被调查人（签章）：张三
2013年5月14日
调查人（签章）：李四
2013年5月15日
调查人（签章）：王五
2013年5月15日

备注：

  （2）某知识产权局在一起专利侵权纠纷案件中，由于涉嫌侵权产品是一种大型机械设备，因此进行现场勘验并制作了《现场检查笔录》。在现场检查笔录中，记录有如下内容：

  "该大型机械设备具有两台提升机，分别位于设备左右两侧，其前后侧未见提升机，公司现场负责人员告知前后侧原有提升机，但已经拆卸维修。左右两侧提升机有效提升重量大约为3吨。经公司现场负责人告知该大型机械设备应当是2008年安装制造的。该大型机械设备各种技术特征完全落入专利权的保护范围，属于侵权产品。"

请指出《现场检查笔录》该部分内容中的错误。

下部

第七章　知识产权维权援助

【本章学习目标】
1. 了解知识产权维权援助工作的基本内容
2. 了解知识产权维权援助工作的特点、援助类型及基本职能
3. 掌握开展知识产权维权援助工作的基本流程

第一节　概　　述

一、知识产权维权援助工作背景和现状

知识产权维权援助工作背景和现状主要包括工作背景和工作现状这两部分内容。

（一）工作背景

知识产权维权援助作为一项公益性的服务事业，是国家知识产权局从 2007 年开始逐步推动的，其标志是《关于开展知识产权维权援助工作的指导意见》（国知发管字〔2007〕157 号）的印发。目前此项工作由设立在全国范围内的 76 家知识产权维权援助中心（以下简称维权中心）承担，经过近 10 年的探索和运行，已初步建成一套相对完善的知识产权维权援助机制并且取得了一定成效。社会公众及企业，尤其是中小微企业在产品研发、生产制造、市场推广等环节遇到自身难以解决的知识产权问题时，开始逐渐倾向于求助维权中心寻求解决途径。

根据《关于开展知识产权维权援助工作的指导意见》的精神，知识产权维权援助是指维权援助机构以一定的运行机制，组织、协调有关部门、中介机构、研究机构、社会团体及专家，在对有关案件或事项进行客观评价的基础上，以一定的方式为符合条件的援助对象提供知识产权维权援助公共服务。

关于知识产权维权援助工作的开展依据，可以简单概括为"一个《意见》外加若干《通知》"。"一个《意见》"是指 2007 年国家知识产权局印发的《关于开展知识产权维权援助工作的指导意见》，"若干《通知》"包括《关于知识产权维权援

助中心开展举报投诉服务工作的通知》（国知发管函字〔2008〕414号），《关于启用全国知识产权维权援助公益服务专用电话号码的通知》（国知发管函字〔2009〕60号），《国务院办公厅关于印发打击侵犯知识产权和制售假冒伪劣商品专项行动方案的通知》（国办发〔2010〕50号），《关于加强知识产权维权援助中心举报投诉服务工作的通知》（国知发管字〔2010〕139号）等，此外，国家知识产权局发布的其他规范性文件，例如《关于加强专利行政执法工作的决定》《专利行政执法能力提升工程方案》中涉及知识产权维权援助的部分也是各维权中心开展相关工作的依据。

《关于开展知识产权维权援助工作的指导意见》的印发标志着知识产权维权援助工作在全国范围内开始启动，其明确指出了知识产权维权援助的工作原则、援助对象、工作内容、工作程序、维权援助中心建设与运行所需具备的条件等，是各维权中心建设和运行的基础性文件。国家知识产权局的后续通知与《关于开展知识产权维权援助工作的指导意见》相比，均是侧重于具体职能方面的变化或调整，例如《关于知识产权维权援助中心开展举报投诉服务工作的通知》（国知发管函字〔2008〕414号），就根据国务院机构改革的精神，将知识产权举报投诉公共服务也纳入维权中心的职能范围。

2008年11月19日，全国知识产权维权援助工作座谈会的内容涉及维权援助机制的运行细节，如维权援助对象、援助模式的进一步分类以及和国内外相关机制的比较等。因此，也成为事实上指导各维权中心的工作依据之一。

当前，一些省份立法机关通过的专利保护条例已对知识产权维权援助工作进行推进和支持，成为有关地方开展此类工作的重要法律依据。

（二）工作现状

整体工作体系方面，从纵向来看，国家——省（自治区、直辖市）的两级政策引导，工作指导体系已经形成。其中国家知识产权局负责对知识产权维权援助工作从整体上进行规划，包括政策发布、阶段性重点工作部署等，设立在全国各地的国家级维权中心则负责具体维权援助工作的实施，部分维权中心在地市（区）级甚至县（区）级区域也设立了分支机构，将服务延伸至基层，服务广度得到大大拓展。横向方面，分布在全国范围内的维权中心以辖区为限，负责为本地区的个人和企业提供维权援助服务，涉及跨地区维权援助工作开展的，各维权中心之间可通过相应程序，实现案件移交、联合援助以及相关的资源共享。

具体到单个维权中心，其工作体系的建设重点体现在以下两个方面：一是中心机构建设，二是维权援助工作平台建设。

机构建设方面，目前共有三种模式。（1）单独设立维权中心。这种模式主要存在于条件较为成熟且对知识产权维权援助工作较为重视的城市维权中心和少数省（直辖市）维权中心。由于机构和人员相对独立，且拥有一定的运行经费，这类维权中心往往能够专注于开展知识产权维权援助工作，除《关于开展知识产权维权援助工作的指导意见》中明确维权中心必须开展的工作之外，还能够创新工作职能，如北京中心、常州中心等。（2）原有机构加挂维权中心牌子。据不完全统计，目前全国76家维权中心约有超过一半都是以这种形式存在和开展工作的，即在原有的知识产权服务中心或者专利信息中心等机构加挂维权中心牌子，几块牌子一套人马来运行。这一模式的优点是维权中心能够借助原有机构的优势，有利于各项工作的迅速开展，缺点在于由于其工作人员大多身兼数职，对维权中心的工作难以全身心投入，基本上开展的工作以《关于开展知识产权维权援助工作的指导意见》中要求维权中心必须开展的工作为主，且深度和广度都相对有限。（3）局机关内部处室挂牌。这一模式在全国范围内的维权中心所占比例较小，这类维权中心是在局机关内负责专利行政执法的处室加挂维权中心牌子，所有工作均由处室原有人员负责开展。

维权援助工作平台建设方面，目前全国76家维权中心均已开通"12330"知识产权维权援助与举报投诉公益热线电话，并同时安排不少于2名工作人员负责接听，大多数维权中心还同时开辟了电子邮件、面访及网络在线咨询与举报投诉等多种途径，方便社会公众及时获得维权中心的服务。

二、知识产权维权援助服务的特点

由于知识产权维权援助是为了满足新形势下企业和社会公众不断增强的保护、运用知识产权的需求，因此与相关行政部门、司法部门的现有职能既有联系，又有区别，具备其自身特点。根据《关于开展知识产权维权援助工作的指导意见》及对《关于开展知识产权维权援助工作的指导意见》的有关解读，知识产权维权援助服务的特点包括以下三个方面。

（一）服务功能的中转性

知识产权维权援助的组织者、协调者是维权中心，维权中心除通过"12330"电话解答公众的一些常规咨询之外，并不直接向维权援助申请人提供具体服务，如出具某产品是否构成专利侵权的法律意见书等。维权中心最重要的作用是组织、协调各类知识产权服务机构和专业人士。直接提供各项具体服务的是维权中心合作专家及合作单位，他们与维权中心是委托与被委托的关系，维权中心接到维权援助申请后会根据申请的不同类型寻找合适的专家为其提供服务，最终的服务成果以维权中心的名义作出。这就是所谓的服务桥梁性，即把有维权援助需求的申请人和能够帮助他们解决问题的人联接起来。

假设某企业发现市场上有他人涉嫌侵权自己的专利权，在准备维权的过程中不知该采取行政方式还是司法方式，于是通过"12330"电话向维权中心咨询，维权中心在了解到该企业的主要目的是希望涉嫌侵权的企业尽快停止侵权行为以避免影响自身的市场推广,遂建议该企业向有管辖权的专利行政执法部门提出处理请求,发挥行政处理快速、高效的特点。如该企业也以获得侵权赔偿为目的,则应建议其通过司法途径进行维权。此类有常规回复模式,或者相关法律、法规有明文规定的,如举报投诉的受理机关、立案所需的基本材料等,就属于常规咨询。因为其一般都不需要相关领域的专业人士进行相对复杂的论证、分析就可得出结论,所以此类常规咨询通常由维权中心的工作人员进行解答。

若该企业明确表示其将向行政机关提出处理请求,并向维权中心提交相关证据材料,此时维权中心应当将接收的材料转交至有权处理该请求的行政机关,并反馈处理结果给该企业。此时维权中心的这一"接收和转交"行为就体现了一种中转性作用,即将该提出处理请求的企业和有权处理这一请求的部门联接起来。

若该企业在正式提出处理请求之前向维权中心提出申请,请求出具涉嫌侵权企业是否侵权的专家意见。维权中心根据具体情况组织相应领域的专家进行判断,这一组织行为也是中转性服务的体现方式之一。

(二) 服务性质的公益性

通常理解的服务性质公益性包含两个方面:一是面向全社会,即服务对象不限于某类或某个自然组织或个人;二是不以营利为目的。维权中心提供服务的公益性侧重在第二个方面,即维权中心向申请人提供的直接服务,不得向申请人收取费用。

需要注意的是,此处所指的公益性并非绝对意义的无偿,而是一种有限无偿,其临界点在于该服务是否维权中心提供的直接服务。所谓直接服务,是指由维权中心直接提供,或者以维权中心名义直接委托相关专家或合作单位提供的服务。常见的有维权中心工作人员向申请人提供知识产权咨询,或维权中心组织专家、合作单位为申请人提供口头咨询,提供此类服务不能向申请人收取费用,即便期间产生了一些费用支出,也应当由维权中心从其专项工作经费中列支;但如果某项服务并非由维权中心直接提供,维权中心只是介入其中的某个环节,那么只有和维权中心相关的那个环节所需支出的费用由维权中心承担,其他服务则不属于维权中心的公益性范围。最为典型的例子是援助申请人要求维权中心为其推荐中介服务机构,此种情况下维权中心提供的直接服务就仅限于推荐,至于推荐完毕后中介服务机构与申请人之间签署什么样的协议、如何提供中介服务、中介服务费用如何约定等和维权中心已经没有关系,维权中心也就当然不承担相关的费用支出。

(三) 服务领域的特殊性

根据《关于开展知识产权维权援助工作的指导意见》的有关规定,维权中心在受理维权申请时并不是有求必应,维权援助的对象主要有两方面:一是知识产权纠纷案件,二是难以解决的知识产权事项。

关于知识产权纠纷案件，国家知识产权局对《关于开展知识产权维权援助工作的指导意见》的解读中是这样表述的：维权援助机构只对具有一定特殊性的纠纷案件提供帮助，这些案件主要有以下几种类型：（1）案件属于一般案件，但当事人确因经济困难无法支付维权（或应对）的成本；（2）案件属于一般案件，但当事人由于知识或信息的缺乏难以寻得有效的帮助；（3）属于涉外案件，当事人无力支付高昂的维权（或应对）成本；（4）属于涉外案件，当事人由于知识或信息的缺乏难以寻得有效的帮助；（5）由于案件复杂或者其他因素难以解决的知识产权纠纷案件。这一表述强调了申请援助的必要条件——在纠纷中遭遇自身无法解决的智力或资金方面的困难。

针对知识产权事项的援助，主要是指为政府有关部门、行业、产业涉及知识产权重大事项进行的分析论证或预警服务，为某些具有重大影响的大型活动提供快捷的知识产权服务等。在这里申请援助的必要条件是事项是否重大。

三、与法律援助制度的异同

法律援助是指由政府设立的法律援助机构组织法律援助人员，为经济困难或特殊案件的人提供法律服务的一项法律保障制度。与知识产权维权援助相比，共同点是都强调受援人处于"经济困难"状态或受援人遭遇了特殊案件，区别在于法律援助所针对的对象主要是经济困难的公民，而知识产权维权援助所针对的对象是经济困难或遇到难以解决的知识产权事项的公民、法人或其他组织，其中企业所占比重较大；法律援助所称特殊案件是指刑事案件和特殊的民事案件，不包括知识产权案件，而知识产权维权援助所针对的仅仅是涉及知识产权的纠纷案件或有关知识产权事项。

在机构建设方面，我国的法律援助机构是指负责受理、审查法律援助申请，指派或者安排人员为符合本条例规定的公民提供法律、司法方面帮助的部门、机关。或者说是负责组织、指导、协调、监督及实施本地区法律援助工作的机构，统称为法律援助中心。法律援助中心是由直辖市、设区的市或者县级人民政府司法行政部门根据需要在本行政区域内确定的。暂未设立法律援助中心的区县，由各区县司法局指定职能部门代行法律援助中心职责。与之相似，知识产权维权援助工作也由设立在各地的知识产权维权援助中心负责，不同之处在于知识产权维权援助中心既可以由国家知识产权局同意设立，也可以由地方相关部门设立，这两类中心都由地方知识产权局负责管理，它们的成立与运行都需要当地编制部门的支持与核准。

在机构运行方面，依据《法律援助条例》的规定，法律援助主要通过以下程序进行。

（1）申请法律援助的公民依照《法律援助条例》第14条、第15条，向具有管辖权的法律援助机构提出书面援助申请。其中申请援助的事项分为普通案件和特殊案件，相应对申请的处理也分为"可以给予援助"和"应当给予援助"两种情况。

这种分类在构建知识产权维权援助机制时应当借鉴，尤其在实施经济援助时应对重点案件作出规定，明确哪些案件应当给予援助，哪些案件在各方面条件均允许的条件下可以给予援助，以此提高援助工作的效率和规范度。

（2）法律援助机构对申请材料进行审查，作出是否援助的决定并通知申请人。《法律援助条例》第18条、第19条规定了法律援助机构对申请材料的审查程序，对如何审查、审查期限以及申请人对不予援助的决定的异议程序都作出详细说明。

（3）法律援助机构指派有关人员实施法律援助。《法律援助条例》第20条～第25条是针对援助实施阶段作出的具体规定。主要涉及援助工作的展开、终止援助的条件、援助案件结案后法律援助机构的备案、具体进行援助工作的工作人员所应达到的标准，以及援助补贴的发放等。

（4）对法律援助工作的监督。《法律援助条例》第26条～第30条的规定建立了对法律援助机构实施法律援助工作的监督机制。具体针对法律援助机构或者进行具体援助工作的人员（律师等）可能出现的一些不正当行为，明确法律责任，规定了相应的处理措施。

知识产权维权援助也有如申请、受理、审查、援助实施以及归档反馈等程序规定。但由于各地维权中心在开展工作时所面临的实际情况差别较大，难以在短时间内形成统一的程序规定。因此，国家层面还没有类似的《法律援助条例》这样的法规、规章，具体的实施、指导、监督等方面还未有全面、系统的规定。

在援助内容方面，法律援助主要是法律咨询、代理、刑事辩护等无偿法律服务，且大多都集中在案件的诉讼阶段，对诉讼外的一般事项涉及较少。知识产权维权援助则不仅仅针对知识产权诉讼案件提供法律服务，还包括组织提供知识产权预警、专家鉴定等服务。

第二节 知识产权维权援助工作的职能范围

此处的职能范围，是指知识产权维权援助所针对的知识产权类型。众所周知，我国在知识产权管理方面采取多部门共管的模式，其中专利和集成电路布图设计由国家知识产权局负责管理，商标和商业秘密由工商部门负责管理，地理标志由质检部门负责管理，著作权由版权局负责管理，植物新品种由农林部门负责管理。对于维权中心来说，任何涉及上述七类知识产权的咨询、维权申请、举报投诉等均在其职能范围之内。因此，从某种意义上讲，维权中心的职能范围甚至超出任何一个知识产权行政管理部门，以下将从《关于开展知识产权维权援助工作的指导意见》规定的设立维权中心必须具备的基本职能和各维权中心协助执法工作两个方面进行介绍。

一、基本职能

根据《关于开展知识产权维权援助工作的指导意见》的规定，设立维权中心所必须具备的基本职能有以下八项。

（1）组织提供有关知识产权的法律法规、申请授权的程序与法律状态、纠纷处理和诉讼咨询及推介服务机构等服务。

（2）组织提供知识产权侵权判定及赔偿额估算的参考意见。

（3）为具有较大影响的涉外知识产权纠纷以及无能力支付纠纷处理和诉讼费用的中国当事人提供一定的经费资助。

（4）协调有关机构，研究促进重大涉外知识产权纠纷与争端合理解决的方案。

（5）对疑难知识产权案件、滥用知识产权和不侵权诉讼的案件，组织研讨论证并提供咨询意见。

（6）为重大的研发、经贸、投资和技术转移活动组织提供知识产权分析论证和知识产权预警服务。

（7）对大型体育赛事、文化活动、展会、博览会和海关知识产权保护事项，组织提供快捷的法律状态查询及侵权判定等服务。

（8）接收、处理单位或个人对知识产权侵权、知识产权违法案件的举报或投诉，以及转送的举报或投诉案件。

尽管《关于开展知识产权维权援助工作的指导意见》当中对知识产权维权援助基本职能的规定十分详细，但归纳起来只有两大项工作：知识产权举报投诉案件的接收、转办，以及针对企业或个人的知识产权纠纷或事项的援助。其中举报投诉案件接转由于涉及专利行政执法，逐渐已经成为维权中心最常规并且最核心的工作，国家知识产权局每年的考核在这一方面的权重也是最大。关于知识产权举报投诉，本书中有专章进行介绍，此处不再赘述，这里主要介绍各维权中心近年来在职能方面的几项创新。

二、拓展职能

拓展职能主要分为以下四个方面内容。

（一）推动专利行政执法与维权援助相衔接

维权中心成立之初，与专利行政执法的衔接仅仅体现在通过以"12330"热线电话为主的多种途径接受专利侵权纠纷处理请求或假冒专利行为的举报，经过简单整理之后移交给专利行政执法部门。但这种简单的衔接方式显然不利于发挥维权中心在业务方面具有的先天优势，也不符合国家知识产权局希望维权中心积极配合、支持、协助专利行政执法的初衷。为不断加强执法与维权援助的衔接，在工作实践中各维权中心作出许多尝试，归纳起来主要有以下两种做法。

（1）维权中心工作人员直接参与专利行政执法。这其中又分两种情况，一是维权中心的工作人员本身就由执法人员兼任，二是维权中心工作人员（参公事业编制人员）通过专利行政执法上岗考试取得执法证后直接进行执法。

（2）维权中心并不直接、完全地进行执法，而是承担实质上执法过程中的具体工作。例如，武汉中心创设的专利行政执法案件立审分离制度，即由维权中心负责专利侵权纠纷处理请求的立案审查，审查通过的予以立案，再由专门的执法人员进行现场调查取证、口头审理、合议、作出处理决定等。又如江苏中心，从接收处理请求直到结案几乎全程参与，但并不会取代专门的执法人员，而只是承担各个环节的辅助工作。

比较以上两种做法，由执法机关作为执法主体主导执法过程，维权中心积极参与、协助、支持并承担其中的具体工作，充分发挥维权中心工作人员技术、法律背景扎实的优势，与行政执法机关形成互补的局面，应当是目前情况下合适的选择。

（二）设立知识产权纠纷诉调对接机制

知识产权纠纷诉调对接是维权中心和法院系统在衔接方面的创新，其主要内容是人民法院在审理知识产权民事纠纷的各个阶段，在征得双方当事人的同意后，可以根据案件的具体情况，委托或邀请维权中心在规定期限内进行调解，经由维权中心调解达成调解协议的，人民法院应当依当事人申请，依法出具调解协议效力确认书或民事调解书，即所谓的进行司法确认。

建立知识产权诉调对接机制的最大意义在于以往只有通过法院系统调解形成的调解协议才能最终转化为具有法律效力的民事调解书，如今在维权中心主持之下完成的，也可以通过司法确认程序得到法院系统的认可。也就是说，某一知识产权纠纷在维权中心的调解下双方当事人达成调解协议的，该调解协议一旦经过人民法院的司法确认，也将具有法律效力，负有履行义务的一方不履行的，对方当事人可以申请法院强制执行。

知识产权纠纷诉调对接机制目前还属于各地在纠纷解决机制创新方面的尝试，各维权中心基本都是和本地区的法院系统以联合发文或签订协议的方式确立该机制，都带有一定的地方特色。实践表明，各维权中心在与本地区的法院系统结合当地实际进行充分商讨后，往往就可以建立起适合地区实际的诉调对接机制。

当前，各维权中心建立的知识产权诉调对接机制中，绝大多数案件是由人民法院立案后委托或邀请维权中心进行调解的。也就是说案件从一开始就是法院的案件，维权中心在其中充当调解员的角色。那么如果一起纠纷没有诉至人民法院而是当事人双方直接到维权中心寻求调解，经维权中心调解后达成调解协议的，能否到人民法院申请司法确认？目前，一些维权中心通过与当地司法机关建立诉调对接机制，其中包括专利纠纷调解协议的司法确认机制。例如，温州中心曾受理并调解成功的一起外观设计专利侵权纠纷，未经法院立案审理就由温州市中级人民法院对该调解协议内容进行了司法确认。倘若其他维权中心也能与当地法院系统达成类似协作，这将对拓展维权中心在纠纷解决方面的工作有重大意义，也可以为以后专利行政执法机关调解结案的专利纠纷申请法院系统进行司法确认提供有益的探索经验。❶

（三）提供区域专利侵权判定咨询服务

区域专利侵权判定咨询服务是国家知识产权局在2012年针对部分维权中心提出的一项工作要求，其主要内容是要求被选定的维权中心依托自身的专家库资源，为指定区域内的专利行政执法部门提供咨询意见，并以意见书的形式反馈至专利行政执法部门，供其在判定专利侵权或查处假冒专利的过程中参考。在面向企业进行服务时，维权中心也经常提供关于某项技术方案是否落入某专利保护范围的意见。

专利侵权判定咨询与组织相关专家提供的智力援助形式相似，但有其自身的特殊作用和意义。要做好这项工作，应当重点关注以下几个方面。

（1）结合专利侵权纠纷处理的特点，制定严格的工作流程，尤其要注意出具意见书所需花费的时间和处理案件的审限之间可能出现的冲突。

（2）专利侵权判定咨询对结论的准确性要求极高，申请该意见的专利行政执法机关在很大程度上希望依照该意见作出相应的处理决定或进行假冒专利的认定。而要保证较高的准确性，又必须注重两个环节：一是申请出具意见的执法机关应尽可能全面地提供涉案材料，如需现场调查的，维权中心最好也能派人参加；二是维权中心要全面整合现有的专家库资源，根据所指定区域专利行政执法案件的特点，如易引发纠纷的领域、专利类型等有针对性地吸收能撰写出高质量咨询意见书的专家加入，尽管出具的意见不具备司法鉴定结论的效力，但要力争在内容上不逊于正规的司法鉴定意见。

（3）维权中心在接受委托出具意见时，以及出具的侵权判定咨询意见书中必须向执法机关声明：专利侵权判定咨询意见仅供参考，不能取代执法机关直接认定侵权行为是否成立，是否采纳该意见最终仍然应当由受理案件的执法机关决定，如采纳，对处理决定或查处假冒专利的后果负责的依然是执法机关而不是维权中心。

（4）维权中心出具相应意见书的同时，应当保证执法机关和出具意见书的专家有面对面进行讨论的机会，尤其是在执法机关对意见存疑的情况下。设置这一环节的目的是为了进一步保障所出具的意见能被执法机关认可，避免之后可能出现的不必要的麻烦。

三、设立知识产权维权援助分中心和工作站

近两年，不少维权中心开始拓展工作思路和改进工作模式，最突出的当属分中

---

❶ 例如，《湖南省专利条例》第31条规定，达成具有民事合同性质的调解协议，双方当事人认为必要，可以依法向有管辖权的人民法院申请司法确认。

心和工作站的建设。其主要目的是为了延伸维权中心的服务触角，在本地区的高新企业聚集区、园区管委会、创新资源集聚地等处以分中心或工作站的形式设立维权中心的分支机构（也称派出机构），近距离与企业、创新主体接触，定期走访企业等单位，收集他们遇到的知识产权难题，组织专家上门主动服务。这种形式最大的特点是维权中心能够深入企业、创新主体，切实了解企业在产品研发、生产制造、市场销售等各个环节遇到的或可能遇到的问题，然后有针对性地提供智力支持，将对企业的知识产权维权援助落到实处。

从几家有代表性的维权中心实务操作来看，设立分中心或工作站的程序并不复杂，但需要做好以下几项工作。

（1）明确分中心与工作站的区别，结合本地实际情况选择是设立分中心还是工作站，或者两种类型均按需设立。一般来说分中心强调面的拓宽，而工作站关注的则是点的深入。例如，北京中心在北京市的各个辖区几乎都设有辖区分中心，而在分中心覆盖之下具体的产业聚集区、园区、开发区等均设有相应的工作站。深圳中心的工作站则直接建立在企业内部，成为派驻该企业的一个专设机构，例如其在华为设立的工作站。

（2）明确分中心及工作站的工作性质，尽量依托设立单位的资源。由于分中心和工作站本质上是维权中心延伸至区域、企业的服务触角，其主要的工作内容是收集企业在知识产权方面遇到的问题并及时反馈至维权中心，起到服务点和信息中转站的作用，在工作流程、人员配置方面相对并不复杂，再加上目前各维权中心的专职工作人员普遍较少，因此必须充分利用设立单位的资源。例如在某园区管委会设立分中心或工作站时，可与管委会协商，分中心或工作站的办公场地、工作人员、日常管理和运维均由管委会负责，涉及费用支出的可由维权中心进行适当补贴，维权中心只需专注于为企业提供服务即可。

（3）设立分中心或工作站应当结合本地对知识产权维权援助的需求实际，尽量选择在企业聚集区，并且大部分企业的生产经营应当与知识产权有较密切的关系，并非一定要面面俱到，越多越好。如果在某一产业聚集区投入相当的人力、物力资源，该聚集区的企业在产业类型上却与知识产权没有太大关联，则反而造成资源的浪费。

第三节 知识产权维权援助的类型

根据《关于开展知识产权维权援助工作的指导意见》以及之后国家知识产权局对《关于开展知识产权维权援助工作的指导意见》进行的解读，维权中心的援助类型分为智力援助和经济援助，其中以智力援助为主。

一、智力援助

智力援助简单来说是指为申请人提供其缺乏的有关咨询或信息,具体来讲就是提供有关知识产权的法律法规、申请授权的程序与法律状态、纠纷处理和诉讼咨询等服务,智力援助多以意见书、咨询答复书的形式出现,有时也采取专家答疑和论证会的形式。

从提供援助的时间点来看,智力援助属于事前或事中援助。常见的形式为某家企业在生产或销售一项产品之前,通过检索发现该产品所处领域有某几项专利和该产品相似,为避免进入市场后遭到侵权指控,申请维权中心作出该产品是否存在侵权风险的专家意见。或是某企业收到指控其涉嫌侵权的律师函,企业对该指控存有疑义,或虽无疑义但却不知道接下来如何处理才能进一步降低因遭遇侵权指控带来的损失,其也会申请维权中心出具相关的侵权判定咨询意见或相关的援助方案等。无论何种形式,智力援助的本质都是提供一种意见,一种方案。

需要明确的是:智力援助只是维权中心根据申请人的申请组织相关专家出具的一份意见,其内容仅供申请人参考,不具备任何的法律效力。申请人不应以维权中心出具的侵权判定意见向涉嫌侵权人主张权利,也不得认为相关意见具备司法鉴定的效力,直接提交法庭作为证据。维权援助中心可以向申请侵权判定咨询的服务者表明,以维权中心名义出具的专家意见书只是根据申请人的申请就某个专业问题出具的参考意见。如果需要作为民事证据向法院提交,那么根据《民事诉讼法》的相关规定,应当向人民法院申请鉴定,并由双方当事人协商确定具备资格的鉴定人;协商不成的,由人民法院指定。

二、经济援助

经济援助是指为因经济困难无法支付维权诉讼案件费用的申请人提供一定的资金支持,在实务中的形式相比智力援助较为单一。

相比智力援助,经济援助在目前的维权援助模式下属于事后援助,并且援助范围相对较窄,只针对特定的纠纷案件。当前,实践中已开展经济援助的维权中心均将经济援助的范围限定在"对行业、产业有重大影响的涉外纠纷甚至境外纠纷",并且申请人在纠纷当中须"胜诉或达成具有实质意义的和解",申请涉外纠纷的经济援助以纠纷已有结果为前提,这就决定其只能是一种事后援助。

近年来,中小企业甚至小微企业在面对涉外知识产权诉讼时,大量的成本支出都集中在诉讼的前期,如聘请律师、准备证据材料、申请司法鉴定等。企业最困难的也是这一时期,不少企业在应诉时就是因为资金方面无法挺过这个阶段才不得不放弃,其中不乏一旦坚持到底就有可能获得胜诉的案例,但维权中心的经济援助却必须以诉讼结果为必要前提,且援助资金额度相对固定,在企业最需要的帮助的时候往往无能为力。

根据《关于开展知识产权维权援助工作的指导意见》的精神,为因经济困难无法支付维权诉讼案件费用的申请人提供一定的经济支持并没有时间点上的限制,国际上也有类似做法。例如,韩国特许厅为了鼓励中小企业在海外发生知识产权侵权纠纷时积极主动地进行维权,保护本国知识产权在海外免遭侵犯,于2006年1月26日公布了《关于为了保护海外产业财产权提供审判与诉讼费用补贴的规定》(以下简称《诉讼费补贴规定》)。这一项目的主要援助对象是有出口业务的韩国国内中小企业或者个人、在海外投资的中小企业与个人,但是韩国大企业的海外法人不属于援助的范围。当这些企业或者个人的产业财产权在海外遭侵权时,韩国特许厅为它们提供侵权调查费、审判及诉讼费等费用方面的补贴。《诉讼费补贴规定》还规定了补贴的申请和审批程序,由该项目的执行机关接受企业的申请,由特许厅长经咨询下属的海外知识产权保护中心的法律专家后,最终决定是否准予支付补贴。为了保证这一项目资金的有效使用,规定经查明补贴申请人不属于援助对象等援助事由不符,或者申请人不积极配合审判、诉讼的调查,由于事态的变化等原因已经失去援助的必要时,或者补贴申请人在得到法律专家的建议后2个月内没有提起行政救济、司法救济的,可以单方面中断援助。并且,《诉讼费补贴规定》还规定项目执行单位应该与补贴申请人签订合同,当申请人胜诉并获得诉讼赔偿时,努力说服申请人退还补贴的一部分。并将申请人退还的补贴继续用于其他援助项目。这对我们在涉外知识产权纠纷维权援助实践中倡导事前援助,以及时保护知识产权权利人合法权益,有一定的借鉴意义。

三、智力援助与经济援助的比较

从申请人角度来看,经济援助无疑要比智力援助更有吸引力,毕竟经济援助是一种立足当前的援助,使申请人得到实实在在的物质支持。有的维权中心每年都会有一笔专项资金对符合条件的涉外专利案件进行资助,其影响很大;相较经济援助,智力援助则相对沉寂一些,因为咨询和信息对一个人或企业的帮助更多是潜在性的,对申请人来讲产生的效果不如经济效果直接而明显。

尽管如此,从《关于开展知识产权维权援助工作的指导意见》的精神与长远来讲,智力援助仍应当是维权中心的主要援助方式,经济援助作为智力援助的一种补充。原因有以下两点:(1)对企业来讲,卷入涉外,尤其是境外知识产权纠纷所需耗费的成本巨大,动辄就是几百万美元,且诉讼程序复杂而冗长,应对诉讼期间对其市场竞争的影响更是无法估量,但通过事前的智力援助,只需要极少的支出,因此从成本支出对比上看,对维权中心来说,援助的核心应当落在提供高效高质量的智力援助上。(2)由于经济援助的资金来源多为政府财政拨款,金额相对有限,相比应对一场涉外诉讼的花费,只能是杯水车薪。

第四节 知识产权维权援助的办理

一、申请

根据《关于开展知识产权维权援助工作的指导意见》的规定，维权中心的援助程序依符合援助条件的申请而启动。提出符合条件的申请，需要注意以下两个方面的问题。

（一）主体资格

《关于开展知识产权维权援助工作的指导意见》中明确规定了维权援助的对象：（1）因经济困难，不能支付知识产权纠纷处理和诉讼费用的中国公民与法人；（2）遇到难以解决的知识产权事项或案件的中国公民、法人或其他组织。这其中包含了两个信息。一是维权中心并非有求必应，获得援助的申请人必须满足一定的主体资格，例如只有中国公民、法人或其他组织才能向维权中心提出申请，而实务中申请人还需满足一定的地域性条件，例如在无锡注册的企业只能向无锡本地或江苏省维权中心提出申请。二是申请专项援助还必须满足相应的特定条件，例如申请经济援助的需要提交申请人经济困难的证明。

（二）文书

申请人在提出维权申请时只需填写表格。申请人是个人的，填写姓名、住址、联系方式等信息即可。申请人是法人的，注明单位名称、地址、联系人及联系方式即可。申请援助事项是申请维权援助的重点内容，由于知识产权纠纷大多比较复杂，不少申请人在表达上可能会出现问题，因此，工作人员要认真倾听，归纳其表达的要点，并辅助其用尽量简洁的语言填写申请表格，之后应针对该申请事项详细告知申请人需要准备的材料，并列出表格，以方便申请人对照准备。

二、受理

受理主要分为以下三个方面的内容。

（一）智力援助的受理条件

受理环节的关键是对维权申请的审查，以确定该申请是否符合获得援助的条件。针对不同类别的援助申请，审查的内容和标准有一定差别。通常智力援助的审查内容要少于经济援助，主要集中在两方面。一是申请主体，由于智力援助大多涉及一定额度的工作成本支出，因此，承担这部分费用的维权中心均倾向于为本地企业及个人提供服务。实践中，如果遇到非本地企业或个人到维权中心提出申请，合理的做法是告知申请人到其本地的维权中心或知识产权部门提出申请，或者代为移交该申请到其所在地的维权中心。二是提交的相关材料，例如侵权判定都会伴随相应的对比材料，如果相关材料不完整、不充分，无法满足出具咨询意见书的最低标准，维权中心有权不予受理。

（二）经济援助的受理条件

对于经济援助，由于涉及大额资金支出，审查内容应更为细致和完整。例如以境外诉讼胜诉为由申请经济援助的，必要的证明应当包括：（1）已生效的判决书，这里需要强调的是判决书必须是已生效的，实务中就有企业提交未生效或已被生效判决否定的判决书；（2）费用支出凭证，包括发票以及能够证明资金流向的文书，合同等，实务中有企业提供虚假发票或将同一发票重复使用，或者将其他项目的费用支出凭证。审查标准方面，经济援助除进行书面审查外，建议设置现场审查环节，主要包括核查各类文书、凭证的原件以及就审查过程中发现的问题向申请人进行询问。

（三）受理环节要点的举例说明

某公司声称有人侵犯其拥有的一项实用新型专利，为确认该侵权行为是否成立，申请维权中心为其出具专家意见。

作为维权中心，在决定是否受理该申请时应当重点审查以下三个方面的内容。

（1）填写规范的维权援助申请表格，表格内应填写必要的信息，如申请人名称、联系方式、明确的申请援助类型等。

（2）申请人是法人的，应审查其法人证书，申请人是个人的，应要求其出示身份证复印件。这一审查的目的是确认申请人是否为该维权中心管辖区域内的自然人或者法人。

（3）用于侵权判定对比所必需的材料，也应一并提交。如专利证书、涉嫌侵权的产品或产品图片，专利是实用新型或外观设计的，最好能够同时提交相关的专利权评价报告。这一审查内容是决定维权中心是否受理该申请的重点，关系到援助工作的质量。

为提高审查环节的效率，建议各维权中心根据申请援助的类型提前告知当事人需要准备的材料。申请人材料准备不完整的，给其补正的机会，但同时要规定合理的补正期限，逾期没有补齐的，除对申请是否获得批准有重大影响的材料外，可以视为该材料不存在。对不符合援助条件的申请，应当告知申请人不予受理的理由，并允许申请人进行相应的解释。

受理审查的时间，从维权援助申请本身的性质出发，审查时间不宜过长，可以专利侵权纠纷行政处理的立案时间（7个工作日）为参照，不超过行政立案时间即可。同时由于审查过程中可能涉及逐级上报、相关负责人签字等事宜，所以也应当考虑预留 1~2 天的缓冲时间，目前实务中多为 5~6 天。

三、实施

符合条件的维权援助申请，应按照以下步骤开展维权援助工作。

（一）确定援助类型

确定援助类型是开展下一步援助行动的前提，通常来说申请援助的类型在填写申请表格时都会写明，但实务中也有申请人虽然申请的是智力援助，但实质上是希望维权中心给予其资金方面的支持这种情况。例如，申请维权中心为其推荐合适的代理机构，但附带要求是维权中心帮助其支付代理费用或者维权中心出面与代理机构协商降低或免除代理费用。另外一种情况是申请人申请智力援助的同时也申请经济援助。对这两种情况维权中心在审查时应当格外注意，可以向申请人进行二次确认，如果草率批准申请最终又无法提供令申请人满意的援助，无疑会对维权中心的对外形象造成不好的影响。

（二）展开援助工作

确定援助类型后就进入具体援助工作的执行环节。

对于智力援助，由于其最终多以书面形式反馈至申请人，因此建议此环节参考司法鉴定意见的出具流程。首先根据申请援助事项的不同情况在专家库遴选合适的专家，专家数量应超过 1 名（一般为单数）。接下来由专家分别作出独立的专家意见，这一环节应要求专家之间不对案件本身进行交流，如分别作出的专家意见结论一致，则由维权中心对两份（或多份）意见书进行文字方面的整合，专家签字确认后反馈至申请人。如专家意见相左，则需组织专家进行面对面的交流、论证直至达成统一意见，此环节如果申请人要求参加，维权中心应当允许。如讨论后仍无法达成一致意见，维权中心应当重新在专家库中选取专家进行论证，直至达成统一意见，二次论证环节的专家应尽量从权威人士中选取，以最大限度确保结论的准确性。

对于经济援助，由于多以专项资金的形式下达，流程也相对固定。

援助实施环节所需的时间，从实务操作来看，经济援助的时间难以严格控制，因为涉及和其他部门之间的协调，时间通常在 4~6 个月。智力援助申请大多比较紧急，其完成时间大多为 1 个月至 1 个半月之间。

（三）援助的审核

如前所述，除经济援助外，具体的援助工作主要由专家库成员完成。维权中心主要负责沟通、组织与协调，并对具体援助工作的进程，进行合理监督，将专家结论向申请人反馈，至此一项援助才称得上顺利完成。在审核环节，需要注意以下几个方面的问题。

（1）审核专家意见书真正出自专家之手。实务中受委托完成具体援助工作的专家可能会出于某种原因将援助工作交由其他人完成，例如其学生、同事等。严格来讲，为确保专家意见的质量，受委托的专家应当亲自完成援助工作，确有原因不能亲自完成的，可以选择向维权中心说明理由并退回该项委托，或者转委托给其他有能力完成该项工作的其他人，但转委托的专家应当对该援助的结论负责。例如，意见书上必须有该专家的亲笔签名，或者因专家意见中的失误导致申请人依据意见进行下一步决策时造成损失的，该接受委托的专家应当承担相应责任等。审核的具体方式由各维权中心负责。

（2）对援助结论的复核。由于援助最终是以维权中心名义向申请人作出的，因此对于援助结果，尤其是智力援助的书面报告，维权中心应当进行基本的审核，以避免出现显而易见的错误。

（四）实施环节要点的举例说明

假设某维权中心收到一家公司的维权申请，申请内容为：判断该公司某一型号产品是否与某国外公司的专利产品相同，如果相同，该公司现有的一些材料是否可进行现有技术抗辩。经审查，该公司符合申请援助的条件。

根据该企业的申请内容，可以明确该申请为智力援助申请，并且该申请援助的内容除涉及技术对比外，还可能涉及对现有技术抗辩是否成立的判断。也就是说维权中心在选择专家人选时既要考虑相关领域的技术专家，也要考虑选择1名法律类专家，或者专业与法律知识均具备的1名复合型专家，因为现有技术抗辩分析对法律知识与相应专业知识的要求均较高。

选定专家后维权中心应当及时向专家移交各种判定所需的材料，并保持和专家、申请人的联系。判定过程中专家可能会要求申请人补充新的材料，申请人也可能主动补充新的证据材料，维权中心应负责信息传递及材料的及时转交。

专家意见反馈至申请人之前，维权中心应先对该意见进行整理，修正其中可能存在的文字错误，无误后方可将该意见反馈给申请人。

申请人对专家意见存疑或有不同看法的，维权中心可以应申请人请求组织参与援助工作的专家当面向申请人就该意见进行解释和说明。

四、反馈与归档

反馈与归档主要分为以下两个方面的内容。

（一）反馈

维权中心通过设立相应的反馈机制就申请人对援助结论的满意度做跟踪调查，既能了解申请人是否认可此次援助，也能够以此作为维权中心考核专家库成员的依据。

（二）归档

归档一般是指将处理完毕且具有保存价值的事项或文件经系统整理后保存备案（备查）的过程。

对维权中心来说，其处理的维权援助案件以及在处理案件过程中产生的各类表格、带有单位印章的文书等都是归档保存的对象。

从归档案卷的质量要求来看，应当原件归档，并且归档的文件材料要保持它们之间的历史联系，区分保存价值，分类整理、立卷，案卷标题简明确切，便于保管和利用。

为方便国家知识产权局对各维权中心工作进行绩效考核，维权中心应以季度为周期进行归档。

五、工作流程图

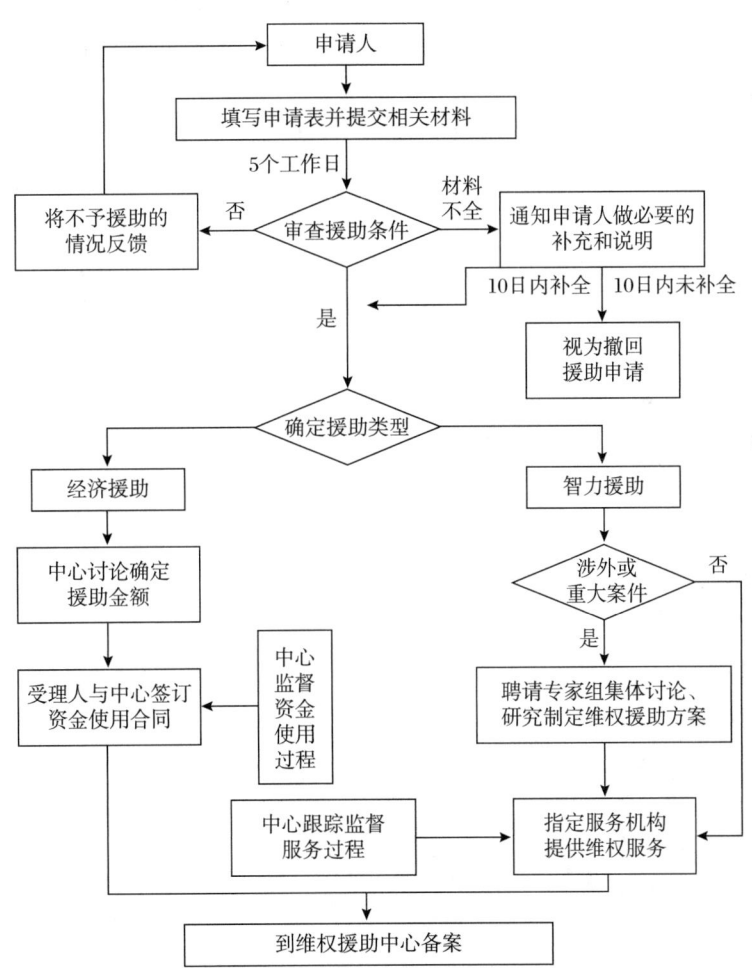

【本章小结】

本章共分为四个部分，前三个部分从实体层面对知识产权维权援助工作进行了系统介绍。与专利行政执法有明确的法律渊源不同，知识产权维权援助工作的开展依据是国家知识产权局出台的相关政策性文件，因此第一部分就从这些政策性文件入手，介绍了知识产权维权援助的工作依据、工作特点以及与法律援助机制的异同。第二部分从维权援助的职能范围入手，介绍了维权中心应当具有的基本职能和近年来逐渐发展的一些有意义的职能创新。第三部分则重点介绍了知识产权维权援助的两种类型以及各自特点。介绍这三个部分内容的目的是让知识产权维权援助的工作者对该项工作有一个宏观层面的把握，其中大部分的知识点均由相关的政策文件引申而来，在介绍维权援助具体实务时从原则切入，尽管其中穿插着优秀中心的先进做法，但也绝不要求各维权中心遵循同一模式，力求在准确阐述国家知识产权局开展该项工作理念的同时，也给各维权中心创新职能留下一定空间。

第四部分从程序方面入手介绍了维权援助工作的基本流程，主要包括维权援助申请的提出、申请的受理、维权援助的实施以及最终的反馈与归档四个环节，并给出相应的建议工作流程图。由于目前为止并未有任何的上位规范对维权援助的工作流程进行统一规定，因此和前三个部分相似，本部分介绍依然突出工作流程的设置原则，并尽量结合实务点出当前存在的与流程设置有关的问题，以期各维权中心在制订符合自身实际情况的工作流程时能够有的放矢。

【重点概念】

（1）知识产权维权援助。
（2）智力援助。
（3）经济援助。
（4）知识产权纠纷诉调对接。
（5）侵权判定。

【复习思考题】

一、名词解释

（1）知识产权维权援助。
（2）智力援助。
（3）知识产权纠纷诉调对接。
（4）专利侵权判定。

二、思考题

（1）知识产权维权援助的目的和意义。

（2）智力援助与司法鉴定意见的关系。

（3）智力援助与经济援助的关系以及两者在整个维权援助体系中的作用。

（4）知识产权维权援助和专利行政执法的关系以及维权中心在执法维权体系当中的定位。

（5）经济援助是否应当由当前的事后援助模式发展至事前和事中援助模式，理由是什么。

三、案例分析

某机械制造类公司新开发一款产品并获得专利，在销售过程中该公司发现市场上有同类产品涉嫌侵犯其拥有的专利权，遂来到当地的维权中心要求维权。作为维权中心的工作人员，在出现下列情况时应如何处理？

（1）如果该公司申请维权中心出具市场上同类产品是否侵犯其专利权的法律意见书，维权中心对该项申请应当做哪些方面的审查？

（2）如果该智力援助申请符合条件，维权中心在实施援助的过程中应当注意哪些问题？

（3）如果该公司在某境外诉讼中获得胜诉并以此为由申请经济援助，维权中心应从哪些必要方面对该申请进行审查？

第八章 知识产权举报投诉

【本章学习目标】
1. 了解知识产权举报投诉机制建立的背景及现状
2. 熟悉知识产权举报投诉的接收条件
3. 掌握知识产权举报投诉的接收、转交和反馈流程

第一节 概　　述

一、知识产权举报投诉工作背景和现状

知识产权举报投诉工作背景和现状主要分为以下两个方面的内容。

（一）工作依据

国家知识产权局于2007年在全国启动知识产权维权援助中心的建设工作，有序开展知识产权维权援助工作。2008年12月15日，根据国务院机构改革的精神与要求，国家知识产权局发布了《关于知识产权维权援助中心开展举报投诉服务工作的通知》（国知发管函字〔2008〕414号），决定由各维权中心开展知识产权举报投诉服务工作。

（二）工作体系及成效

目前，国家知识产权局已在全国27个省的专利行政执法部门、11个副省级城市专利行政执法部门和37个地级市专利行政执法部门建成维权中心76家。

经过几年的运行，全国76家维权中心已经形成了举报投诉服务网络，对解决知识产权举报投诉设置分散、举报服务体系服务渠道不畅、社会公众对知识产权制度了解不深、对举报投诉认识不清等问题发挥了良好作用。同时，通过维权中心建设促进了知识产权保护的跨区域、跨部门协作。维权中心知识产权举报投诉工作已成为知识产权保护工作的重要一环。

二、知识产权举报投诉工作的特点

在我国知识产权工作条块分割、多头管理的现状下,维权中心的建立及其知识产权举报投诉工作职能的履行,为权利人和社会公众简化了遏制知识产权侵权违法行为的程序,提高了知识产权行政执法效率。

同其他部门与知识产权相关的举报投诉工作相比,综合性、专业性是维权中心知识产权举报投诉工作的重要特点。

综合性,即专利、商标、版权、技术秘密、植物新品种权等各类知识产权问题通过一条热线接收。这是维权中心最具有典型性的特点。通过一个热线电话,综合解决多类知识产权问题,是知识产权保护工作的一项重要突破,更适合权利人和社会公众对于知识产权概念的认知,更有利于高效、快捷的解决纠纷。

专业性,是指专门的12330知识产权热线电话和工作人员具备一定的知识产权专业素质,同时通过国家知识产权局组织的上岗考试和持续培训,使工作人员的知识产权专业能力不断提升。维权中心每天接收的知识产权举报投诉和咨询中,许多纠纷或事项涉及复杂的多种法律关系,许多咨询人对知识产权制度完全不了解,甚至不能清楚表达自己需要什么样的帮助和服务,并且多数寻求帮助者都会带着情绪而来,通过举报投诉人的叙述,工作人员必须快速厘清举报投诉事件中的法律关系,迅速作出是否涉嫌侵权、违法、应当由哪个部门处理,是否将会产生行业或地区重大影响等判断,并向举报投诉人提供热情、严谨的解答。这就要求举报投诉工作人员具有系统的知识产权与其他相关法律知识,掌握各知识产权部门的职责和工作内容。同时,还必须具备服务的热心、耐心和沟通能力,在日常工作中体现出良好的服务态度与能力。

第二节 知识产权举报投诉工作的职能范围

一、举报和投诉

举报和投诉主要分为以下两个方面的内容。

(一)知识产权举报和投诉的定义

(1)知识产权的举报,是指社会公众向知识产权行政执法部门、知识产权举报投诉接收机构提供关于损害公共利益,扰乱正常市场秩序的知识产权违法行为线索。

(2)知识产权的投诉,是指知识产权权利人或利害关系人针对其知识产权被侵害一事请求有关行政执法机关处理。

（二）举报和投诉的区别

在知识产权案件中，举报主要针对的是扰乱市场正常经营秩序的违法行为，投诉则是权利人自身合法权益受到侵害时寻求行政执法机关处理。两者在主体、接收条件、承担的责任等方面均存在区别。

1. 主体不同

举报人是向行政执法机关提供实施了违反知识产权法律法规行为线索的公民、法人或其他组织。

投诉人是请求行政执法机关通过行政执法维护知识产权合法权益的公民、法人或其他组织，包括知识产权的权利人和利害关系人。

2. 接收条件不同

举报：举报人可以进行匿名举报，需要尽可能提供详细的违法行为存在的基本证据。

投诉：投诉人作为知识产权的权利人、利害关系人，必须提供自己的真实身份，并提供证明涉嫌侵权行为存在的必要证据。

3. 证据方面的责任不同

举报：行政执法机关可以进一步联系举报人提供证据。

投诉：投诉人应当提供必要证据，以配合行政执法机关进行执法。

4. 反馈流程不同

举报：匿名举报的，维权中心可以不主动向举报人反馈举报的办理情况。

投诉：维权中心应当将投诉处理的结果告知投诉人。

二、举报投诉工作的职责

举报投诉工作的职责主要分为以下两个方面的内容。

（一）工作职责

根据2008年国家知识产权局《关于知识产权维权援助中心开展举报投诉服务工作的通知》，维权中心开展知识产权举报投诉服务的内容包括以下几种。

（1）接收各类知识产权侵权、知识产权违法案件的举报或投诉。

（2）将符合举报、投诉接收条件的侵权、违法行为的线索向有关行政执法或公安机关转交。

（3）向举报、投诉人反馈举报投诉的处理情况和结果。
（4）提供保护知识产权方面的法律法规咨询服务，指导单位或个人依法对知识产权侵权、违法案件进行举报或投诉。

（二）接收范围

维权中心不具有执法职能，是一个公共服务机构，在政府和知识产权权利人、公众之间搭建一个综合性的举报投诉服务平台，接收各类知识产权举报投诉，再根据各执法部门职责分工分别转交相应的执法部门办理。

知识产权举报投诉的接收范围有以下几种。

（1）侵犯专利权和假冒专利的行为。
（2）侵犯注册商标专用权的行为。
（3）侵犯著作权以及邻接权的行为。
（4）侵犯商业秘密的行为。
（5）侵犯植物新品种权和假冒授权品种的行为。
（6）违反地理标志产品保护规定的行为。
（7）侵犯集成电路布图设计专有权的行为。
（8）海关知识产权保护。

表8-1 我国知识产权行政执法机构及行政权限

类型	职能 授权（登记、备案）	管理、执法（地方）	
		机构	依据
专利权	国家知识产权局	各省、自治区、直辖市人民政府及专利管理工作量大又有实际处理能力的设区的市人民政府设立的管理专利工作的部门	《专利法》第3条第2款；《专利法实施细则》第79条
商标权	国家工商行政管理总局商标局	县级以上工商行政管理部门	《商标法》第60条
著作权	国家版权局	地方人民政府著作权行政管理部门	《著作权法》第7条，《著作权法实施条例》第37条
商业秘密		县级以上工商行政管理部门	《国家工商行政管理局关于禁止侵犯商业秘密行为的若干规定》第4条

续表

类型 \ 职能	授权（登记、备案）	管理、执法（地方）	
		机构	依据
植物新品种权	农业部、国家林业局	侵权：省级以上农、林业管理部门	《植物新品种保护条例》第39条第1款
		假冒：县级以上农、林业管理部门	《植物新品种保护条例》第40条
集成电路布图设计专有权	国家知识产权局	国家知识产权局集成电路布图设计行政执法委员会	《集成电路布图设计行政执法办法》第2条
地理标志产品	国家质量监督检验检疫总局	县级以上地方产品质量监督部门、国家商检部门设在各地的进出口商品检验机构	《地理标志产品保护条例》第21条
与进出口货物有关的知识产权保护备案	海关总署	各海关	《知识产权海关保护条例》第12条
知识产权刑事犯罪		除著作权以外的知识产权犯罪由县级公安机关经济侦查部门管理；著作权相关犯罪由公安机关治安管理部门负责	《公安机关办理刑事案件程序规定》第21条；《公安部刑事案件管辖分工规定》

此外，12330中心作为知识产权保护的一线服务机构，也是执法机关联系基层、了解需求的有效渠道。除了向执法机关转交知识产权举报投诉以外，12330中心将办理举报投诉和提供维权援助两项核心职能有机结合，在协助处理重大知识产权纠纷、及时发现典型、新型、疑难知识产权纠纷并启动多部门会商中发挥着积极推动作用，形成了服务执法、服务维权的有效工作模式。

【案例1】 通过一件投诉引发的对"停止侵权"概念的讨论

2012年2月，某防火卷帘公司就其研制的防火卷帘发明专利涉嫌遭遇群体性侵权一事，向某维权中心进行投诉。该公司反映，市场上仅有1%的产品是非侵权产品；业内竞争对手对法律十分藐视。在提出投诉的同时，该公司反应，在该专利的多起诉讼中，虽然法院认定侵权行为成立，但因法院只判决侵权人"停止侵权"而未明确停止侵权的方式（如拆除侵权产品等），造成侵权无法实际停止。

由于该案的客体是公共场所防火设施，涉及公共安全，且存在大规模侵权的情况，维权中心将上述情况作为重大、疑难知识产权案件反映给所在地专利行政执法部门，并根据专利权人的维权援助请求组织行政机关、司法机关、专家学者在内的案件研讨会，建议法院系统基于本案的行业特殊性对类似案件判决停止侵权的执行问题进行专题研究。

该案不但关系到权利人自身知识产权，还涉及公共安全，也包括行政机关、司法机关在处理案件时如何适用法律，作出平衡权利人和社会公众利益的决定或判决。维权中心在上述过程中所发挥的作用不只是针对权利人所提交的具体投诉，更应当通过某一典型个案对行政、司法机关的执法、审判工作提供支持。

第三节　知识产权举报投诉工作机制

一、协作机制

协作机制主要分为以下三种。

（一）省内协作机制

省知识产权局执法处负责指导和协调全省各地方维权中心的日常工作。通过对省内各地方维权中心进行适时督导，定期组织研讨和交流，实现业务上的有效指导和资源上的合理调配。

各地方维权中心在当地资源无法满足当事人需求时，应当适时向省维权中心提出工作援助请求，由省维权中心组织协调，调动全省资源予以解决。

（二）跨区域协作机制

在国家知识产权局的统一部署下，维权中心服务基本覆盖了我国各省区市，在知识产权需求集中地区，更在副省级城市、地级市设立了维权中心。各维权中心按相同的标准办理知识产权举报投诉的接收、转交，实现了各地区维权中心之间举报投诉的跨省转办，在全国形成了维权中心知识产权举报投诉的工作网络。同时，在国家知识产权局的统一部署下，各省维权中心之间积极探索执法协作和资源共享机制，为知识产权权利人跨地区维权提供了有力保障。

（三）跨部门协作机制

各地方专利行政执法部门与当地知识产权行政机关建立的联席会议机制有效保障了维权中心综合性知识产权举报投诉服务工作职责的实现。

在北京市知识产权局的推动下，北京市维权中心与北京市9个知识产权行政执法机关签署了知识产权举报投诉的《工作流程衔接责任书及实施细则》，实现了知识产权举报投诉"接得下、转得出、办得了、有反馈"。

【案例2】 跨省维权中心共同办理专利侵权投诉

A省甲公司发现H省B市乙公司销售的某产品涉嫌侵犯其2项发明专利权，并向A省维权中心反映情况。

因该案涉及公共安全，A省维权中心指导甲公司理清掌握的被侵权证据链，并提供相关维权建议。甲公司向B市专利行政执法部门提出专利侵权纠纷处理请求，A省维权中心同时向B市维权中心发送协办函。因该案侵权判定的技术难度较高，A省维权中心组织专家对涉案专利进行了司法鉴定，并多次与H省专利行政执法部门、B市专利行政执法部门沟通。最终，在B市专利行政执法部门的主持下，纠纷双方达成了调解协议。

二、会商机制

维权中心可以与执法部门建立沟通会商研讨机制，通过定期沟通举报投诉接转办理情况、研讨重大疑难案件，推动举报投诉的办理，协助执法部门统一办案思路，提高执法效率，促进执法协作平台建设。

三、调解机制

在投诉转交行政执法机关处理之前，有条件的维权中心在当事人自愿的前提下可以对侵权纠纷进行调解，与知识产权的行政调解、司法调解、司法委托调解共同构成知识产权纠纷的多元解决机制。

【案例3】 在著作权侵权投诉中发挥调解机制作用

某网络游戏公司发现知名门户网站的某栏目刊载了涉及侵犯其游戏软件著作权的信息，在与该网站就侵权事宜多次沟通未果后，遂向维权中心进行投诉。沟通中，该网络游戏公司表示愿意与网站通过调解解决纠纷。维权中心委托相关行业协会对上述纠纷进行了调解，在极短时间成功化解了纠纷。

第四节 知识产权举报投诉工作的办理

一、知识产权举报投诉的流程

知识产权举报投诉的流程主要分为以下几个方面的内容。

（一）举报投诉的接收途径

1. 电话

12330热线是接收知识产权举报投诉的主要渠道。

国家知识产权局于 2009 年对 12330 热线的语音提示、语音留言系统的用语进行了规范，具体包括以下几点。

（1）被叫值班电话语音提示。

您好，这里是 12330 知识产权维权援助与举报投诉热线，知识产权维权援助请按 1，知识产权举报投诉请按 2，知识产权法律咨询请按 3。

（2）被叫语音留言提示。

您好，这里是 12330 知识产权维权援助与举报投诉热线，欢迎进入语音留言系统。留言请按#号，退出请按*号。

＜按#后＞——听到"嘟"声后请留言，完成后请按#号或直接挂断，取消留言请按*号。

……"嘟"……＜留言＞

＜按#号后＞留言录制完毕，再见！

＜按*后＞留言已取消，再见！

（3）举报投诉接听用语。

在维权中心日常接听电话时，接线人员应当做到态度谦和、言语文明、耐心细致。常见的举报投诉电话接听的用语包括以下几种。

① 您好！这里是×知识产权维权援助与举报投诉热线 12330，我是×号工作人员。请问，您有什么知识产权方面的事情需要我们服务？

② 对不起，这里是 12330 知识产权维权援助与举报投诉热线，您可能拨错号了。欢迎您致电"12330"，再见！

③ 请告知您要举报（投诉）对象的姓名、地址等基本情况，好吗？

④ 请讲一下您要举报（投诉）的主要内容，好吗？

⑤ 请您提出举报（投诉）的具体要求或者请求事情，好吗？

⑥ 请告知您的姓名、地址等基本情况，好吗？

⑦ 请留下您的联系方式，以便我们今后与您联系。

⑧ 请问，您对这个举报（投诉）还有什么需要补充吗？

⑨ 您刚才的举报（投诉），是否曾经尝试过其他的解决途径？

⑩ 很抱歉！您反映的情况不属于我们的业务范围，您可以向×进行举报投诉，地址是：×，电话号码是：×。

⑪ 对不起！您的举报（投诉）必要事项不齐全，我们暂时无法接收。请您将有关材料准备齐全后，再向我们举报（投诉），好吗？

⑫ 您反映的情况比较复杂，请以书面形式向我们举报（投诉）好吗？

⑬ 您的举报（投诉）我们已经转到了×部门，您在必要时可以直接向该部门查询，也可以等待我们的反馈意见，好吗？

⑭ 您的举报（投诉）我们已经转交×部门处理，一有结果我们会及时向您反馈。

⑮ 请你保存好有关证据材料，等候执法人员与您联系。

⑯ 您好！我是12330知识产权维权援助与举报投诉中心×号工作人员，现向您反馈您于×月×日举报（投诉）案件的处理结果。

⑰ 以上是我们向您反馈的举报（投诉）处理意见。今后如果您再遇到知识产权保护方面的问题，欢迎拨打"12330"维权援助与举报投诉热线，再见！

2. 面访

面访是接收举报投诉的重要方式之一。为了适应部分复杂案件或投诉（举报）人专业知识不足的现状，可以通过接待面访的方式与投诉（举报）人进行面对面的沟通。

3. 网络

通过各维权中心的网站、公共邮箱等方式进行举报和投诉。这种方式可发送书面证据材料，比热线电话举报投诉更详细完整，比信件快捷。

4. 信函

以寄送信件方式举报投诉。

5. 批办、转办

主要是上级机关批办或有关部门转办的信访件和人民来信。

6. 展会

近年，我国展会经济迅猛发展，展会知识产权保护的重要性更加凸显。开展展会知识产权保护服务，既是维权中心落实国家知识产权局关于加强专利行政执法工作的要求，也是维权中心开展举报投诉服务的重要渠道。

维权中心进驻展会，特别是专业展会，既能够现场解答知识产权咨询、接收展会知识产权举报或投诉、协助执法部门处理展会知识产权纠纷，更能与企业、行业组织建立联系，了解行业知识产权动态，为服务重点行业知识产权保护工作奠定基础。

【案例4】 展会知识产权投诉与行政执法的衔接

在某节能环保展上，某参展商发现另一参展商的节水水龙头涉嫌侵犯其实用新型专利权，向进驻展会的维权中心进行投诉。维权中心联系展会主办方，对侵权纠纷进行调解不成，当即联系所在地专利行政执法部门，启动展会知识产权保护程序。执法机关迅速到达展会现场，将专利权利要求书与涉嫌侵权产品进行详细比对后，促使涉嫌侵权的参展商将涉嫌侵权产品撤出展会。

维权中心在处理展会中发生的知识产权纠纷时，应当先会同展会主办方对侵权纠纷进行调解。调解不成时，应当联系展会举办地的专利行政执法部门，启动展会知识产权保护程序。同时，维权中心还可组织志愿者，在大型展会开展调查，发现并提供专利违法行为线索。

7. 维权分中心、工作站

维权中心在开发区、园区、行业组织建立维权分中心、工作站，形成了与企业沟通、服务的快捷通道，维权分中心、工作站与维权中心发挥各自优势、形成服务合力，在及时了解企业、行业典型、新型和疑难知识产权需求的基础上，通过对个案的服务，探索形成符合企业经营策略、适应企业不同发展阶段的知识产权保护服务内容和服务模式，并向更多的企业普及推广。

【案例5】 维权分中心提供侵犯知识产权投诉线索

某维权分中心所服务的企业反映，该地多个电子市场存在销售其单机版游戏的侵权复制品的现象。该分中心将上述线索提供给维权中心后，经维权中心审查符合著作权侵权投诉的接收条件，在投诉当日将投诉转交著作权行政执法机关处理，并与该执法机关电话沟通。同时，指导权利人进一步完善投诉材料。著作权行政执法机关接到投诉后，立即安排执法，在短时间内查处了侵权行为。

此后，该维权分中心通过维权中心的举报投诉工作机制，为多家企业化解了知识产权纠纷，并根据区域内动漫游戏企业聚集的特点，通过对某代表性企业的知识产权问题进行专项援助服务，探索出适合动漫企业的知识产权保护和维权模式。

8. 市场信息员

市场信息员主要为知识产权志愿者。市场信息员定期进行重点市场的知识产权侵权违法行为调查，并向维权中心提供线索，有效弥补了行政执法力量的不足。

（二）举报投诉的接收

（1）凡符合接收范围和接收条件的一般举报投诉，应当即时接收。采用信函、互联网举报投诉的，应在收到2个工作日内作出是否接收的答复。

（2）对不属于维权中心职责范围内的举报投诉，向举报、投诉人说明理由，并告知其向有职权的部门举报投诉。

（3）对不属于维权中心管辖范围的举报投诉，应告知其向有管辖权的维权中心举报、投诉。

符合接收条件的举报投诉，应当予以受理，填写《知识产权举报投诉案件登记表》，登记案件编号，详细记录有关情况；不予受理的，应当及时告知不予受理的理由。

表 8-2　知识产权举报投诉案件登记表

受理中心：中国（＿＿＿＿＿＿）知识产权维权援助中心

案件编号：＿＿＿＿＿＿＿＿＿＿＿＿＿＿

受理方式	□12330电话	□互联网	□面访	□信函	□其他机构移送
举报投诉人类型	□个　人	□单　位	国别		
个　人	姓名		身份证号码		
	电子邮件		联系电话		
	通讯地址				
单　位	单位名称				
	联系人		联系电话		
	通讯地址				
知识产权类型			事件发生所属地区		
主　题					
相关信息	发生时间				
	发生地点				
	侵权金额		侵权数量		
	相关证据				
举报投诉内容					
初步审核意见	（写明初步审核是否合格、下一步建议程序、初步审核日期、初步审核人）				
处理意见	（指明移交办理部门，写明移交时间）				
备　注					

（三）初步审核

各维权中心负责对受理案件进行初步审核，对案件情况进行初步分析，提出后续办理意见，并在《知识产权举报投诉案件登记表》中填写"初步审核意见"。初步审核内容包括：审核是否符合接收条件，检查案件信息是否完整，判断举报投诉信息是否可信，确定移交办理部门。初步审核办理时限为自案件接收之日起3个工作日内。

（四）举报投诉的移交办理

经初步审核后需要移交行政执法部门办理的案件，应当在初步审核之日起3个工作日之内予以处理，在《知识产权举报投诉案件登记表》中签署"处理意见"。

移交办理需填写《知识产权举报投诉案件移交办理工作单》，写明移交办理事项，《知识产权举报投诉案件登记表》可作为附件。案件相关信息应当及时、准确、完整地传达移交办理部门。

案件移交遵循案件管辖区域和职能分工原则。属于本级知识产权局办理范围的，由各维权中心移交知识产权局办理。属于本级其他部门办理范围的，由各维权中心或所隶属知识产权局移送其他单位办理。涉及跨区域办理范围的，如当地设有维权中心，由该维权中心直接移交当地维权中心办理，符合接收条件的，当地维权中心应当接收并予办理；当地没有设维权中心的，由本级知识产权局移交当地知识产权局办理，属于职责范围内的，当地知识产权局应当接收并根据法定执法权限予以办理。

在移交办理过程中，所移交办理部门拒收的，各维权中心应当分析拒收原因。因职责不符而造成移交部门错误的，应当移交至对应行政执法部门办理。因职责相符但未达移交办理部门接收条件的，应当进行协调，协调不成的，应当说明和记录原因后归档。

各维权中心在案件移交办理后，应当及时督促办理部门予以办理，必要时提供相关协助，推动案件办理顺利进行。

表8-3　知识产权举报投诉案件移交办理工作单

移交单位	
移交承办人	
联系方式	
移交时间	
案件主题	
案件编号	
移交办理意见	
受移交单位	
联系方式	
办理结果	
备　注	

（五）举报投诉的反馈

维权中心应当在接收到办理结果5个工作日内将办理结果反馈给举报投诉人，填写《知识产权举报投诉案件办理结果反馈单》，结果反馈以信函、电话、当面递交或网络等方式进行。

表8-4　知识产权举报投诉案件办理结果反馈单

反馈单位	
反馈承办人	
接收单位或个人	
案件主题	
案件编号	
具体办理单位	
办理完毕时间	
办理结果	

(六) 举报奖励

2010年，国家知识产权局在《关于加强知识产权维权援助中心举报投诉维权服务工作的通知》（国知发管字〔2010〕139号）中明确提出："对于为案件侦破或查处提供重要线索的举报人，在保护举报人人身安全与各项权利的前提下，可以给予物质奖励或精神奖励。各中心可协调有关司法和执法部门联合开展表彰奖励。"

2011年，国家知识产权局通过《关于加强专利行政执法工作的决定》（国知发管字〔2011〕74号）明确提出："鼓励权利人和社会各界对知识产权侵权假冒行为的举报投诉，加快建立知识产权举报投诉奖励制度。国家知识产权局鼓励地方知识产权局和知识产权维权援助中心加快制定和实施知识产权举报投诉奖励办法，对通过12330平台举报投诉的人员按照规定给予奖励。地方知识产权局和知识产权维权援助中心对提供重要线索和多次提供线索的举报投诉人员给予奖励。"并在2013年的《专利行政执法能力提升工程方案》中提出："鼓励权利人和社会各界对专利违法行为的举报投诉，健全举报投诉奖励和维权援助制度……地方知识产权局和知识产权维权援助中心根据当地实际，制定和实施知识产权举报投诉奖励的具体办法，对通过12330平台提供重要线索和多次提供线索的举报投诉人员给予奖励。"

目前，各地知识产权举报投诉奖励政策主要体现在举报投诉工作规定中的奖励条款或发布单独的奖励办法。发布单独的奖励办法，又包括维权中心自行发布、知识产权局自行发布、知识产权局联合其他知识产权机关发布，以及知识产权局联合财政局发布多种形式。例如，广东省知识产权局在其与省内14个知识产权行政部门、司法部门联合制定的《关于知识产权举报投诉的工作规定（试行）》中规定了"举报投诉的奖惩制度"一章；江苏省以维权援助中心名义发布了《知识产权违法行为举报奖励办法（试行）》；北京市、陕西省、贵州省等以知识产权局名义发布《知识产权举报投诉奖励办法》等试行或暂行规定；湖南省长沙市知识产权局与财政局联合出台《长沙市知识产权违法行为举报投诉奖励办法》；重庆市知识产权局会同市财政局、市农委、市商委、市工商局、市质监局、市版权局联合出台《重庆市知识产权举报投诉奖励办法》，等等。这些措施均针对查证属实的举报投诉给予一定的经济和精神奖励。

(七) 归档分析

根据国家知识产权局的要求，各维权中心的举报投诉应当实现案件全流程归档管理。要安排专人管理档案，制定各种工作表格，达到一案一档、随时调档的要求。同时要建立纸质档案与电子档案，达到全流程无纸化办公条件的，可只建立电子档案。

以北京市维权中心为例,12330电话接听通过维权中心自建的语音系统实行全程录音,并通过购买的云服务器进行资料保存。举报投诉通过网络运营商搭建的网络业务流转系统,实现案件的跨部门实时转交、跟踪和反馈,同时相关举报投诉单据、市场信息员资料、咨询(包括维权咨询)等也可通过上述网络业务流转系统实现录入、保存和查找,并将每个举报投诉中包括举报投诉人、被举报投诉人、接收人、办理机关、办结结果等信息,形成了从举报、受理、办理、办结、反馈的电子档案,固化了内容和时间节点。为了保障上述电子档案的安全性,北京市维权中心通过中心研发的数据库,将举报投诉及咨询信息定期备份至本地,并刻制光盘存档,其中举报投诉相关单据还通过纸质档案保存。

表8-5 知识产权维权援助中心举报投诉及咨询信息备案表

内容	备份周期	保存方式	保存期限
电话录音	2周	光盘	长期
面访录像	2周	光盘	长期
举报投诉	每日	光盘、纸件	永久
咨询	每日	光盘	永久
数据统计分析	周、月、季度、半年	电子版	3~5年
	年度	纸件、电子版	永久

此外,各维权中心应当定期归纳分析案件信息,发现案发规律,找准存在问题,并及时上报给本级知识产权局和国家知识产权局,同时反映给本级其他知识产权行政执法机关。

根据国家知识产权局的工作要求,每年1月、4月、7月、10月这几个月的10日前报送上一季度的举报投诉工作情况。

表8-6 知识产权维权援助中心举报投诉案件办理情况表

接收举报投诉案件的名称	办理时间	举报方名称	简要内容	移交情况	备注

二、专利权举报投诉

专利权举报投诉主要分为以下三个方面的内容。

(一) 侵犯专利权

1. 接收条件

请求管理专利工作的部门处理专利侵权纠纷的，应当符合下列条件。

（1）投诉人是专利权人的，应提供姓名（名称）、地址、联系方式以及专利号等。

（2）投诉人是被许可使用方或其他利害关系人，应有专利权人许可使用的证明或其他证明，并提供姓名（名称）、地址、联系方式以及专利号等。

其中，专利实施许可合同的被许可人应当提供的证明材料，应当包括其在国务院专利行政管理部门备案的证明，未经备案的应当提交专利权人的证明，或其他证明其享有权利的证据。专利实施许可合同的被许可人中，独占实施许可合同的被许可人可以单独提出请求；排他实施许可合同的被许可人在专利权人不请求的情况下，可以单独提出请求；除合同另有约定外，普通实施许可合同的被许可人不能单独提出请求。

（3）代理人代为投诉的，应有权利人委托代理的证明。

（4）投诉应当有明确的对象（被投诉人），提供被投诉方明确的姓名（名称）、地址（涉及展会的，包括被投诉人的摊位号）和联系方式等。

（5）投诉人应当有明确的请求事项和具体的事实、理由并能够提供证明侵权行为存在的必要证据。

（6）当事人没有就该专利侵权纠纷向人民法院起诉。

（7）符合前六条规定的，应告知投诉人按照行政执法机关的要求，提供主体证明、权利证明（专利登记簿副本，或者专利证书和当年缴纳专利年费的收据）等，委托他人代理投诉的应提交授权委托书，域外证据应经过所在国公证和我国驻该国使领馆认证。

2. 转交机关

转交机关为被请求人所在地或者侵权行为地的省、自治区、直辖市人民政府以及专利管理工作量大又有实际处理能力的设区的市人民政府设立的管理专利工作的部门。

(二) 假冒专利

1. 接收条件

（1）举报人提供姓名（名称）、地址、联系方式的，应当记录，不愿意提供的可以匿名举报。

（2）被举报方明确的姓名（名称）和地址（摊位号）、联系方式。

（3）涉案专利号。

（4）证明资料，例如从国家知识产权局网站查询的该专利的法律状态。

2. 转交机关

转交机关为假冒专利行为发生地的省、自治区、直辖市人民政府以及专利管理工作量大又有实际处理能力的设区的市人民政府设立的管理专利工作的部门。

(三) 假冒专利罪

1. 接收条件

（1）提供被举报方明确的姓名（名称）和地址（摊位号）等联系方式。

（2）被举报人的行为应符合下列条件之一：非法经营数额在 20 万元以上或者违法所得数额在 10 万元以上的；给专利权人造成直接经济损失在 50 万元以上的；假冒两种以上他人专利，非法经营数额在 10 万元以上或者违法所得数额在 5 万元以上的；其他情节严重的情形。

（3）有证明犯罪嫌疑人和犯罪事实存在的相关证据。

（4）对于犯罪数额，并不要求证据能清楚、全面地证明，只要能初步证明犯罪行为存在的可能性。

（5）举报人应主动配合公安机关开展调查工作。

2. 转交机关

转交机关为犯罪行为地和犯罪嫌疑人居住地的县级及以上公安机关管理经济犯罪的部门。

三、商标权举报投诉

商标权举报投诉主要分为以下两个方面的内容。

(一) 商标侵权

1. 接收条件

(1) 投诉。

① 投诉人是权利人的,应提供姓名(名称)、地址、联系方式以及商标注册证号等。

② 投诉人是被许可使用方或其他利害关系人,应有权利人许可使用的证明或其他证明,并提供姓名(名称)、地址、联系方式以及商标注册证号等。

其中,权利人许可使用的证明是指独占性使用许可合同或排他性许可使用合同以及商标注册人不起诉的证明,或普通使用许可合同和商标注册人明确授权被许可人进行维权的证明。

③ 投诉人是代理人的,应有权利人委托代理的证明,并提供姓名(名称)、地址、联系方式以及商标注册证号等。

④ 投诉应当有明确的对象,提供被投诉方明确的姓名(名称)和地址(摊位号)等联系方式。

⑤ 投诉人应当有证明侵权行为存在的必要证据。

⑥ 当事人没有就该商标侵权纠纷向人民法院起诉。

⑦ 符合前六条规定的,应告知投诉人按照行政执法机关的具体要求,准备身份证明、权利证明,委托他人代理投诉的应提交授权委托书,侵权实物、宣传广告等被投诉人侵犯商标权的具体事实和初步证据,以及假冒商标商品的鉴定证明,并对投诉的真实性提供书面担保等,域外证据应经过所在国公证和我国驻该国使领馆认证。

【案例6】 商标侵权投诉的主体

甲通过12330热线投诉一家连锁食品销售店铺使用的商标涉嫌侵犯商标权,并提交了关于涉案商标的名称、注册号和涉嫌侵权店铺的具体信息。据12330工作人员进一步了解得知甲不是涉案商标的权利人,不符合商标侵权纠纷行政处理的立案条件,对此投诉不能受理,建议其通过"举报"方式处理,并告知其举报若不能提供必要的证据,执法机关无法立案。之后,甲未进行举报或投诉。

(2) 举报。

按照《中华人民共和国商标法实施条例》(以下简称《商标法实施条例》)的规定,对侵犯注册商标专用权的行为,任何人都可以向工商行政管理部门投诉或者举报。

在上述情况下,举报人应提供的举报信息包括以下几种。

① 涉嫌侵权人所在市场名称、地址(摊位号)。

② 所涉及的商标。

③ 所涉及商品的名称、价格、店内涉嫌侵权商品数量等信息。

但需要注意的是,在具体执法中,如果不能提供必要的证据,执法机关无法立案、无法认定是否构成侵权。

【案例7】 可以直接立案的商标侵权举报

北京市工商行政管理局于2004年10月和2005年3月发布第一、二号通告，明确表示在北京市内的服装市场和小商品市场销售通告中所涉及48个品牌（如GUCCI、PRADA、CHANEL等国际知名商标）商品的，均以涉嫌商标侵权立案查处。

2. 转交机关

转交机关为县级以上工商行政管理部门。

目前部分维权中心采取的方式是，依托部门协作转交与维权中心所在专利行政执法部门平级的12315中心。

（二）商标相关刑事犯罪

1. 接收条件

（1）举报。

① 举报人应当如实提供所举报事实的情况、被举报人的基本情况、相关证据材料及查证渠道。

② 被举报人的行为应符合下列条件。

假冒注册商标罪。未经注册商标所有人许可，在同一种商品上使用与其注册商标相同的商标，涉嫌下列情形之一的：非法经营数额在5万元或者违法所得数额在3万元以上的；假冒两种以上注册商标，非法经营数额在3万元以上或者所得数额在2万元以上的；其他情节严重的情形。

销售假冒注册商标的商品罪。明知是假冒注册商标的商品，涉嫌下列情形之一的：销售金额在5万元以上的；尚未销售，货值金额15万元以上的；销售金额不满5万元，但已销售金额与尚未销售的货值金额合计在15万元以上的。

非法制造、销售非法制造的注册商标标识罪。伪造、擅自制造或者他人注册商标标识或者销售伪造、擅自制造的注册商标标识，涉嫌下列情形之一的：伪造、擅自制造或者销售伪造、擅自制造的注册商标标识数量在2万件以上，或者违法经营数额在5万元以上，或者违法所得数额在3万元以上的；伪造、擅自制造或者销售伪造、擅自制造两种以上注册商标标识数量在1万件以上，或者非法经营数额在3万元以上，或者违法所得数额在2万元以上的；其他情节严重的情形。

③ 提倡实名举报，并为举报人保密。实名举报的，举报人应当留下准确的通讯地址和联系方式。

④ 应主动配合公安机关开展调查工作。

（2）投诉（报案）。

① 投诉人是权利人的，应提供姓名（名称）、地址、联系方式以及商标注册证

号等；

② 投诉人是被许可使用方或其他利害关系人，应有权利人许可使用的证明或其他证明，并提供姓名（名称）、地址、联系方式以及商标注册证号等。

③ 投诉人是代理人的，应有权利人委托代理的证明，并提供姓名（名称）、地址、联系方式以及商标注册证号等。

④ 投诉应当有明确的对象，提供被投诉方明确的姓名（名称）和地址、摊位号等联系方式。

⑤ 被投诉人的行为应符合下列条件。

假冒注册商标罪。未经注册商标所有人许可，在同一种商品上使用与其注册商标相同的商标，涉嫌下列情形之一的：非法经营数额在5万元或者违法所得数额在3万元以上的；假冒两种以上注册商标，非法经营数额在3万元以上或者所得数额在2万元以上的；其他情节严重的情形。

销售假冒注册商标的商品罪。明知是假冒注册商标的商品，涉嫌下列情形之一的：销售金额在5万元以上的；尚未销售，货值金额15万元以上的；销售金额不满5万元，但已销售金额与尚未销售的货值金额合计在15万元以上的。

非法制造、销售非法制造的注册商标标识罪。伪造、擅自制造或者他人注册商标标识或者销售伪造、擅自制造的注册商标标识，涉嫌下列情形之一的：伪造、擅自制造或者销售伪造、擅自制造的注册商标标识数量在2万件以上，或者违法经营数额在5万元以上，或者违法所得数额在3万元以上的；伪造、擅自制造或者销售伪造、擅自制造两种以上注册商标标识数量在1万件以上，或者非法经营数额在3万元以上，或者违法所得数额在2万元以上的；其他情节严重的情形。

⑥ 所投诉（即举报、控告）事实发生的时间、地点、损失情况、事情经过。

⑦ 有关证据材料，包括能够证明所投诉（举报、控告）事实确实发生，该事实导致或引发的后果，以及该事实系投诉（举报、控告）对象所为的书证、物证、证人及其他证据材料。

2. 转交机关

犯罪地和犯罪嫌疑人居住地的县级以上公安机关管理经济犯罪的部门。

四、著作权举报投诉

著作权举报投诉主要分为侵犯著作权及其邻接权、著作权相关犯罪两部分内容。

（一）侵犯著作权及其邻接权

1. 接收条件

（1）举报——销售盗版（侵权复制品）出版物。

根据《中华人民共和国著作权法》（以下简称《著作权法》）及《著作权行政处罚实施办法》的相关规定，著作权行政执法机关处理的行为，主要是著作权侵权行为，并且同时要求损害公共利益。根据上述法律法规，只涉及权利人"投诉"一种情况。

但根据《出版管理条例》（国务院令第343号）的规定，出版行政主管部门根据已经取得的违法嫌疑证据或者举报，可以对涉嫌违法从事出版物出版、印刷或者复制、进口、发行等活动的行为进行查处。与著作权相关的"举报"主要依据上述规定。进行举报需要符合的条件包括以下几项。

① 被举报方明确的姓名（名称）和地址（摊位号）等联系方式。
② 所涉及的侵权作品名称。
③ 判断该商品为盗版（侵权复制品）的理由。

（2）投诉。

① 投诉应当属于《著作权法》第48条规定，同时损害公共利益的行为。
② 投诉人是权利人的，应提供姓名（名称）、地址、联系方式等以及著作权权利证明等。
③ 投诉人是被许可使用方或其他利害关系人，应有权利人许可使用的证明或其他证明，并提供姓名（名称）、地址、联系方式以及著作权权利证明等。
④ 投诉人是代理人的，应有权利人委托代理的证明，并提供姓名（名称）、地址、联系方式等。
⑤ 投诉应当有明确的对象，提供被投诉方明确的姓名（名称）和地址（摊位号）等联系方式。
⑥ 投诉人应当有证明侵权行为存在的事实和理由。
⑦ 当事人没有就该著作权侵权纠纷向人民法院起诉。
⑧ 符合前七条规定的，应告知投诉人按照行政执法机关的具体要求，准备身份证明、权利证明，委托他人代理投诉的应提交授权委托书，被侵权作品等被投诉人侵犯著作权的具体事实和初步证据，域外证据应经过所在国公证和我国驻该国使领馆认证。

【案例8】 涉案作品必须属于著作权法所保护的作品

某手机应用公司发现，其公司原创的应用图标被其他公司盗用，以对方的行为侵犯了公司著作权向12330投诉。经该地维权中心与执法机关沟通，执法机关认为，手机应用的图标不属于现有《著作权法》第3条规定的作品❶的范围中所列的各类作品，但随着技术的变革已经出现一些新的作品类型，故建议其通过司法机关

---

❶ 按照《著作权法》第3条的规定，作品包括以下列形式创作的文学、艺术和自然科学、社会科学、工程技术等作品：(1)文字作品；(2)口述作品；(3)音乐、戏剧、曲艺、舞蹈、杂技艺术作品；(4)美术、建筑作品；(5)摄影作品；(6)电影作品和以类似摄制电影的方法创作的作品；(7)工程设计图、产品设计图、地图、示意图等图形作品和模型作品；(8)计算机软件；(9)法律、行政法规规定的其他作品。

就其个案进行处理。

【案例9】 不属于行政执法机关处理范畴的投诉

某作者向维权中心投诉，其作品被某一刊物刊出，但至今未支付其稿酬。因上述行为属于《著作权法》第47条规定的"使用他人作品，应当支付报酬而未支付的"情形，根据规定只承担民事责任，不属于行政执法机关的受案范围。

【案例10】 对举报和投诉的选择

某出版社发现一家商贸公司大量销售其畅销书的"高清复印"版。经查，某出版社有数十本图书被该公司非法印制。但该图书只有在消费者购买之后才进行印制，逐一通过投诉著作权侵权来维权，需要提供每件作品完整的著作权和著作权维权证明，程序较为复杂。并且，某出版社表示，不要求经济损失的赔偿。故著作权行政执法机关建议，举报销售非法出版物可以达到某出版社的维权目的，且在处理程序、证据标准上更为简易。

2. 转交机关

转交机关为地方人民政府著作权行政管理部门。

（二）著作权相关犯罪

1. 接收条件

（1）举报人应当提供所举报事实的情况、被举报人的基本情况、相关证据材料及查证渠道。

（2）被举报人的行为应符合下列条件。

侵犯著作权罪。以营利为目的，有下列侵犯著作权情形之一，违法所得数额较大或者有其他严重情节的：未经著作权人许可，复制发行其文字作品、音乐、电影、电视、录像作品、计算机软件及其他作品的；出版他人享有专有出版权的图书的；未经录音录像制作者许可，复制发行其制作的录音录像的；制作、出售假冒他人署名的美术作品的。

销售侵权复制品罪。以营利为目的，销售明知是《刑法》第217条规定的侵权复制品，违法所得数额巨大的。

（3）提倡实名举报，并为举报人保密。实名举报的，举报人应当留下准确的通讯地址和联系方式。

（4）应主动配合公安机关开展调查工作。

2. 转交机关

转交机关为犯罪地和犯罪嫌疑人居住地的县级及以上公安机关治安管理部门。

【**案例 11**】 涉及刑事犯罪的举报

某人通过 12330 热线反映,在某地仓库中存在销售和大量存放盗版光盘的行为。该举报人称,曾看到仓库内人员为盗版光盘包装、销售,目测盗版光盘的数量在 1 万张左右。维权中心接到举报线索后,认为已经涉嫌构成侵犯著作权罪,将此线索转交当地公安机关处理。公安机关接到举报线索后,立即安排开展侦查活动。

在处理涉案数量较大或数额较高的侵犯知识产权的举报投诉时,应当特别注意判断该案是否有构成犯罪的可能。从举报或投诉人提供的材料判断有构成犯罪的可能的,应当转交公安机关处理。这里要求 12330 热线接收人员熟练掌握各类知识产权犯罪的构罪条件。

五、商业秘密举报投诉

商业秘密举报投诉主要分为以下两个方面的内容。

(一)侵犯商业秘密

1. 接收条件

(1)投诉人是权利人的,应提供姓名(名称)、地址、联系方式等以及著作权权利证明等。

(2)投诉人是被许可使用方或其他利害关系人,应有权利人许可使用的证明或其他证明,并提供姓名(名称)、地址、联系方式以及著作权权利证明等。

(3)投诉人是代理人的,应有权利人委托代理的证明,并提供姓名(名称)、地址、联系方式等。

(4)投诉人应当有相关信息构成商业秘密的鉴定报告,并提供姓名(名称)、地址、联系方式等。

(5)投诉应当有明确的对象,提供被投诉方明确的姓名(名称)和地址等联系方式。

(6)投诉人应当有证明侵权行为存在的必要证据。

(7)当事人没有就该商业秘密侵权纠纷向人民法院起诉。

(8)符合前七条规定的,应告知投诉人按照行政执法机关的具体要求,准备身份证明、鉴定报告等被投诉人侵犯商业秘密的具体事实和初步证据,委托他人代理投诉的应提交授权委托书,域外证据应经过所在国公证和我国驻该国使领馆认证。

2. 转交机关

转交机关为县级以上工商行政管理部门。

(二) 侵犯商业秘密罪

1. 接收条件（投诉）

（1）有证明该商业秘密有效存在的证据，并以书面形式明确其商业秘密的内容、范围或秘密点。

（2）被投诉人的行为应符合下列条件之一：给商业秘密权利人造成损失数额在50万元以上的；因侵犯商业秘密违法所得数额50万元以上的；致使商业秘密权利人破产的；其他给商业秘密权利人造成重大损失的情形。

（3）有证明犯罪嫌疑人接触其商业秘密的初步证据。

（4）有证明商业秘密权利人的损失可能超过50万元的证据，或者有证明其商业秘密的研发成本在100万元以上的证据。

（5）如果投诉他人非法使用其商业秘密的，还应当提供犯罪嫌疑人使用其商业秘密的初步证据。

2. 转交机关

转交机关为行为地、犯罪结果地和犯罪嫌疑人居住地的县级以上公安机关管理经济犯罪的部门。

六、植物新品种权举报投诉

植物新品种权举报投诉主要分为以下两个方面的内容。

(一) 侵犯植物新品种权

1. 投诉接收条件

（1）投诉人是权利人的，应提供姓名（名称）、地址、联系方式、品种权号等。

（2）投诉人是被许可使用方或其他利害关系人，应有权利人许可使用的证明或其他证明，并提供姓名（名称）、地址、联系方式、品种权号等。

（3）投诉人是代理人的，应有权利人委托代理的证明，如果权利人是外国公民、法人或其他组织的，代理人应当具备代理涉外案件的资格，并提供姓名（名称）、地址、联系方式、品种权证号等。

（4）投诉应当有明确的对象，提供被投诉方明确的姓名（名称）和地址等联系方式。

（5）投诉人应当有证明侵权行为存在的必要证据。

（6）当事人任何一方均未向人民法院起诉。

（7）符合前六条规定的，告知投诉人准备身份证明、权利证明、证据材料以及请求相关部门查处的申请文件等。

2. 转交机关

转交机关为省级以上人民政府农业、林业行政部门。

(二) 假冒授权品种

1. 接收条件

(1) 举报。

本身不是授权品种而冒称是授权品种的情况。

① 举报人提供姓名（名称）、地址、联系方式的，应当记录，不愿意提供的可以匿名举报。

② 被举报人明确的姓名（名称）和地址（摊位号）、联系方式。

③ 初步判断侵权存在的必要的证据，如相关的实物或者照片。

(2) 投诉。

冒充真实获得授权的品种的情况。

① 投诉人是权利人的，应提供姓名（名称）、地址、联系方式以及品种权号等。

② 投诉人是被许可使用方或其他利害关系人，应有权利人许可使用的证明或其他证明，并提供姓名（名称）、地址、联系方式以及品种权号等。

③ 投诉人是代理人的，应有权利人委托代理的证明，并提供姓名（名称）、地址、联系方式以及品种权证号等。

④ 投诉应当有明确的对象，提供被投诉方明确的姓名（名称）和地址等联系方式。

⑤ 投诉人应当有明确的请求事项和具体的事实、理由并能够提供证明侵权行为存在的必要证据。

2. 转交机关

转交机关为县级以上人民政府农业、林业行政部门。

七、地理标志产品举报投诉

地理标志产品举报投诉主要包括举报接收条件和转交机关这两部分内容。

1. 举报接收条件

(1) 属于各地质检机构管辖的侵犯地理标志的行为。

(2) 有被举报人的名称、住址、违法行为发生地和违法行为的简要说明。

（3）有举报人的名称、住址、联系方式等。

2. 转交机关

转交机关为各级质量技术监督局（国内）和出入境检验检疫局（出口企业）。

八、集成电路布图设计举报投诉

集成电路布图设计举报投诉主要包括投诉接收条件和转交机关这两部分内容。

1. 投诉接收条件

布图设计专有权侵权纠纷投诉的接收条件为以下几点。
（1）该布图设计已登记、公告。
（2）投诉人是布图设计权利人或者与该侵权纠纷有直接利害关系的单位或者个人。
（3）有明确的被投诉人。
（4）有明确的投诉事项和具体的事实、理由。
（5）当事人任何一方均未就该侵权纠纷向人民法院起诉。

2. 转交机关

转交机关为国家知识产权局集成电路布图设计行政执法委员会。

九、知识产权海关举报投诉

知识产权海关举报投诉主要包括接收条件和转交机关这两部分内容。

1. 接收条件

（1）依职权处理的接收条件为以下几点。
① 举报的知识产权应当是在海关总署备案的知识产权。
② 被举报人明确的姓名（名称）和地址（摊位号）、联系方式以及证据线索。
③ 举报人应当提供航班号、时间、运抵国、物品品名等相关信息。
④ 应在货物进出境或者旅客进出境前24小时举报。
（2）依申请处理的接收条件为以下几点。
① 投诉人应当是知识产权权利人。
② 提供知识产权权利人的名称或姓名、注册地或者国籍。
③ 提供知识产权的名称、内容及其相关信息。
④ 提供侵权嫌疑货物收货人和发货人的名称。
⑤ 提供侵权嫌疑货物名称、规格等。
⑥ 提供侵权嫌疑货物可能进出境的时间、交通工具等。

⑦ 应当有证明侵权行为存在的必要证据。
⑧ 如果知识产权在海关总署备案的,应提供海关备案号。

2. 转交机关

转交机关为全国各直属海关。

【本章小结】

本章首先介绍了知识产权举报投诉工作的背景和现状、工作职责、工作机制,使读者对知识产权举报投诉工作有一个系统的了解,明确"做什么"。其次介绍了知识产权举报投诉从接收、转交到反馈、跟踪的工作流程,并分别列举了各类知识产权举报投诉的接收条件、转交机关,介绍举报投诉"怎么做"。

另外,为提升12330热线举报投诉的接收量,还要注重提高12330热线在权利人和社会公众中的认知度,通过多种手段搭建与企业、权利人直接沟通和服务的渠道,并做好权利人和行政机关之间需求和服务的沟通,不断丰富知识产权举报投诉服务内容,提升服务质量。

【重点概念】

(1) 知识产权举报投诉工作的目的、意义。
(2) 知识产权举报和投诉的内容及区别。
(3) 各类知识产权举报、投诉的接收条件和转交机关。

【复习思考题】

一、名词解释

(1) 知识产权举报、投诉。
(2) 知识产权举报投诉跨区域协办机制。

二、思考题

(1) 所在地区与知识产权相关的行政管理和执法机关都有哪些?分别开展了哪些知识产权举报投诉以及服务的工作?
(2) 知识产权举报投诉与知识产权维权援助的区别和联系是什么?
(3) 所在地区的重点行业是什么?该行业内热点、重点知识产权问题有哪些?
(4) 在开展举报投诉工作的同时还可以开展哪些工作,以支持行政执法活动、提升区域知识产权保护意识和能力?

三、案例分析题

某维权中心接到电话咨询:在一款医疗器械上,标注了为"ZL93118717.1"的信息,该专利号是否真实有效。经检索,上述专利号不存在，将最后一位校验码去掉后重新搜索，得到的专利号为"ZL93118717.6"的专利合法有效，但所对应的专利与相关产品不符。

（1）不经检索，上述专利号能够反映哪些信息？

（2）上述行为是否侵权或违法？应由哪个部门处理？

（3）如果侵权或违法，可由何人承担何种法律责任？

第九章　知识产权快速协同保护

【本章学习目标】
1. 了解知识产权快速协同保护工作的基本内容
2. 掌握知识产权保护中心主要工作制度、职能与流程

第一节　概　　述

一、工作背景

知识产权快速协同保护工作的思路提出、实践探索源于知识产权快速维权工作。2010年，国家知识产权局批复设立中国中山（灯饰）知识产权快速维权中心（以下简称中山快维中心）。在国家知识产权局局内相关部门大力支持与指导下，中山快维中心积极探索、勇于创新，大力整合各方资源，有效打通审查、确权、维权各环节，有效提升了当地的知识产权保护水平，得到包括权利人、地方政府在内的社会各界的充分肯定。在全面总结中山快维中心工作经验的基础上，按照中共中央关于知识产权保护工作的部署要求，国家知识产权局于2012年印发《关于开展知识产权快速维权试点工作的通知》（国知发管字〔2012〕112号），提出在全国具有优势地位的集聚产业，在产业集聚度高、知识产权快速维权需求强烈、工作条件成熟的地区科学有序推进知识产权快速维权试点工作，加快构建专利快速维权工作机制，积极探索具有中国特色的知识产权制度的有效运行模式，促进知识产权保护长效机制建设。

此后，知识产权快速维权工作全面展开，覆盖范围进一步扩大，截至2018年11月全国已经设立20家知识产权快速维权中心。各快维中心积极配合开展外观设计专利快速审查与确权工作，并结合本地区产业特点，建立了各具特色的快速维权机制，为企业技术创新和集聚产业发展提供了有力支撑。经过六年的探索和实践，快速维权工作在促进知识产权保护与产业创新发展深度融合，打通创造、保护、运用、服务权链条，推进知识产权严保护、大保护、快保护、同保护等方面进行了先行探索，积累了有益经验。数据显示，相关产业领域的审查效率得到显著提升，外

观设计专利审查周期缩短至 10 个工作日，使相关领域的外观专利申请审批速度与产品研发上市周期同步；通过接受上级地方知识产权局委托方式开展执法工作，专利侵权纠纷案件处理周期由 3 个月缩短为 1 个月时间。

知识产权快速维权工作得到了国务院的高度肯定。2017 年 9 月，国务院办公厅印发《关于推广支持创新相关改革举措的通知》，明确将"依托知识产权快速维权中心，开展集专利快速审查、确权、维权于一体的综合服务"列入支持创新相关改革举措推广清单。

十八大以来，党中央、国务院明确指出我国经济发展进入新常态，要将创新作为引领发展的第一动力，要充分发挥知识产权制度激励创新的基本保障作用。为落实党中央、国务院关于严格知识产权保护决策部署，积极推进知识产权领域"放管服"改革，2016 年 11 月，国家知识产权局印发《关于开展知识产权快速协同保护工作的通知》（国知发管字〔2016〕92 号），决定在有条件的地方的优势产业集聚区，依托一批重点产业知识产权保护中心，开展集快速审查、快速确权、快速维权于一体，审查确权、行政执法、维权援助、仲裁调解、司法衔接相联动的产业知识产权快速协同保护工作。保护中心的快速维权职能全面拓展升级，实现从外观设计向发明和实用新型专利拓展、从专利审查向复审无效拓展、从单一产品向整个产业拓展。

知识产权快速协同保护工作也得到了国务院的高度重视与认可。2017 年 7 月，国务院印发《关于强化实施创新驱动发展战略 进一步推进大众创业万众创新深入发展的意见》，其中将"建立完善知识产权运用和快速协同保护体系，扩大知识产权快速授权、确权、维权覆盖面，加快推进快速保护由单一领域向多领域扩展"列为第一项工作措施。

二、工作特点

2017 年 6 月，国家知识产权申长雨局长在快速协同保护专题会议上指出要将快速协同保护工作与产业发展相结合、与地方局工作职能相结合、与国家知识产权局审查业务相结合；以快速维权机制为基础，实现从外观设计专利向发明和实用新型专利拓展、从审查向复审无效拓展、从单一产品向整体行业拓展。申长雨局长的重要指示，准确概括了知识产权快速协同保护工作的两大特点，即"三结合"和"三拓展"，同时也明确了知识产权快速协同保护工作的发展方向。

"三结合"体现了快速协同保护工作是国家局和地方局上下联动，共同服务本地优势产业创新发展的生动实践。具体而言，地方知识产权局申请设立保护中心开展快速协同保护工作，负责保护中心的建设，为保护中心的队伍建设、场地设备、运行经费等提供支撑保障，国家知识产权局负责保护中心的授牌授章、业务指导、人员培训和监督考核等业务运行方面工作。保护中心所在地知识产权局是保护中心的直接管理部门，负责对保护中心的全面领导与管理，负责推进保护中心各项工作，国家知识产权局在业务上对保护中心进行考核，监控工作质量。

"三拓展"体现了相对于快速维权工作，知识产权快速协同保护工作进行了全方位深化，是知识产权快维中心的"升级版"。一是知识产权快速维权中心的快速通道只面向外观设计专利，而保护中心的快速申请通道面向发明、实用新型和外观设计；二是保护中心可依托专利复审委员会，开展相关复审无效业务；三是知识产权快速维权中心服务的是单一类型产品，如中山快维中心服务的仅仅是当地灯饰产品，而保护中心服务的是当地特定的产业或行业，如长沙知识产权保护中心服务的是当地的智能制造产业，其服务面更加宽泛。

三、工作现状

自知识产权快速协同保护工作开展以来，均列入历年国家知识产权局党组重点工作。作为快速协同保护工作的重要载体，保护中心的建设正在积极、有序、稳步推进。国家知识产权局贺化副局长多次主持召开办公会，就明确国家知识产权局内参与部门的分工、完善保护中心建设内部方案、确保快速审查全流程畅通、推进指导中心建设等提出了工作要求。

截至2018年11月，国家知识产权局先后批复启动建设23家保护中心，包括广东、四川、北京、浙江等4家省级保护中心，常州、烟台、长沙、浦东、佛山、中关村、南京、东营、宁波、南昌、潍坊、沈阳、武汉、西安、深圳、新乡、滨海新区、济南、苏州等19家市级保护中心，覆盖新一代信息技术、高端装备制造、生物医药、新材料、新能源、汽车制造、现代食品、光电子信息等产业。其中，长沙、烟台、常州、浦东、佛山、南京、南昌等7家保护中心已经通过验收，并正式运行。

从保护中心的实际运行效果来看，经过反复研究论证、案例测试，在符合法律法规的前提下，压缩精简专利审查和确权各个环节周期和程序，对接预审与审查工作流程环节，完成相应信息化系统的升级改造，最终实现了发明审查周期压缩至3个月以内、实用新型审查周期压缩至1个月以内、外观设计审查周期压缩至10个工作日以内的目标。总的来说，保护中心的有关审查系统运行稳定、审查流程设置合理，预审工作开展平稳，快速审查达到了预期效果。

第二节 保护中心的建设与运行

一、工作目标

按照整体工作思路，知识产权保护中心建成后，将以专利导航为切入，聚焦产业核心技术与关键环节的技术创新；以快速审查和确权为手段，转化高水平技术创新形成高质量专利；以行政保护为重点，综合运用司法协作、仲裁调解、维权援助、社会诚信、行业自律等方式，构筑全方位产业知识产权保护网络；以专利预警为抓手，把控产业知识产权风险点，予以精准保护和防范；以专利运营为驱动，促进高质量专利实现价值最大化，激励创新主体二次研发、深度开发。

二、职责分工

根据工作部署，在业务运行方面，国家知识产权局负责保护中心的授牌授章、业务指导、人员培训和监督考核等工作。保护中心所在地政府负责保护中心的建设，为保护中心的队伍建设、场地设备、运行经费等提供支撑保障。保护中心所在地知识产权局是保护中心的直接管理部门，负责对保护中心的全面领导与管理，负责推进保护中心各项建设和运行工作。

省（区、市）知识产权局负责协调地方政府推进保护中心各项建设工作，对保护中心的建设和运行情况进行业务指导与监督检查。省级保护中心应该加强与省内市级保护中心和快速维权中心的业务协作。市级保护中心和快速维权中心可代接收省级保护中心所属领域的专利预审请求，并移交省级保护中心。快速维权中心可根据当地产业发展需要，在满足设立保护中心各项条件的情况下，提出升级为保护中心的申请。

三、建设流程

为了确保保护中心高标准建设、高水平运行，保护中心采取分"两步走""五环节"的方式开展建设，即设置了"预批复筹建"和"考核合格挂牌运行"两个步骤进行标准把控，具体分为五个环节进行审批建设：

（1）申报环节。申报省级保护中心，由各省（区、市）地方政府向国家知识产权局申报请求；申报市级保护中心，由相关城市人民政府向所在省（区、市）知识产权局提交申报材料，省知识产权局审核通过后，以推荐函形式报请国家知识产权局审批。

（2）实地审核。收到申报请求后，国家知识产权局将成立审核组对申报材料、产业情况进行初步审核，初审通过后赴现场开展实地考察。

（3）预批复。根据考察情况，针对基本符合建设要求的地区，形成同意建设保护中心的请示报国家知识产权局审批，审批通过后批复同意建设保护中心。

（4）现场验收。已批复同意建设的中心须按照申报时承诺的条件在批复后8个月内完成队伍建设、条件建设等工作，国家知识产权局将派出工作组对各项建设工作开展实地验收。

（5）挂牌运行。通过验收的中心可申请挂牌、授章并联通网络，挂牌授章通网后即可正式开展业务。

第三节　保护中心主要工作职能

根据《国家知识产权局关于开展知识产权快速协同保护工作的通知》（国知发管字〔2016〕92号）的规定，知识产权保护中心主要工作职能包括快速审查与确权、快速维权、保护协作以及知识产权综合运用。

一、快速审查与确权

综合考虑国家知识产权局的审查承载能力、保护中心建设规划和产业发展需求，促进高质量专利创造、高水平专利审查、高价值专利培育，保护中心在运行中实行分类号和申请主体备案制度，即保护中心需要将服务产业领域的分类号和产业领域相关申请主体名单上报国家知识产权局进行备案。

1. 分类号备案

各保护中心根据批复文件中所明确的产业领域，结合本地相关产业知识产权实际需求，向国家知识产权局提交拟开展快速预审服务的技术领域，一般发明和实用新型专利限定至IPC分类号的小类，外观设计专利限定至洛迦诺分类的小类，经国家知识产权局审定后确定最终的技术领域。保护中心可根据实际需要，向国家知识产权局申请调整快速预审服务的技术领域（分类号）。

2. 申请主体备案

保护中心应当对拟进入快速审查通道的企业、高校、科研院所等进行备案管理，并将名单上报国家知识产权局。未备案的企事业单位，保护中心不得通过快速审查通道将其专利申请提交至国家知识产权局。

3. 备案条件

备案主体应为在保护中心所服务区域内进行登记注册的企事业单位。备案主体的主要生产、研发或经营方向，属于保护中心所服务的产业领域。自提交备案申请一年之内，存在"非正常"申请的企事业单位，不可备案；一年以上的，需提交申请质量承诺书后，方可备案。

4. 备案原则

按照知识产权"同保护"的要求，保护中心对于符合备案条件的，不论内资外资、本地企业或外地在本地注册的企业、国企民企、大企业或中小微企业，均应当准予备案。备案标准和完成备案的申请主体名单，应当向社会公开。

关于保护中心的快速审查与确权业务，可以分为以下4类：

（1）保护中心可以对本地区相关产业中拟请求加快的发明、实用新型、外观设计专利申请，开展预审服务。申报专利申请快速预审，需具备以下条件：

①申请主体为在保护中心完成备案的单位；

②拟提交的专利申请属于保护中心服务的技术领域；

③申请人申报专利申请预审服务时须签订《知识产权保护中心专利申请须知》和《承诺书》,并确保专利申请符合须知和承诺书中相关要求。

预审工作属于公益服务性质,由申请人自愿提出,目的是使专利申请符合快速审查的有关要求,提交预审的日期不是法律上的申请日期。通过预审的专利申请,提交至国家知识产权局受理并确定申请日,之后由国家知识产权局专利审查部门进行快速审查。

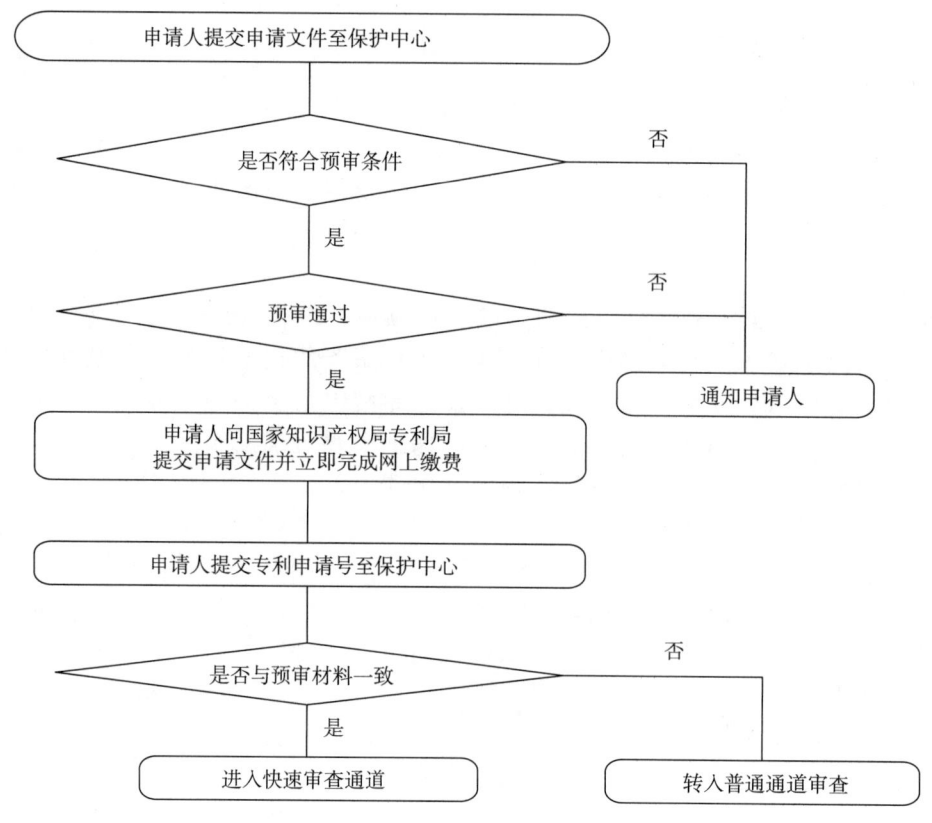

图 9-1 专利申请预审服务流程图

预审服务的主要内容包括:

①对拟提交的专利申请进行初步分类,判定是否属于保护中心服务的技术领域范围;

②对拟提交的专利申请文件的形式和内容进行审查;

③拟提交的专利申请是否存在涉及国家安全或者重大利益的情形;

④拟提交的专利申请是否存在低质量问题;

⑤对拟提交的发明专利申请的单一性和新颖性进行审查。

(2)保护中心可以对本地区相关产业中拟请求的专利复审案件和无效宣告案件,开展预审服务。保护中心经专利复审委员会授权后,可以承担复审案件和无效宣告案件的立案审查等工作。

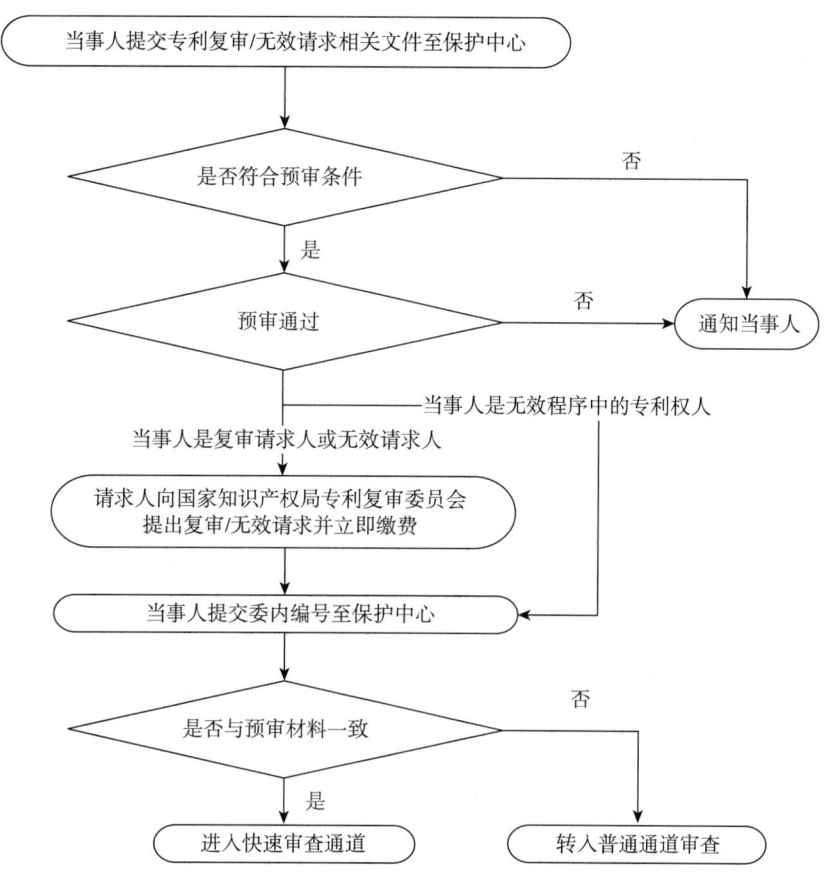

图9-2 专利复审及无效请求快速预审服务流程图

（3）保护中心可以对本地区相关产业中拟请求的实用新型和外观设计专利评价报告请求，进行申请材料审核（是否符合保护中心的接收的领域和区域范围）。

（4）保护中心可以根据需要，向国家知识产权局专利局和专利复审委员会请求开展专利巡回审理或远程审理。

二、快速维权

（一）协助开展专利行政执法

根据《专利行政执法办法》有关规定，有实际处理能力的保护中心可以受地方知识产权局委托，查处假冒专利行为、调解专利纠纷。因此保护中心可以接受地方知识产权局委托调解专利纠纷，协助地方知识产权局开展执法维权工作。地方知识产权局应对保护中心工作进行监督和指导，并承担法律责任。保护中心只能以委托主体的名义开展执法工作，且必须自行开展而不得转委托其他组织和个人。

（二）知识产权维权援助

保护中心可以开通12330知识产权维权援助热线电话，对接知识产权维权援助网络平台，建立举报投诉快速反应机制，实现快速移交、快速办理、快速反馈。保护中心的知识产权维权援助服务侧重于对特定产业的知识产权侵权和假冒线索的接受和处理。同一个城市已经开通12330热线，可通过语音提示进行转接。保护中心知识产权维权援助的具体工作流程可参照《关于加强知识产权维权援助中心举报投诉维权服务工作的通知》（国知发管字〔2010〕139号）的相关规定。

（三）专利侵权判定咨询服务

保护中心可以建立专利侵权判定咨询机制，成立专利侵权判定咨询专家库，充分发挥专业人员和专利数据资源的作用，同时可以根据请求，对知识产权局、电商平台、辖区内相关优势产业的企业提交的专利侵权纠纷，出具侵权判定咨询意见。

（四）海外维权

保护中心可以在知识产权局的领导下，建立海外知识产权维权专家库，推动设立专项基金，支持鼓励企业积极应对海外知识产权纠纷。保护中心还可以根据企业实际需要，为企业参加海外大型国际展会提供知识产权维权服务。

三、保护协作

（一）支持执法协作

保护中心可以配合上级知识产权局加强与公安、市场监管、版权、海关等相关部门的执法协作，强化优势产业的知识产权保护信息沟通、数据共享、风险研判和办案协作等机制，配合开展联合执法行动，协同打击知识产权侵权假冒行为。

（二）联合惩戒知识产权失信行为

保护中心可以配合上级知识产权局，联合相关部门建立产业知识产权失信"黑名单"，将存在重复侵权、拒不执行行政处理决定或行政处罚决定、存在非正常申请行为及违法违规从事专利代理者列入"黑名单"。结合实际需要，可定期面向社会公布知识产权失信"黑名单"，并对失信企业或个人进行联合惩戒。

（三）推进与司法衔接

保护中心可以配合上级知识产权局，与人民法院、公安、检察院等司法部门探索建立信息共享、工作互动、执法协作等协作机制，设立知识产权巡回审判法庭，强化行政执法与刑事司法的紧密衔接，对行政调解执行当事人拒不履行行政决定的，促进人民法院、公安、检察院快速依法依规及时受理、司法鉴定、审查并执行，发挥好行政保护与司法保护的优势互补作用。

在保护中心主持下达成的专利侵权纠纷调解协议，可引导知识产权纠纷双方当事人自调解协议生效之日起三十日内共同向法院申请司法确认。在人民法院依法确认调解协议的效力后，保护中心应对调解协议的履行情况进行监督，督促当事人履行约定的义务。一方当事人拒绝履行或者未全部履行的，应告知对方当事人向人民法院申请执行。因不符合法律规定，被人民法院裁定驳回司法确认申请的，保护中心可以组织当事人通过二次调解变更原调解协议或者达成新的调解协议。

（四）仲裁

保护中心可以加强与仲裁机构的合作，依法探索建立知识产权纠纷仲裁机制，完善仲裁协议效力、证据规则、仲裁程序、裁决依据等内容，发挥仲裁制度在化解各类知识产权纠纷方面的作用。

（五）引导行业自律

保护中心可以建立与相关行业协会沟通协作机制，推进成立产业知识产权保护联盟，指导联盟组织各成员签订知识产权保护承诺书，建立对存在恶意侵权行为的企业采取惩罚机制，促进行业自律。指导建立产业知识产权侵权监控机制，对相关领域知识产权布局情况进行有针对性的跟踪分析，预判知识产权风险和威胁。指导建立产业知识产权风险应对机制，主动采取知识产权联合布局、防御性知识产权收购、知识产权许可谈判和启动专利权无效程序等多种形式，共同应对可能发生的产业重大知识产权纠纷与争端，增强风险防范和处置能力，保障产业发展安全。

四、综合运用

保护中心应该发挥其人才优势、服务资源和支撑作用，承担产业专利导航、专利分析预警、高价值专利培育运营等与知识产权运用相关的政府委托任务和产业共性的公共服务。

（一）专利导航服务

根据知识产权局的委托，保护中心可承担本区域内的产业规划类专利导航项目组织实施工作，按照知识产权局及相关部门的要求，根据相关区域发展战略和产业发展规划，拟定本区域产业专利导航工作计划，编制项目申报指南，制定管理规范和业务标准，并具体组织实施。指导本地企业实施企业运营类专利导航项目，并按规定开展备案工作。

保护中心可以围绕确定的重点产业领域，主动开展前瞻性专利导航分析，跟踪产业知识产权竞争态势，预警产业知识产权风险，明晰产业发展方向和创新重点，规划产业结构调整和升级路径，为相关政府部门提供信息参考和决策支撑，打造专业性知识产权智库。

（二）专利运营服务

保护中心可以建立高价值专利培育联动机制，将快速审查、快速确权、快速维权等业务与政府引导支持的产业专利导航、高价值专利培育等项目载体有效对接，予以重点支持，打通专利导航布局与审查确权、维权保护的快速通道，积极培育高价值专利组合。

保护中心可以围绕当地产业发展共性需求和公共领域，与行业协会、产业知识产权联盟、龙头企业等深度合作，因地制宜开展产业知识产权运营服务，对通过保护中心快速审查通道授权的专利进行专利价值评估，并与区域内各类知识产权运营中心（平台）和国家知识产权运营公共服务平台等进行项目对接，加速高价值专利转移转化，推动行业知识产权协同创造、联合保护、集中管理和集成运营。

（三）其他专利服务

保护中心还可以协助知识产权局开展知识产权评议、区域布局、分析预警等工作。

【本章小结】

本章介绍了知识产权快速协同保护工作的制度、职能与流程，主要是保护中心的建设与运行情况、主要工作职能，重点介绍了快速审查与确权、快速维权、保护协作以及知识产权综合运用。

【重点概念】

（1）快速协同保护。

（2）保护中心申请主体备案原则。

（3）保护中心"三结合"和"三拓展"。

【复习思考题】

一、名词解释

（1）专利预审。

（2）知识产权快速协同保护。

二、思考题

（1）知识产权保护中心在快速维权中心职能的基础上作了哪些拓展？

（2）保护中心的专利申请主体备案的条件和原则是什么？

（3）保护中心开展查处假冒专利行为、调解专利纠纷需要在执法主体方面注意哪些问题？

第十章 其他知识产权行政执法

【本章学习目标】
1. 了解商标行政执法基本知识和程序
2. 了解版权行政执法基本知识和程序
3. 了解植物新品种行政执法基本知识和程序
4. 熟悉海关行政执法基本知识和程序

第一节 概 述

本书所称其他知识产权行政执法是指专利行政执法以外的其他类型知识产权的行政执法,主要包括商标行政执法、版权行政执法、海关行政执法、不正当竞争行政执法、植物新品种行政执法等。其中以商标行政执法、版权行政执法最为常见,案件量也逐年上升。上述行政执法可以由权利人举报后进行,也可以行政执法机关依职权在辖区内进行执法。上述行政执法各有特点,如海关行政执法一般需要备案,不正当竞争的行政执法由非知识产权部门(工商局主管市场的部门)进行,同时质监、卫生等部门也从产品质量监管、卫生监督的角度对侵犯知识产权行为开展行政执法,有效弥补了知识产权行政执法的不足。

第二节 商标行政执法

一、商标行政执法的范围

(1)根据《商标法》第60~61条的规定,工商行政管理部门可以对下列情形进行查处。

① 对侵犯注册商标专用权的行为进行处理。

② 根据当事人的请求,可以就侵犯商标专用权的赔偿数额进行调解。

(2)同时,《商标法》还赋予地方工商行政管理部门对商标使用的管理权限,以对使用商标产品的质量予以控制和管理,包括使用注册商标但其商品粗制滥造以次充好欺骗消费者的，由各级工商行政管理部门根据具体情况，责令限期改正，并可以予以通报或者处以罚款，或者由商标局撤销其注册商标。

二、商标行政执法案件的管辖

按照《商标法》第 62 条的规定，由县级以上工商行政管理机关对涉嫌侵犯他人注册商标专用权的行为进行查处。

三、侵犯注册商标专用权的类型

按照《商标法》第 57 条和《商标法实施条例》第 76 条规定，侵犯注册商标专用权的行为有以下几种。

（1）未经商标注册人的许可，在同一种商品上使用与其注册商标相同的商标的；

（2）未经商标注册人的许可，在同一种商品上使用与其注册商标近似的商标，或者在类似商品上使用与其注册商标相同或者近似的商标，容易导致混淆的；

（3）销售侵犯注册商标专用权的商品的；

（4）伪造、擅自制造他人注册商标标识或者销售伪造、擅自制造的注册商标标识的；

（5）未经商标注册人同意，更换其注册商标并将该更换商标的商品又投入市场的；

（6）故意为侵犯他人商标专用权行为提供便利条件，帮助他人实施侵犯商标专用权行为的；

（7）给他人的注册商标专用权造成其他损害的。

（8）在同一种商品或者类似商品上将与他人注册商标相同或者近似的标志作为商品名称或者商品装潢使用，误导公众的。

四、商标侵权行政执法程序

商标侵权行政执法程序主要分为以下四个方面的内容。

（一）立案

（1）由商标权利人或者利害关系人请求工商行政管理部门立案处理。

权利人应该向侵权人所在地或者侵权行为地的县级以上工商行政管理机关以书面形式提出。

请求书应写明请求的事由、请求的法律依据、请求人的名称、地址、侵权人的名称地址以及侵权行为地等，在提交请求书时，请求人应出具其权利证明文件，同时附送被控方侵权的证据材料。

（2）工商行政管理部门可以主动依法立案并查处。

(3) 对侵犯注册商标专用权的行为，任何人都可以向工商行政管理部门投诉或者举报，经查证属实，工商行政管理部门予以立案处理。

(二) 调查

县级以上工商行政管理部门根据已经取得的违法嫌疑证据或者举报对涉嫌侵犯他人注册商标专用权的行为进行查处时，可以行使下列职权。

(1) 询问有关当事人，调查与侵犯他人注册商标专用权有关的情况。

(2) 查阅、复制当事人与侵权活动有关的合同、发票、账簿以及其他有关资料。

(3) 对当事人涉嫌从事侵犯他人注册商标专用权活动的场所实施现场检查。

(4) 检查与侵权活动有关的物品；对有证据证明是侵犯他人注册商标专用权的物品，可以查封或者扣押。

调查时，应由两名工商行政管理人员进行，工商行政管理部门依法行使前款规定的职权时，当事人应当予以协助、配合，不得拒绝、阻挠。

(三) 结案

(1) 认定侵权行为成立的，责令立即停止侵权行为，没收、销毁侵权商品和专门用于制造侵权商品、伪造注册商标标识的工具，并可处以罚款。

(2) 侵权人期满不起诉又不履行的，工商行政管理部门可以申请人民法院强制执行。

(四) 行政诉讼

当事人对处理决定不服的，可以自收到处理通知之日起 15 日内依照《行政诉讼法》向人民法院起诉。侵权人期满不起诉又不履行的，工商行政管理部门可以申请人民法院强制执行。进行处理的工商行政管理部门根据当事人的请求，可以就侵犯商标专用权的赔偿数额进行调解。调解不成的，当事人可以依照《民事诉讼法》向人民法院起诉。

【案例】 侵犯商标专用权行为的行政处罚

2006 年 3 月，A 公司向 H 区工商分局投诉 B 公司侵害其商标专用权；2006 年 9 月 25 日，H 区工商分局依法查明，并出具行政处罚决定书，责令 B 公司立即停止侵权行为，没收侵犯注册商标专用权的杂志 432 本，并处以 935 965.28 元罚款。

期间，B 公司认为 H 区工商分局系跨区执法，查抄其公司的电脑等办公用品，且处罚数额过高，违反行政法规。同时认为其系将涉案商标作为报纸杂志的名称使用，其使用行为也比投诉人早。遂向 H 区法院提起行政诉讼。

H 区法院最终经审理查明，H 区工商分局系依市工商局指令查处该案，具有管辖权，执法程序合法，最终驳回了 B 公司的诉讼请求。

第三节 版权行政执法

一、版权行政执法的范围

按照《著作权法》《计算机软件保护条例》《信息网络传播权保护条例》《著作权行政处罚实施办法》等的规定，侵犯著作权同时损害公共利益的，可以请求著作权行政管理部门处理。

二、版权行政执法案件的管辖

此处的版权行政执法，即著作权行政执法，版权行政执法案件一般由侵权行为实施地、侵权结果发生地、侵权复制品储藏地或者依法查封扣押地的县级以上著作权行政管理部门负责查处。

两个以上地方著作权行政管理部门对同一违法行为均有管辖权时，由先立案的著作权行政管理部门负责查处该违法行为。地方著作权行政管理部门因管辖权发生争议或者管辖不明时，由争议双方协商解决；协商不成的，报请共同的上一级著作权行政管理部门指定管辖，其共同的上一级著作权行政管理部门也可以直接指定管辖。

三、侵犯著作权的类型

（1）未经著作权人许可，复制、发行、表演、放映、广播、汇编、通过信息网络向公众传播其作品的，本法另有规定的除外。

（2）出版他人享有专有出版权的图书的。

（3）未经表演者许可，复制、发行录有其表演的录音录像制品，或者通过信息网络向公众传播其表演的，本法另有规定的除外。

（4）未经录音录像制作者许可，复制、发行、通过信息网络向公众传播其制作的录音录像制品的，本法另有规定的除外。

（5）未经许可，播放或者复制广播、电视的，本法另有规定的除外。

（6）未经著作权人或者与著作权有关的权利人许可，故意避开或者破坏权利人为其作品、录音录像制品等采取的保护著作权或者与著作权有关的权利的技术措施的，法律、行政法规另有规定的除外。

（7）未经著作权人或者与著作权有关的权利人许可，故意删除或者改变作品、录音录像制品等的权利管理电子信息的，法律、行政法规另有规定的除外。

（8）制作、出售假冒他人署名的作品的。

（9）复制或者部分复制著作权人的软件的。

（10）向公众发行、出租、通过信息网络传播著作权人的软件的。

（11）故意避开或者破坏著作权人为保护其软件著作权而采取的技术措施的。

（12）故意删除或者改变软件权利管理电子信息的。

（13）转让或者许可他人行使著作权人的软件著作权的。

四、版权行政执法程序

版权行政执法程序主要分为以下四个方面的内容。

（一）立案

著作权行政管理部门可以自行决定立案查处，或者根据有关部门移送的材料决定立案查处，也可以根据被侵权人、利害关系人或者其他知情人的投诉或者举报决定立案查处。

投诉人申请立案查处的，应当提交申请书、权利证明、被侵权作品（或者制品）以及其他证据。申请书应当说明当事人的姓名（或者名称）、地址以及申请查处所根据的主要事实、理由。著作权行政管理部门应当在收到所有投诉材料之日起15日内决定是否受理并通知投诉人。批准立案的指定两名以上办案人员进行调查处理。

（二）调查

立案后，办案人员应当及时进行调查，并要求法定举证责任人在著作权行政管理部门指定的期限内举证。办案人员取证时可以采取查阅、复制文件档案、抽样取证、登记保存等手段收集、调取有关证据。

执法人员在执法过程中，发现违法行为正在实施，情况紧急来不及立案的，可以采取对侵权复制品和主要用于违法行为的材料、工具、设备等依法先行登记保存等紧急措施。

调查终结后，办案人员应当提交案件调查报告，说明有关行为是否违法，提出处理意见及有关事实、理由和依据，并附上全部证据材料。

著作权行政管理部门拟作出行政处罚决定的，应当由本部门负责人签发行政处罚事先告知书，告知当事人拟作出行政处罚决定的事实、理由和依据，并告知当事人依法享有的陈述权、申辩权和其他权利。

当事人要求陈述、申辩的，应当在被告知后7日内，或者自发布公告之日起30日内，向著作权行政管理部门提出陈述、申辩意见以及相应的事实、理由和证据。当事人在此期间未行使陈述权、申辩权的，视为放弃权利。

办案人员应当充分听取当事人的陈述、申辩意见，对当事人提出的事实、理由和证据进行复核，并提交复核报告。著作权行政管理部门负责人对案件调查报告及复核报告进行审查，并根据审查结果作出处理决定。

（三）结案

对确属侵权行为的，著作权行政管理部门可以责令停止侵权行为，没收违法所得，没收、销毁侵权复制品，并可处以罚款。情节严重的，著作权行政管理部门还可以没收主要用于制作侵权复制品的材料、工具、设备等。

有《著作权法》第48条所列侵权行为，同时损害社会公共利益的，著作权行政管理部门可以处非法经营额3倍以下的罚款。非法经营额难以计算的，可以处10万元以下的罚款。

（四）行政诉讼

当事人对行政处罚不服的，可以自收到行政处罚决定书之日起6个月内向人民法院起诉，期满不起诉又不履行的，著作权行政管理部门可以申请人民法院强制执行。

第四节 知识产权海关保护

知识产权海关保护，是指海关对与进出口货物有关并受中华人民共和国法律、行政法规保护的商标专用权、著作权和与著作权有关的权利、专利权实施的保护。需要特别指出的是，中国禁止侵犯知识产权的货物进口和出口，施行双向保护制度。简单来说，知识产权海关保护就是知识产权边境保护，在货物进出境时，对与货物有关的知识产权实施保护，或者更简单来讲，就是海关对侵犯知识产权的进出口货物进行查处。那么，是不是所有的商标、专利、版权、商业秘密、植物新品种、集成电路布图设计等知识产权都可以受到海关保护呢？不是，只有商标权、专利权、版权，以及奥林匹克标志专有权，才受到海关保护。

一、知识产权海关保护备案

知识产权海关保护备案主要分为以下六个方面的内容。

（一）知识产权海关保护备案的概念

知识产权海关保护备案，是指知识产权权利人按照《知识产权海关保护条例》的规定，将其知识产权的法律状况、有关货物的情况、知识产权合法使用情况和侵权货物进出口情况以书面形式通知海关总署，以便海关在对进出口货物的监管过程中能够主动对有关知识产权实施保护。

（二）可申请海关备案的知识产权

（1）国家工商行政管理总局商标局核准注册的商标（服务商标除外）。

（2）在世界知识产权组织注册并延伸至我国的国际注册商标（服务商标除外）。

(3) 国家知识产权局（包括原中国专利局）授予的发明、外观设计、实用新型专利。

(4)《保护文学和艺术作品的伯尔尼公约》（以下简称《伯尔尼公约》）成员国的公民或者组织拥有的著作权和与著作权有关的权利。

（三）海关备案申请人的资格

只有知识产权权利人可以申请知识产权海关保护备案。这里"知识产权权利人"是指我国《商标法》《专利法》和《著作权法》中规定的商标注册人、专利权人、著作权人和与著作权有关的权利人。

使用知识产权的被许可人不能以自己的名义申请知识产权备案，但是可以接受商标注册人、专利权人、著作权人和与著作权有关的权利人的委托，以其代理人的身份提出申请。这里有一个问题，就是知识产权共有人如何备案，比如一个商标是3个人共同注册的，是3个人都必须提出申请还是1个人提出备案申请即可？只要有1个共有人提出申请其他共有人就没必要再次提交。

（四）备案所需资料

1. 申请人身份证明文件

申请人为个人的，提供个人身份证件复印件（需在复印件上签章）；申请人为公司的，提供营业执照复印件或其他注册登记文件复印件（需在复印件上签章）；外文注册证明应当提供中文译本。

2. 权利证明文件

申请专利备案要提供专利证书复印件（需在复印件上签章）；申请外观设计专利还要提供外观设计专利公告复印件（需在复印件上签章）；实用新型专利要提供实用新型专利检索报告复印件（需在复印件上签章）。上述专利授权自公告之日起已超过1年的，还必须提交申请前6个月内出具的专利登记簿副本原件。

（五）知识产权海关保护备案的期限为10年

《知识产权海关保护条例》第10条规定："知识产权海关保护备案自海关总署准予备案之日起生效，有效期为10年。知识产权有效的，知识产权权利人可以在知识产权海关保护备案有效期届满前6个月内，向海关总署申请续展备案。每次续展备案的有效期为10年。知识产权海关保护备案有效期届满而不申请续展或者知识产权不再受法律、行政法规保护的，知识产权海关保护备案随即失效。"

（六）知识产权海关保护备案申请书的主要内容和费用

知识产权海关保护备案实行"一权利一申请原则"，即一份备案申请书只能申请一项知识产权海关保护备案。知识产权海关保护备案申请书的主要内容包括以下几点。

（1）权利人的名称、姓名、注册地、国籍、有效联系方式等。这里需要指出的是，名称、姓名、国籍必须是全称，不能使用简称，有效联系方式包括实际经营地址、电话、传真等，能够让海关第一时间有效联系的方式均可。

（2）知识产权的名称、内容及相关信息。

（3）知识产权许可使用情况，即授权他人使用商标、专利、版权的情况。包括被许可企业的详细名称、许可期限、许可生产销售范围、许可使用的商品名称等。不提交这些，有可能使授权生产的合作者被查处，带来不必要的麻烦。

（4）使用知识产权的货物的商品类别、产地、进出口海关、进出口商、主要特征、大致价格。

（5）已知的侵权产品的生产商、销售商、进出口商、进出境海关、主要特征、价格等。主要包括以下几种：法院认定侵权的生效判决、裁定；工商、版权行政部门认定侵权的行政处罚书等；海关曾经作出的相关行政处罚决定；权利人经调查取证，掌握的证据。

（6）变更的情况。例如申请人名称变更、代理人或联系人变更、通讯地址电话传真变更、授权许可使用变更。

备案费用是800元一件，如没有备案成功，会予以退还，不同于商标注册。并且，在10年有效期内申请续展、变更不再缴纳备案费，也不同于商标。

二、海关扣留侵权嫌疑货物的两种方式

根据国务院颁布的《知识产权海关保护条例》，知识产权海关保护的内容包括：扣留即将进出口的侵权嫌疑货物、对货物的侵权状况等进行调查、对侵权货物的收发货人进行处罚、没收和处置侵权货物等。其中，扣留侵权嫌疑货物是知识产权海关保护中最重要的环节。目前海关扣留侵权嫌疑货物的两种方式为依申请扣留和依职权扣留。

（一）依申请扣留

依申请扣留，是指知识产权权利人发现侵权嫌疑货物即将进出口后向海关提出申请，海关根据知识产权权利人的申请扣留侵权嫌疑货物。

依申请扣留的特征有以下几点。

（1）知识产权权利人发现侵权嫌疑货物后可以直接向口岸海关申请扣留，不必事先将其知识产权向海关总署备案。

（2）海关不负责对侵权嫌疑货物的进出境进行监控。

（3）知识产权权利人应当向海关提供相当于侵权嫌疑货物价值的担保。

（4）海关无权对货物的侵权状况进行调查。海关扣留侵权嫌疑货物后，知识产

权权利人应当向人民法院申请司法扣押。如果人民法院未能在海关扣留货物后 20 个工作日内通知海关协助扣押，海关应当放行被扣留的货物。

我国海关依申请扣留侵权嫌疑货物的模式与世界贸易组织《与贸易有关的知识产权协定》（以下简称 TRIPs 协议）中关于海关中止放行的规定基本一致。由于在依申请扣留模式下，海关不会主动采取制止侵权货物进出口的措施，所以，依申请扣留模式也被称作海关对知识产权的"被动保护"模式。

（二）依职权扣留

依职权扣留，是指海关在对进出口货物的监管过程中，对其发现的侵犯知识产权的进出口货物主动采取的扣留和调查处理的措施。

依职权扣留的特征有以下几点。

（1）知识产权权利人应当事先将其知识产权向海关总署备案。

（2）海关发现涉嫌侵犯备案知识产权的进出口货物，应当中止放行，并书面通知有关知识产权权利人。

（3）知识产权权利人要求海关扣留侵权嫌疑货物的，应当在 3 个工作日内提出申请。

（4）知识产权权利人向海关提供的担保最高不超过人民币 10 万元。担保一般来讲，现金、汇票、支票、银行保函或其他海关认可的合法财产都可以。

（5）海关有权对货物的侵权状况进行调查和认定。对不能认定货物侵权状况的，海关应当通知知识产权权利人向人民法院申请司法扣押。

（6）海关对其认定侵权的货物，有权予以没收并对侵权货物的收发货人给予行政处罚，对构成犯罪的还应当向公安机关移送。

（7）对没收的侵权货物，海关有权依法进行处置。

在依职权扣留模式下，海关有权主动采取制止侵权货物进出口的措施，所以，依职权扣留模式也被称作海关保护知识产权的"主动保护"模式。

三、知识产权海关保护的程序

知识产权海关保护的程序主要分为以下三个方面的内容。

（一）立案

立案，即海关应权利人申请作出扣留侵权嫌疑物品的决定。海关依申请扣留时，无权对货物的侵权状况进行调查，故只有以职权扣留时，才能开展立案及调查程序。

（二）调查

海关发现进出口货物有侵犯备案知识产权嫌疑的，应当立即书面通知知识产权权利人。知识产权权利人自通知送达之日起3个工作日内提出申请，并提供担保的，海关应当扣留侵权嫌疑货物，书面通知知识产权权利人，并将海关扣留凭单送达收货人或者发货人。

收货人或者发货人认为其货物未侵犯知识产权权利人的知识产权的，应当向海关提出书面说明并附送相关证据。涉嫌侵犯专利权货物的收货人或者发货人认为其进出口货物未侵犯专利权的，可以在向海关提供货物等值的担保金后，请求海关放行其货物。

海关发现进出口货物有侵犯备案知识产权嫌疑并通知知识产权权利人后，知识产权权利人请求海关扣留侵权嫌疑货物的，海关应当自扣留之日起30个工作日内对被扣留的侵权嫌疑货物是否侵犯知识产权进行调查、认定。被扣留的侵权嫌疑货物，经海关调查后认定侵犯知识产权的，由海关予以没收。

知识产权权利人请求海关扣留侵权嫌疑货物后，海关不能认定被扣留的侵权嫌疑货物侵犯知识产权权利人的知识产权，或者人民法院判定不侵犯知识产权权利人的知识产权的，知识产权权利人应当依法承担赔偿责任。

调查的内容包括询问违法嫌疑人、询问有关当事人制作笔录、收集物证和书证、取样化验鉴定、请求有关知识产权主管机关协助鉴定、要求双方提交的证据相互进行质证等。调查终结后经海关关长审查，依法作出相应的行政决定。可能会出现三种结果，即认定被扣留的货物侵权、认定被扣留的货物不侵权、不能认定被扣留的货物是否侵权。

（三）结案

（1）认定被扣留的货物侵权。

依据《中华人民共和国海关法》（以下简称《海关法》）的规定，由海关依法没收货物，并处以罚款，构成犯罪的，依法移送司法机关追究刑事责任。

（2）不能认定被扣留的货物是否侵权。

海关将在扣留货物之日起30个工作日内通知权利人，权利人仍旧认为相关货物是侵权的，有权向人民法院提起民事诉讼。权利人可在海关扣留之日起50日内申请法院诉前财产保全，超过50个工作日，海关未收到法院裁定的，予以放行。

第五节 不正当竞争与植物新品种权行政执法

一、不正当竞争的行政执法

国家工商行政管理总局反垄断与反不正当竞争执法局及地方工商局市场监督管理部门，负责反不正当竞争案件执法，包括反不正当竞争中涉及知识产权的案件。

(一) 假冒注册商标、特有名称包装装潢、企业字号

《反不正当竞争法》第 5 条规定:"经营者不得采用下列不正当手段从事市场交易,损害竞争对手:(一)假冒他人的注册商标;(二)擅自使用知名商品特有的名称、包装、装潢,或者使用与知名商品近似的名称、包装、装潢,造成和他人的知名商品相混淆,使购买者误认为是该知名商品;(三)擅自使用他人的企业名称或者姓名,引人误认为是他人的商品;(四)在商品上伪造或者冒用认证标志、名优标志等质量标志,伪造产地,对商品质量作引人误解的虚假表示。"

对于上述不正当竞争行为的处罚《反不正当竞争法》第 21 条规定:"经营者假冒他人的注册商标,擅自使用他人的企业名称或者姓名,伪造或者冒用认证标志、名优标志,对商品质量作引人误解的虚假表示的,依照《中华人民共和国商标法》《中华人民共和国产品质量法》的规定处罚。经营者擅自使用知名商品特有的名称、包装、装潢,或者使用与知名商品近似的名称、包装、装潢,造成和他人的知名商品相混淆,使购买者误认为是该知名商品的,监督检查部门应当责令停止违法行为,没收违法所得,可以根据情节处以违法所得一倍以上三倍以下的罚款;情节严重的,可以吊销营业执照;销售伪劣商品,构成犯罪的,依法追究刑事责任。"

(二) 侵犯商业秘密

1. 商业秘密的概念

我国法律所说的商业秘密,具体是指"不为公众所熟悉、能为权利人带来经济利益、具有实用性并经权利人采取保密措施的技术信息和经营信息"。一般要求商业秘密具有秘密性、价值性或者实用性、新颖性。

2. 侵犯商业秘密的表现形式

(1) 经营者以不正当手段获取他人的商业秘密。主要是指经营者以盗窃、利诱、胁迫等不正当手段获取他人的商业秘密。

(2) 经营者非法披露、使用或允许他人使用以不正当手段获取的商业秘密。

(3) 违反约定或者违反保密要求披露、使用、允许他人使用他人的商业秘密。

(4) 第三人消极侵犯他人的商业秘密。

(5) 商业秘密权利人的职工违反合同或者违反保密要求,披露、使用或者允许他人使用商业秘密的行为。

3. 侵犯商业秘密行为的法律规定

《反不正当竞争法》第 10 条规定:"经营者不得采用下列手段侵犯商业秘密:(一)以盗窃、利诱、胁迫或者其他不正当手段获取权利人的商业秘密;(二)披

露、使用或者允许他人使用以前项手段获取权利人的商业秘密；（三）违反约定或者违反权利人有关保守商业秘密的要求，披露、使用或者允许他人使用其所掌握的商业秘密。第三人明知或者应知前款所列违法行为，获取、使用或者披露他人的商业秘密，视为商业秘密。本条所称的秘密，是指不为公众所知悉、能为权利人带来经济利益、具有实用性并经权利人采取保密措施的技术信息和经营信息。"《反不正当竞争法》第25条规定："违反本法第十条规定侵犯商业秘密的，监督检查部门应当责令停止违法行为，可以根据情节处以一万元以上二十万元以下的罚款。"

二、植物新品种权行政执法

我国分别在农业部和国家林业局成立了植物新品种保护办公室、植物新品种复审委员会，形成了以审批机关、执法机关、中介服务机构和其他维权组织相结合的保护组织体系。按照《中华人民共和国植物新品种保护条例》（以下简称《植物新品种保护条例》）的规定，品种权侵权案件由省级以上人民政府农业、林业行政部门依据各自的职权进行处理，假冒授权品种案件由县级以上人民政府农业、林业行政部门依据各自的职权进行处理。

（一）执法机关

1. 农业

农业部于2007年在山东省、北京市、内蒙古自治区、山西省、吉林省、黑龙江省、浙江省、安徽省、江西省、福建省、河南省、湖北省、四川省、云南省、新疆维吾尔自治区等15个省市开展农业植物品种权执法试点工作。农业部植物新品种保护办公室负责试点工作的组织和管理，科技教育司知识产权处具体负责组织实施。相关法律法规有：《植物新品种保护条例》及《中华人民共和国植物新品种保护条例实施细则》（以下简称《植物新品种保护条例实施细则》）（农业部分）。

2. 林业

国家林业局有权针对除农作物外的其他植物新品种进行执法。从2001年开始，选择12个省市开展植物新品种保护执法试点，并逐步在全国展开。相关法律法规有：《植物新品种保护条例实施细则》（林业部分）。

（二）执法依据

未经品种权人许可，以商业目的生产或者销售授权品种的繁殖材料的，品种权人或者利害关系人可以请求省级以上人民政府农业、林业行政部门依据各自的职权进行处理，也可以直接向人民法院提起诉讼。

省级以上人民政府农业、林业行政部门依据各自的职权在查处品种权侵权案件和县级以上人民政府农业、林业行政部门依据各自的职权在查处假冒授权品种案件时，根据需要，可以封存或者扣押与案件有关的植物品种的繁殖材料，查阅、复制或者封存与案件有关的合同、账册及有关文件。

省级以上人民政府农业、林业行政部门依据各自的职权，根据当事人自愿的原则，对侵权所造成的损害赔偿可以进行调解。调解达成协议的，当事人应当履行；调解未达成协议的，品种权人或者利害关系人可以依照民事诉讼程序向人民法院提起诉讼。省级以上人民政府农业、林业行政部门依据各自的职权处理品种权侵权案件时，为维护社会公共利益，可以责令侵权人停止侵权行为、没收违法所得和植物品种繁殖材料，货值金额5万元以上的，可处货值金额1倍以上5倍以下的罚款；没有货值金额或者货值金额5万元以下的，根据情节轻重，可处25万元以下罚款。

对于假冒授权品种的，由县级以上人民政府农业、林业行政部门依据各自的职权责令停止假冒行为、没收违法所得和植物品种繁殖材料，货值金额5万元以上的，处货值金额1倍以上5倍以下的罚款；没有货值金额或者货值金额5万元以下的，根据情节轻重，处25万元以下的罚款；情节严重构成犯罪的，依法追究刑事责任。

对于涉及假冒伪劣品种的案件，农业、林业行政部门可以申请公安部门、工商局和质检局联合执法。

对于销售授权品种未使用其注册登记的名称的，由县级以上人民政府农业、林业行政部门依据各自的职权责令限期改正，可以处1000元以下的罚款。

【本章小结】

知识产权行政执法是维护权利人合法权益的途径之一，其快速、有效的维权特点正为权利人所逐渐接受，知识产权行政执法往往能帮助权利人及时固定侵权证据，从而作为民事诉讼过程中取证的一个有效手段。同其他行政执法一样，知识产权行政执法也对执法程序要求严格，执法过程中的任何程序瑕疵，都将对执法结果产生影响。

【重点概念】

（1）商业秘密。
（2）植物新品种。
（3）反不正当竞争。
（4）海关备案。

【复习思考题】

（1）侵犯注册商标专用权的类型有哪些？
（2）侵犯著作权的类型有哪些？
（3）商标行政执法手段、版权行政执法手段各有哪些？
（4）如何理解海关知识产权备案对保护知识产权的重要意义？
（5）商业秘密的保护途径有哪些？

第十一章 专利刑事保护

【本章学习目标】
1. 了解我国专利刑事保护的历史、现状
2. 了解我国设立专利刑事保护的必要性
3. 了解假冒他人专利与专利侵权的区别

第一节 概 述

一、我国专利刑事保护的历史沿革

我国1984年3月12日通过的《专利法》第63条规定假冒他人专利情节严重的，对直接责任人员比照《刑法》第127条的规定追究刑事责任。一般认为，《专利法》第63条的此项规定，实际上是以附属刑法的形式明确了假冒专利的刑事责任，填补了我国《刑法》在调整涉及专利的犯罪方面的空白，是对我国《刑法》的重大补充。

司法实践中，1985年2月16日最高人民法院《关于开展专利审判工作的几个问题的通知》又对这一附属刑法给予了明确的解释。《关于开展专利审判工作的几个问题的通知》第2部分"有关专利的犯罪案件的审判工作"第1条第1款规定："假冒他人专利，情节严重的，对直接责任人员比照刑法第一百二十七条的规定，以假冒他人专利罪处罚。"这就为我国刑法补充了一个新的罪名：假冒他人专利罪。

此外，我国《专利法》第4条规定："申请专利的发明创造涉及国家安全或者重大利益需要保密的，按照国家有关规定办理。"而不按照普通程序审批公布。我国《专利法》第20条规定："任何单位或者个人将在中国完成的发明或者实用新型向外国申请专利的，应当事先报经国务院专利行政部门进行保密审查。"这意味着发明创造的保密问题应按专业归口，由国务院主管部门审查。如果没有经过国务院主管部门的保密审查，就私自向外国申请专利，以至于泄露国家重要机密的，应当由申请人所属单位或者上级主管机关严肃处理。我国《专利法》第71条对此作出规定："违反本法第二十条规定向外国申请专利，泄露国家秘密的，由所在单位或者上级主管机关给予行政处分；构成犯罪的，依法追究刑事责任。"由此可见，一般情况是对有关单位给予行政处分；情节严重的，则触犯了1979年《刑法》第186条的规定，应当依照该条给予刑事制裁，处7年以下有期徒刑、拘役或者剥夺政治权利。这类刑事案件应由有管辖权的人民法院进行刑事审判。

此外，我国《专利法》第74条还规定："从事专利管理工作的国家机关工作人员以及其他有关国家机关工作人员玩忽职守、滥用职权、徇私舞弊，构成犯罪的，依法追究刑事责任；尚不构成犯罪的，依法给予行政处分。"这里所说的国家工作人员，包括各级专利管理机关。这里所说的"徇私舞弊"，主要是指在受理、审批专利申请的工作中，或者在处理专利纠纷的工作中，明知是不符合授予专利权的案件而授予了专利权，或者明知是符合授予专利权条件的而驳回申请。对于工作人员的徇私舞弊行为，一般给予行政处分；情节严重的，应比照《刑法》第188条，即对司法工作人员利用职权徇私舞弊的治罪规定，追究刑事责任，处5年以下有期徒刑、拘役或者剥夺政治权利；对于情节特别严重的，处5年以上有期徒刑。

1997年《刑法》修订时，立法机关考虑假冒专利罪主要是在经济法律而非刑事法律中出现的，而且对于罪行的处罚是比照1979年《刑法》第127条假冒商标罪的处罚原则来适用的，这些都不能完全适应司法实践中打击假冒专利犯罪活动的需要。因此，为了有效打击侵犯他人专利权的犯罪活动，维护社会主义市场经济秩序，立法机关在《专利法》第63条的基础上，在现行《刑法》中正式设立了假冒他人专利罪，弥补了1979年《刑法》的不足，为司法实践中打击这种犯罪提供了更重要的法律依据和更有力的法律武器。

二、知识产权刑事保护的必要性

知识产权刑事保护的必要性主要有以下三点。

（一）刑法的保障法功能决定了刑法必须对知识产权加以保护

刑法作为保障法的一种，其保障功能体现为通过制裁侵犯某种社会关系的犯罪行为而使该社会关系不再受到侵犯。刑法由于其所保护的对象的广泛性和重要性以及对违法行为制裁的严厉性，使其保障作用在多种保障法之中具有特别重要的意义。在知识经济时代，专利作为一种"无形"财产权的巨大经济价值得到普遍认可。情节严重的假冒专利的犯罪行为，不仅侵犯了权利人的人身权和财产权，而且也破坏了国家对知识产权管理秩序，甚至有可能危害到国家的国防安全、经济安全，妨碍经济发展和社会进步。在民事和行政手段介入后，侵权假冒行为一直屡禁不绝，这在某种程度上说明刑事手段的规范力度不够。因此，为切实保护知识产权权利人的合法权益，维护社会主义市场经济秩序，对于严重侵犯知识产权的案件，刑法这一最严厉的手段有必要介入。刑法是各种社会关系法律保护的最后屏障，是调整、保护社会关系中终极的法律调控手段。刑法能够通过对犯罪人权利与利益的剥夺或限制来惩罚犯罪人，同时对潜在犯罪人产生威慑和教育作用，最终达到控制犯罪，保护法定权利的目的。

（二）刑法追求的基本价值决定了刑法必须对知识产权加以保护

刑法追求的基本价值之一是公正地保护每个人的合法权益，凡为法律视为相同的人，都应当以法律所确定的方式来对待。智力成果的创造需要权利人付出大量艰辛的劳动，但成果却很容易被复制或者使用。某些市场主体利用了知识产权的这些特点，为了获取最大利润，不惜采取非法手段侵犯知识产权、降低竞争成本，侵犯知识产权权利人因智力劳动而享有的合法的物质利益和精神利益，损害了其创造与运用知识产权的积极性，严重破坏了公平竞争的市场秩序。这种行为违背了刑法对公正的追求，使刑法的介入成为必然。为了公正地保护平等市场主体的合法权益，必须打击这种由利益驱动的侵权假冒行为。而在各种法律手段中最有可能遏制侵权假冒行为的就是刑事惩罚。

（三）世界贸易组织规则决定了刑法必须对知识产权加以保护

我国现在已加入世界贸易组织，与世界各国的经贸、科技及文化交流与合作得到进一步加强。作为世界贸易组织的成员，就必须遵守世界贸易组织的规则，履行应尽的义务，将刑法引入对知识产权的保护，使国内知识产权保护的要求与世界贸易组织规定的标准相一致。

三、我国专利刑事保护的现状

我国专利刑事保护的现状主要分为以下两个方面的内容。

（一）专利刑事保护的立法现状

1.《刑法》中涉及专利犯罪的规定

我国《专利法》第63条对假冒他人专利的刑事责任作了规定，我国《刑法》中涉及专利犯罪的仅有第216条"假冒他人专利的犯罪行为（最高人民法院、最高人民检察院《关于办理侵犯知识产权刑事案件具体应用法律若干问题的解释》将罪名定为'假冒专利罪'）"一个条文，未对未经允许实施他人专利行为加以阐述。该条规定，"假冒他人专利，情节严重的，处三年以下有期徒刑或者拘役，并处或者单处罚金"。最高人民检察院和公安部《关于经济犯罪案件追诉标准的规定》对于"情节严重"也加以列举。

（1）非法经营数额在20万元以上或者违法所得数额在10万元以上的。

（2）给专利权人造成直接经济损失50万元以上的。

（3）假冒两项以上他人专利，非法经营数额在10万元以上或者违法所得数额在 5 万元以上的。

（4）其他情节严重的情形。

2."假冒专利罪"的情形

《刑法》216 条规定的"假冒他人专利"是指行为人未经许可，标注他人的专利标记和专利号，或在广告和其他宣传材料中、合同中使用他人的专利号，或伪造、变造他人的专利证书、专利文件或专利申请文件中的行为。"假冒他人专利"是一种扰乱市场经济秩序、侵害消费者利益的行为。行为人的上述行为必须达到情节严重的程度才构成犯罪。这是罪与非罪的界限。假冒他人专利，违法所得数额在 10 万元以上的，或者给专利权人造成直接经济损失数额在 50 万元以上等情节的，属于"情节严重"，应予追诉。

（二）专利刑事保护工作现状

鉴于专利及技术的专业性，为专利的刑事保护增加了相当的难度，相对于商标、著作权及商业秘密的刑事保护，我国专利刑事保护目前还有很大的空间。近 3 年统计数据显示，2010 年知识产权刑事案件共计 533 件，均未移交法院审理，其中商标刑事执法案件 171 件、著作权刑事执法案件 347 件、商业秘密刑事执法案件 11 件，专利刑事执法仅 4 件。2011 年知识产权刑事案件共计 622 件，移交法院审理 127 件。其中商标刑事执法案件 442 件、移交法院审理 85 件；著作权刑事执法案件 164 件、移交法院审理 37 件；商业秘密刑事执法案件 10 件、移交法院审理 5 件；专利刑事执法仅 1 件，且未移交法院审理。2012 年知识产权刑事案件共计 1389 件，移交法院审理 519 件。其中商标刑事执法案件 809 件、移交法院审理 127 件；著作权刑事执法案件 475 件、移交法院审理 392 件；商业秘密刑事执法案件 103 件、移交法院审理 0 件；专利刑事执法仅 2 件，且未移交法院审理。数据显示，近 3 年商标、著作权、商业秘密刑事保护案件增长较快，特别是商标权刑事保护增长近 4 倍，专利刑事保护案件 3 年总计刑事执法 6 件，且均未移送法院审判。

第二节 假冒专利与专利侵权的不同

假冒他人专利侵犯的是他人专利的标记权，而专利侵权侵犯的是他人专利的实施权，表现为未经他人许可而实施他人专利。假冒他人注册商标必然非法使用了他人注册商标标识，非法使用他人注册商标标识必然构成假冒他人注册商标。而假冒他人专利，却可能没有非法实施他人专利。同样，非法实施他人专利的也可以不使用他人的专利标记。

在实践中，未经他人许可非法实施他人的专利并使用其专利标记的行为，就会发生假冒专利与专利侵权的竞合。行为人的这种行为构成假冒他人专利，但并不是因为具有专利侵权行为这一前提而构成假冒他人专利，而是其符合了假冒他人专利行为的构成要件。同时，该行为也构成了专利侵权行为。因此，在这种违法行为竞合的情况下，侵权人不但需要承担民事责任，如果构成"情节严重"的情形，则还需承担刑事责任。

国际上做法也不一样，我国对侵犯专利权行为没有设定刑事责任，而在德国、法国、日本、韩国就明确规定了侵犯专利权罪，英国和美国也没有规定侵犯专利权罪。

第三节 假冒专利案件的行政执法与刑事司法衔接

当对假冒他人专利的行为进行行政查处过程中，发现情节达到上述严重程度时，应终止行政处罚程序，将案件移交公安部门予以刑事立案侦查，并追究当事人的刑事责任。而公安机关在侦查过程中，发现假冒他人专利的行为未达到上述"情节严重"时［参见本章第二节的三、（一）部分］，应终止刑事侦查程序，移交专利管理部门进行行政查处。

同时，人民法院在审理民事案件中，发现假冒他人专利行为的，根据最高人民法院2001年作出的《关于审理专利纠纷案件适用法律问题的若干规定》第19条，人民法院可以依照《专利法》第63条规定追究民事责任。管理专利工作的部门未予以行政处罚的，人民法院可以依照《民法通则》第134条第3款规定予以民事制裁，适用民事罚款数额可以参照《专利法》第63条的规定确定。对该司法解释的进一步解释中，最高人民法院进一步指出，对于管理专利工作的部门已经予以行政处罚的，根据"一事一罚"原则，人民法院不再进行民事制裁。

【本章小结】

专利刑事处罚仅限于假冒他人专利的行为，假冒商标的行为必须是商标完全相同而不包括近似，对侵犯著作权的侵权，还有数量的规定，如盗版作品起刑定为500件。知识产权作为一种财产权，在受到严重侵害时，可能受到刑事制裁。

【重点概念】

（1）假冒专利罪。
（2）侵权与假冒专利的竞合。

【复习思考题】

一、思考题

（1）对假冒他人专利犯罪中"情节严重"的理解？

（2）假冒他人专利与专利侵权的区别是什么？
（3）根据我国《专利法》，假冒他人专利可能会承担哪些法律责任？

二、案例分析题

（1）案情及判决简介。

原告：山东省某玻璃工艺制品厂。

被告：周某。

附带民事诉讼原告人：S省A厂。

法定代表人：芦某，厂长。

1996年9月7日，S省A厂职工卢某就其"双层艺术玻璃容器"实用新型专利（专利号为：中国ZL-95229146.0）于1997年5月与A厂达成书面实施许可合同，并生产专利产品"诺亚"牌双层艺术玻璃口杯。

1999年3月，被告人注册B厂（个体性质），同年4月，河北C公司授权B厂使用其拥有商标权的"乐凯"商标，自购杯体，生产双层艺术玻璃口杯。1999年5月13日，被告人周某向专利复审委员会请求宣告卢某的"双层艺术玻璃容器"实用新型无效。被告人遂于1999年5月~9月以每只78元~182元的不等价格在成都市、南昌市等地公开大量销售"乐凯"牌口杯，共销售3 168只，经营额282 366.52元，非法获利76 446.52元。2000年3月20日，专利复审委员会作出决定，维持卢某95229146.0号专利有效。

S省专利管理局就被告人生产的"乐凯"口杯与卢某的95229146.0号专利的权利要求是否相同，是否属于侵犯专利权的行为，于1999年10月11日作出专利侵权咨询鉴定书，认为："乐凯"口杯具备了95229146.0号专利的必要技术特征。在没有经过专利权人许可或者不符合《专利法》第62条等条款以及其他不属于侵犯专利权的规定的前提下，乐凯制品厂如果为生产经营目的制造、销售上述产品，其行为属于侵犯专利权人卢某的95229146.0号实用新型专利权的行为。结合本案"被告人未经过卢某许可，为生产经营目的制造销售乐凯口杯，且不符合专利法规定的不属于侵犯专利权的情形"的事实，被告人生产、销售乐凯口杯侵犯了卢某的专利权。

一审法院认为，专利制度的关键环节在于保护专利人对其发明创造的专有权，促进科学技术的推广运用。同商标权、著作权一样，专利权也是一种无形财产，通过对专利的使用，可以创造很大的经济效益，专利权人以其对专利的独占对抗第三人，他人不得未经专利人许可使用其专利而获得非法经济利益。被告人周某明知卢某具有95229146.0号专利的专利权，且在保护期内，未经专利权人许可，为生产经营目的非法制造、销售侵犯他人专利权的乐凯口杯，属假冒专利行为，构成假冒专利罪，应予刑罚。据此，作出如下判决：

① 假冒专利罪判处被告人周某有期徒刑2年,并处罚金5万元。
② 被告人周某非法获利76 446.52元予以追缴,赃物乐凯口杯300只予以没收;
③ 被告人周某赔偿附带民事诉讼原告人S省A厂经济损失76 446.52元。
二审维持原判。
(2) 法律分析。
本案中,当地司法机关未能理解未经许可而实施他人专利的行为是否同时也构成假冒他人专利的行为,即将侵犯他人专利权行为与假冒他人专利行为混同。

第十二章 专利侵权救济的国际比较分析

【本章学习目标】
1. 了解专利侵权救济基本知识
2. 了解其他国家专利侵权救济类型与途径的相同点与不同点

在新技术发展、经济一体化、知识产权保护协调加快过程中，正视专利侵权救济领域的问题，认识 TRIPs 协议规定、有关国家与我国专利侵权救济类型与途径的相互影响，有利于推动专利侵权救济制度的改进。专利侵权救济制度的创新是专利制度创新中的重要环节，有必要积极推进，否则，它就适应和推动不了技术的创新，适应不了经济的发展。

第一节 其他国家的专利侵权救济

一、损害赔偿

作为专利侵权救济的损害赔偿在这些国家都有较具体的规定，但差别较大。

在我国，2001 年 7 月 1 日实施的《专利法》在这方面作了一定修改。这以前，法中没有条文涉及损害赔偿的计算方式，根据 2001 年《专利法》，专利侵权损害赔偿，可按照权利人因被侵权所受到的损失或者侵权人因侵权所获得的利益计算，被侵权人的损失或者侵权人获得的利益难以确定的，参照该专利许可使用费的倍数合理确定。

总体来讲，在我国，权利人受到的经济损失被用于计算损害赔偿的前提，常常是大量专利产品在市场上受到侵权产品的较大负面影响；当专利产品在较小程度上受到侵权产品的影响时，损害赔偿通常根据侵权者因侵权获得的利益来计算；被侵权人的损失或者侵权人获得的利益难以确定的，参照该专利许可使用费的倍数合理确定。

法国的法律没有明确规定侵权损害赔偿的计算方式，司法实践中常常参照司法先例。其采用的原则是："当事人的行为损害了另一方时，应予以适当赔偿。"这一原则导致了两个结果：（1）侵权损害赔偿应等于但不得超过实际损害；（2）赔偿只限于侵权直接造成的损害。损害的类型有两类：失去的利益与遭受的损失。法国的法官，在计算损害以前，可以要求"专家评价"，还可以判令被告作出临时性赔偿。如果他们认为"专家评价"没有必要，可以判令一揽子的赔偿。在估算赔偿额时，法律不要求他们必须专门考虑各项具体的因素。

在德国，对于故意或过失专利侵权，权利人可以得到损害赔偿。对于故意或明显过失侵权，权利人可以依法得到介于权利人遭受损害与侵权获利之间的赔偿额。如果侵权是非故意的，过失侵权的损害赔偿通常要考虑以下原则进行估算：每个人有义务认识到相关专利的存在，并预测到相关的侵权风险。损害赔偿的唯一目的是使原告取得当侵权没有发生时的地位。原告可以根据失去的利益，侵权获利或合理的许可使用费来估算损害赔偿，尽管他实际上没有受到损害，比如说，他还没有实施该专利。

由于专利权人通常难于获得侵权产品数量的信息，德国法庭发展了一项通用规则，即侵权人有义务向权利人提供估算权利人损害的基本数据，比如，侵权产品的数量、侵权产品的售价、发货日期、顾客以及生产成本的计算，这一规则是建立在《德国民法典》的诚信原则之上的，可以视为德国法中原告应负举证责任原则的例外。

在日本，当侵权人是故意或过失的时候，专利权人可以获得损害赔偿，专利法的相应条款假设侵权人是过失或故意的，从而将举证责任转移给侵权人。这一假设提升了专利权人的地位，因为侵权人很难证明他们不是故意或过失的。损害赔偿可以建立在专利权人损失的利益上；或侵权人销售的侵权产品数量上；或合理的许可使用费上。具体适用哪一标准依获得的证据而定。

在英国，专利权人可以获得与侵权人获利或专利权人损失相应的损害赔偿。损失利益的计算是通过"损害问证"程序进行的。上诉法院会深入审查关于侵权损害赔偿的法律适用问题。一旦得出双方当事人同意的最低赔偿额，且可以给付，法院将判定立刻赔偿。这样做是为了防止被告最终不予给付。不过，在这方面，英国法的宗旨在于通过货币赔偿恢复原告应有的地位，而不在于惩罚被告。同时应该注意，英国专利局对专利侵权争议也有管辖权，前提是双方当事人应同意。一旦专利权人向英国专利局提出请求，该局可令被请求人赔偿专利侵权损害。

在美国，根据专利法，受到侵害的专利权人可以获得失去的利益，已定的许可使用费或合理的使用费，而不管侵权人是否故意。法院还可以判令其他有关的给付，比如判决前的利息和律师费。专利权人由于专利侵权人的行为而损失的利益是计算损害的一种方式，法院亦可根据事前已定的许可使用费计算损害赔偿。如缺乏前面相应的证据，专利权人则可获得与合理的许可使用费相当的赔偿。损害赔偿应该恢复权利人应有的经济地位，即侵权人没有侵犯权利人专利权以前的地位。基于这一理论，当陪审团不能发现损害时，法庭则将估算它，并且可以将赔偿增至所估算的损害的三倍。当损害赔偿难以准确确定时，一切有关这一问题的疑虑将本着不利于侵权人的原则解决。

对于损害赔偿这部分，我们可以发现，三倍的损害赔偿已明确规定在美国的有关法律中。英国、美国对于获得专利侵权损害赔偿不要求侵权人是故意的；德国、法国、日本要求侵权人故意侵权是获得损害赔偿的条件之一；我国《专利法》对此没有明确规定。上述国家关于专利侵权损害赔偿的计算方式是类似的，尤其是德国与日本，基本一致。中国与英国都在专利法中明确规定了司法以外寻求损害赔偿救济的行政途径。美国的损害赔偿含有报复性、示范性、惩戒性，因为在19世纪美国即确定了赔偿不只是为了补偿损害，也是为了惩罚和预防违法行为。欧洲国家的立法尚没接受惩罚性赔偿理论。关于司法管辖与外国判决的海牙公约在损害赔偿方面，有一定限制，这些限制表明欧洲的法院倾向于拒绝承认和执行超过实际损害的赔偿。从中国近来的立法看，《消费者权益保护法》的二倍赔偿开了惩罚性赔偿的先河。另外，除了美国，这些国家的法院确定损害赔偿的过程中都没有陪审团参与。

二、禁令

在这些国家，禁令分为永久禁令与初步禁令，作为专利侵权救济的主要类型之一，两者也存在相同点与不同点。

在我国，自新修改《专利法》以后，权利人获得初步禁令与永久禁令有了比较明确的法律依据。这次修订以前，中国法院在作出侵权判定后，就已经可以发出永久的侵权禁令，虽然《专利法》与《民事诉讼法》没有明确规定法院可以针对专利侵权发布初步禁令，实际审判中，法院根据《民事诉讼法》的有关规定作出过类似初步禁令的决定。

根据《专利法》的规定，专利行政部门也可作出停止专利侵权的永久禁令，其前提是当事人不在法定时限内向法院提起诉讼。

从实际情况来看，我国司法界认为，尽管初步禁令是一种保护专利权人权益的有效手段，但鉴于这一法律手段的严肃性应谨慎使用为好。

在法国，专利权人可以向法院申请类似禁令的措施，这一措施还包括对侵权行为按日计算的罚金。

在德国，禁令是最基本的专利侵权救济措施。初步禁令与永久禁令都可以在有关法律中找到依据。永久禁令的效力直致专利权的终结，临时禁令是正式起诉或判决前作出的停止专利侵权的法律措施，这在德国和这些被比较的各国都基本相同。

在日本，同德国一样，禁令也是最普遍的专利侵权救济方式，因为权利人希望侵权得到制止，还因获得损害赔偿的取证太难，而且，即使获得赔偿，比起专利权人的损失也常常是不充分的。权利人可以获得针对当前和未来侵权的禁令，尽管侵权行为不是故意或过失的。

日本和德国的初步禁令都称为初步限制令，永久禁令称为限制令。同其他国家一样，为获得初步禁令，专利权人应表明如果不及时得到初步禁令，他将遭受因侵权而造成的非常严重的和立刻发生的损害。

在专利权人损害可由损害赔偿补偿的情况下，初步禁令的请求将被拒绝。日本法院将对没有禁令情况下专利权人受到的损害与有禁令情况下侵权人受到的损失作出平衡。

在英国，初步禁令又称为诉讼中的禁令，作为一种较少用的救济方式，通常只在诉中当事人权利纠纷悬而未决且是紧急的情况下作出，延迟提出请求可导致法院拒绝采取这种救济措施。大多数情况下，这种禁令是以否定方式限制侵权方实施某一行为，但它也可以是以义务的方式要求侵权方实施一定行为。

在美国，禁令是一针对专利侵权的必要救济，它适用于损害赔偿不能单独充分补偿侵权行为造成的损失时。从程序和实体规定上，都有严格的要求。除了法院，作为行政部门的美国国际贸易委员会，也可依法发布专利侵权禁令。

禁令，包括初步禁令与永久禁令，在这几个国家都可以找出相应的法律依据，尽管名称各异，而且存在具体的差异，但总体来说，与损害赔偿相对照，关于禁令的实体与程序规定相似点更多一些。

此外，所有这些国家的海关都有权禁止专利侵权货物的进口。我国海关可以禁止侵权货物的出口。迄今，尚无一个国家在专利法中规定专利侵权禁令救济的所有条件与程序，所以，必须结合专利法，在其他有关法律中发现有关的依据。在日本和德国，禁令被认为是最重要的救济。

三、刑事责任

在中国，根据《专利法》，假冒他人专利，情节严重的，除依法可能承担民事责任与行政责任外，还要追究刑事责任，就是说，一般意义上的专利侵权行为不承担刑事责任。

在法国，根据立法，专利侵权人可能被判以 3000 法郎至 2 年徒刑及 100 万法郎的罚金。

在德国，法律也提供了判处侵权者徒刑（最多 3 年）和罚金的依据。

日本专利法规定，专利侵权者的最高刑罚为 5 年，或罚金 500 万日元。

英国尚没有关于专利侵权刑事责任的规定。

在美国，禁止伪造、假冒专利。美国专利商标局局长如认为一项专利公开会有损于国家安全时，可以发布秘密令。违背这一秘密令将要承担刑事责任。这些都只是特殊意义的涉及专利的违法行为的刑事责任。

四、诉讼费用

在诉讼费用方面，这些国家之间存在着较大的差异。

在中国，走行政途径与走司法途径的费用是不同的。司法途径有较固定的费用，它是根据案件的标的额按比例来定的。

在法国，一般来说，这些费用从10万法郎到30万法郎不等。在德国，这些费用可从5万马克到50万马克。在英国，高级法院的诉讼费用一般是从10万英镑到100万英镑，在初级法院，对于简单的案子，费用也许是5万英镑左右。在日本，诉讼费用根据标的额的不同而不同。

在美国，一般来说，这些费用可从10万美元到200万美元不等，这依案子的复杂程度而定。一些案子也许会以低于10万美元的费用解决，有的案子诉讼费可能高达200万美元以上。

根据有关专家的研究，英国、美国的高诉讼费用与高损害赔偿额成正比。日本的诉讼费用，一般平均高于英国、美国的相应费用，例如，在日本，1000万美元的标的，诉讼费可达65万美元。欧洲大陆包括德国和法国的诉讼费用一般没有英国、美国、日本那么高，但可获得的损害赔偿额也不像英国、美国那么高。

还有一个相关的问题是，这些诉讼费用是否可由败诉的一方承担？在中国，一般是败诉方承担案件受理费，双方当事人承担各自的律师费等费用。根据法国民事诉讼法的规定，通常的规则是败诉者必须承担胜诉者的一切费用。在日本，只是在请求损害赔偿的案件中，败诉方支付胜诉方部分律师费，至于到底多少律师费可给付胜诉方，并无专门公式。在英国，败诉方要支付胜诉方律师费用的70%，其他咨询费、顾问费的全额。在美国，律师费和其他诉讼费用可以由败诉方支付给胜诉方。

从我们周边和亚太其他国家来看，专利侵权救济的主要类型韩国与日本类似，除损害赔偿、禁令外，也有刑罚；马来西亚、新加坡与英、美规定相似；墨西哥也规定了刑罚。

第二节 其他国家专利侵权救济的主要途径

在此，仍比较以上主要国家的相应途径，包括司法途径、行政途径和其他途径。

一、司法途径

在我国，专利侵权救济的一审法院是设在各省会城市、自治区首府所在城市、直辖市与计划单列市等城市的中级人民法院，一般由民三庭负责，假冒他人专利，构成犯罪的，由公安机关移送至相应法院的刑庭审理。专利侵权诉讼中涉及专利无效的，如对专利复审委员会的决定不服，只能向北京市第一中级人民法院行政庭提出起诉。两者都为二审终审制。

在法国，通常的做法是将专利侵权和专利的效力并入同一诉讼，在任何情况下，法院总是先确定专利的效力，然后再考虑专利侵权之诉。关于专利侵权的诉讼可以诉至民事法庭和刑事法庭。法国共有10个民事法庭受理专利侵权案件，其中大部分的案件是在巴黎法院受理和审理的；二审法院为地区上诉法院；三审在最高法院。

在德国，专利无效诉讼由德国联邦直属法院处理，第二审法院为最高法院。专利侵权诉讼由具体的专管侵权案件的地方法院处理，第二审法院为上一级的地方法院，第三审法院为最高法院。处理侵权诉讼的法院，如果认为专利无效诉讼有很大的胜诉可能，可以等待联邦直属专利法院作出专利无效判决。在其他情况下，无需等待专利无效诉讼的任何决定。经上诉法院审理，即可对侵权诉讼作出判决。

在日本，专利侵权和专利效力是分开裁决的，侵权诉讼通常是向地方裁判所提出，而专利效力审查是在特许厅的复审部门进行的，对于特许厅关于专利效力的决定不服，可以上诉至高等裁判所。专利效力的审理，在任何裁判所也不能同侵权诉讼并为一诉，即在高等裁判所也不例外。确认是否侵权的裁判所通常不等待专利效力的决定。然而，受理侵权诉讼的裁判所可以根据被告侵权人提供的证据对专利的效力进行审查，当裁判所确信专利明显无效时，该裁判所将尽可能狭窄地解释专利权利要求的范围，以求有利于被告的裁决。

在英国，专利法院已经设立，它是高等法院大法官法庭的一部分，负责有关专利的诉讼和法院规则规定的其他事项。对作为一审法院的专利法院的判决，当事人有权就事实和法律问题向上诉法院提出上诉；对于上诉法院的判决，可以进一步向上议院提出上诉，但该上诉只有在获得上诉法院的同意或者在上诉法院拒绝而上议院同意受理的情况下才能成立。

在美国，法院体系包括联邦法院系统与地方法院系统。涉及专利侵权的诉讼只能向联邦法院提出。一审在联邦地区法院，全美有94个这类法院；二审在联邦巡回区上诉法院；不服联邦巡回区上诉法院判决的，不能向联邦最高法院提出上诉，而只能提出请求书，以请求最高法院允许其上诉。只有那些意义重大，涉及对法律的解释的案件才有可能被最高法院受理。

从上面的比较中可以看到，在以上国家获得专利侵权救济的司法途径各不相同，即使在同一法系，如大陆法系的法、德、日，英、美法系的英、美之间都各不相同。

二、行政途径与其他国内途径

在我国，根据专利法及其实施细则的规定，设区的市其专利管理部门可以调处专利纠纷，提供一定专利侵权救济。一是就损害赔偿额进行调解，二是就停止侵权作出决定，即发布禁令，当事人如在法定期间内没有向法院起诉，这一决定即实际上成为停止专利侵权的永久禁令。

我国海关可以采取专利权边境保护措施，禁止侵犯专利权货物的进出口。公安部门对涉嫌假冒他人专利的行为具有侦查权。

法国、德国、日本目前没有关于通过专门行政部门获得损害赔偿与禁令的法律规定，但这三个国家都规定了关于针对专利侵权的刑事救济，即刑事责任，专利权人可以请求警察这一行政部门调查专利侵权的刑事责任问题，这三个国家的海关都有权制止侵犯专利权货物的进口。

英国、美国的海关有权制止侵犯专利权货物的进口。美国海关在采取制止侵犯专利权的货物进口的措施前，需要得到美国国际贸易委员会的授权。

在英国、美国还可以通过行政途径获得其他专利侵权救济。

根据英国专利法的规定，英国专利局对专利侵权问题有法定的管辖权，以减少当事人的时间与费用，前提是当事人约定同意向英国专利局就专利侵权纠纷提出请求，英国专利局可就是否构成侵权、损害赔偿及有关开支费用等救济作出决定。

在美国，联邦贸易委员会可以发布禁止商业中的不正当竞争方法的禁令。如果当事人认为某一专利侵权属于这类不正当竞争方法，可以向联邦贸易委员会起诉。

同样，根据有关法律规定，美国国际贸易委员会可禁止属于以下两种情况的产品向美国进口：

（1）进口包括了不正当的竞争行为和方法；

（2）这种进口会对某一项在美国的产业造成实际上的损害。

根据有关案例，上述的不正当竞争行为和方法中包括了专利侵权；而且"在美国的产业"不仅指美国公民建立的产业，只要一项专利发明申请了美国专利，由此在美国形成的产业都符合这一要求。该委员会由6名委员组成，行政官协助委员的工作。行政官负责立案、主持听证并就事实调查与法律结论向委员提出建议。行政官的结论要报告委员会审议以作出最后决定。请求人为此应证明相应的不公平竞争将损害或破坏美国的国内工业。该委员会可以发布停止或中止令以禁止这类损害或破坏行为。开展调查后的45天内该委员会要就颁布有关的永久禁令、临时禁令作出决定，对于不执行决定者，可以进行一定额度的罚款。

根据有关规定，不服上述两个行政机构关于专利侵权的决定，可以向联邦巡回区上诉法院提出上诉。

通过行政途径获得专利侵权救济比较典型的亚太地区发展中国家有：墨西哥、菲律宾等。

在墨西哥，工业产权执法部门可以依法查处专利侵权行为，一旦发现专利侵权产品，可以查封、扣押这些产品，可以在处理侵权案件中作出以下决定：对侵权人予以罚款；勒令侵权企业暂时或永久关闭；拘留侵权人至36个小时。当事人不服上述裁决的，可以向联邦法院起诉。专利权人如发现自己的专利权被严重侵害，可以向联邦检察官提出刑事诉讼。联邦检察官在调查中将征询工业产权执法部门的意见。

在菲律宾，知识产权行政执法部门可以调查、处罚侵犯专利权的行为，可以颁布停止专利侵权的禁令，并就损害赔偿作出决定，并有权扣押、没收、处置侵权产品或要求侵权人提供担保，必要时处以行政罚款。

通过以上比较不难发现，有关国家通过行政途径获得专利侵权救济的类型不同，模式也不一样，正如各国司法途径的模式各不相同一样。但它们同样有共同点，即行政机构关于救济的决定具有可诉性，以彻底贯彻法治原则。这种途径为及时、有效保护权利人的合法权益提供了更多的可能性。行政途径与司法途径提供救济的共同点在于，它们都是以公权作保障救济私权，都有严格的法定程序。除司法、行政途径外，专利侵权救济的途径还有以下几种。

（1）仲裁。一般适用于当事人双方在纠纷前有协议，或纠纷发生后，双方协议选择仲裁方式。美国专门颁布了联邦仲裁法，适用于任何知识产权纠纷，除了涉及专利权无效的争议。法国、德国、日本、英国允许任何专利权纠纷交由仲裁机构仲裁，仲裁中可以涉及专利有效性问题，但不能宣告专利权无效。我国也有各种仲裁机构，从其规则中看不出排斥对专利权纠纷的仲裁，前提是当事人双方纠纷前或纠纷后有协议，将纠纷交仲裁机构仲裁。通过仲裁可以获得的救济包括损害赔偿与禁令。值得注意的是，各国的仲裁规则都是依照法律制定的，仲裁结果对当事人有一定的法律约束力。

（2）调解与协商。这是上述国家所鼓励的，日本的法院开始审理专利侵权纠纷时，鼓励当事人在法官的督导下进行协商，或由法官指导协商解决纠纷。美国的许多专利侵权纠纷也是在提出诉讼后，进行庭外和解的。

三、国际途径

这里的国际途径主要指通过 WIPO 争端解决机制与 WTO 仲裁调解机制解决专利侵权纠纷，获得专利侵权救济。

WTO 的争端解决机制适用于成员间的专利侵权纠纷。这种争端的当事方不是专利权人和侵权嫌疑人自己，而是各自的政府。成员政府间如对有关成员的规则不服，也可请求启动这一机制。当事人对跨国的专利侵权的解决方式、效果不满时，可以通过本国政府向 WTO 提出请求，启动争端解决机制；WTO 接受这一请求后，将组织争端解决专家组进行调查，专家组负责向 WTO 争端解决组织提出关于解决方案的报告；该组织如认为报告可行，将要求当事方执行，否则，另一方，当事方有权对不执行的一方采取贸易报复措施。这种方式也是一种司法外方式，学界称为国际纠纷替代解决方式，它和一国内的行政途径解决专利侵权纠纷的方式有类似之处。它的依据就是成立 WTO 的有关条约，包括 TRIPs 协议。WIPO 近来也创立了知识产权纠纷仲裁调解中心，它可以直接解决当事人（非政府组织）间的各种跨国知识产权纠纷包括专利侵权纠纷。这一中心提供的解决方式包括仲裁、调解、加快仲裁以及调解仲裁混合方式。这一中心的规则不是政府间的协定和条约，它由当事双方自愿选择这一中心后才对他们有效。这也是一种司法外纠纷替代解决方式。

国际知识产权界不少人认为 WIPO 在知识产权的申请、审批、授权的协调方面更有资源和权威，WTO 在知识产权纠纷解决，或提供知识产权侵权救济方面更有效。但近年来，两个组织都在为解决跨国的知识产权侵权纠纷进行更多的探讨和努力。这两个国际组织的上述做法与努力进一步鼓励了各国国内采用司法外方式解决专利侵权救济问题。

第三节 国际范围内专利侵权救济发展动向

一、从国家间的异同与相互影响看本领域的动向

各国专利侵权救济的规定与实践各有差异，但现代各国，尤其是实行市场经济体制的国家，都提供了两大基本类型的专利侵权救济，尽管获得这些救济的难度、程度和途径各不相同。

这是因为，现代专利法都源于英国近代专利法，而该法提供了损害赔偿与禁令的基本救济类型，不管大陆法系的法、德、日，还是英美法系的英、美，都提供了这两种基本类型的救济；大陆法系国家还提供了刑事救济的渠道，但损害赔偿额没有英、美高。

由于大陆法系普遍规定了专利侵权的刑事救济类型，所以这些国家尽管没有专门的行政部门提供专利侵权救济，但刑事罚金与行政罚款在本质上是相同的，都是惩罚性的，且都要上交国库。这些国家同时规定了关于专利侵权的有期徒刑，尽管很少实际执行，但其对侵权者或潜在侵权者的威慑作用是显而易见的。

英、美的损害赔偿额是这些国家中最高的，美国对专利侵权还实行惩罚性赔偿；同时，英、美都提供了关于专利侵权救济的行政途径，这无疑与其普通法、衡平法同时实施形成的灵活、务实的法律传统有关。在美国"二战"后，发展强化了一些委员会的行政执法职能，使传统的三权分立的理论不再绝对化，倡导特殊领域寻求有效的司法外解决纠纷方式。

具体到我国，近代以来的我国立法一般受大陆法系影响较大。我国的专利法，从德国借鉴的较多，看似偶然，其实与我国近代以来形成的立法传统有关。但近年来，我国也在一定程度上吸收英美法系的长处，一些领域的立法灵活、务实，司法解释与判例的影响也越来越大。

亚太某些国家的替代纠纷解决方式（以下简称ADR）提供专利侵权救济的途径，也受到美国一些学者的关注，在一定程度上进一步促进了美国ADR解决侵权纠纷方式的发展。美国ADR方式也在影响某些发达国家和亚太国家。这些方式为WTO、WIPO采用ADR方式解决跨国知识产权侵权纠纷提供了参考。

TRIPs协议一方面借鉴了不少国家行之有效的专利侵权救济的规定，另一方面也促进了成员国在专利侵权赔偿的理论与实践上的相互借鉴。

为进一步说明问题，下面以日本与美国为例作更深入的分析。历史上，英美法系将司法救济分为两大类型：法律上的、衡平的。法律上的救济可从普通法法庭得到，衡平救济可以从衡平法庭得到，这类法庭可以提供普通法法庭没有的救济。后

来，这两类司法行为在美国合二为一。所以，今天的大多数美国法院既可提供法内的救济，也可创设法上没有规定的衡平救济。

日本受大陆法系德国、法国的影响，它的法院只有法律授予的权力，但没有进行衡平的权力，所以，现代日本法庭的民事法官的自由裁定权是极小的，他们不可能像美国法官一样对专利侵权者做出有惩罚意味的判决。

再者，在日本，一旦最后判决作出，法官不再对案件拥有司法权，即不再关注这件判决是否有效执行，而这对于专利侵权救济中的典型救济类型永久禁令的效力自然会有影响。这就使专利权人更加关注能否获得另一种典型的专利侵权救济——损害赔偿。日、美关于专利侵权损害赔偿的两种主要方式都是：专利权人损失的利益与合理的许可费，日本还在立法中规定，侵权者的获利作为损害赔偿的计算标准之一。在日本，后两者更是常用作损害赔偿的标准，而且，由此算出的赔偿额普遍低于权利人实际的损失。在日本，如要获得以权利人失去的利益为标准的赔偿额，就要提供具体的由侵权人非法行为导致的权利人销售额降低的证据，这通常是很难得到的。

一般来说，权利人倾向于首先选择失去的利益作为损害赔偿，因为这通常要高于以侵权者获利为标准得出的赔偿额。

日本等国家之所以给予较低专利侵权损害赔偿额与其对专利侵权的法律认识有关。在日本法律体系下，公权机关负责惩罚和制止侵权行为，私人在维护公共秩序上的作用是有限的，该国的侵权损害赔偿也仅在于恢复侵害前的地位，其民事法律不提供建立在侵权行为上的增大的损害赔偿，包括对于故意侵权，也就是说，侵权损害赔偿与违反合同引起的赔偿区别不大。反之，在美国，根据普通法传统，侵权损害赔偿与刑事制裁的区别不是很明显，还往往将民事损害赔偿与刑事制裁联合起来，以制止侵权行为，并鼓励个人积极参与到执行法律的过程中，通过采取法律行动去制止侵权。

根据美国法律，损害赔偿也分为补偿性赔偿与惩罚性赔偿。尽管补偿性赔偿是用来补偿受侵权者的，普通法的传统仍将合同赔偿与侵权赔偿区别开，而且美国法院也会采用不同的原则选择两类赔偿的计算标准。这也说明了美国为什么没有针对专利侵权的专门刑罚规定，因为参与立法的各界认为，他们已为权利人提供了足够的救济。同样，为鼓励个人参与到法律执行过程中，美国的侵权损害赔偿不但超过实际损害，而且还包括了律师费与其他诉讼费，从经济上鼓励被侵权人参与执法。

不过，日本近来的情况开始转变。日本特许厅和日本知识产权本部在推进强化日本的专利侵权救济，以增强日本自身原创性发明的动力与能力。日本等国在法官正式裁决专利侵权纠纷前鼓励和解的做法以及邀请技术专家向法官提出侵权判定咨询意见的方式也影响了美国等国。

美国司法系统提供专利侵权救济的主要问题则是耗时过长，法院体系过于复杂，诉讼费用很高，是否胜诉的不确定性、难以预料性也很高。

近年来,美、日两国政府间关于专利保护的谈判与协商,对逐渐缩小两国专利侵权救济差距也发挥了作用。

总之,从国家间专利侵权救济的异同及其相互影响来看,本领域的发展动向可归纳为:不同点、相同点会在相当长时期内继续存在,但相同点会增多,不同点会减少。

二、专利侵权救济的司法外途径备受关注

20世纪90年代以前,主要是法学界在关注、研究专利制度包括专利侵权救济,此后,管理学家、战略学家开始从更宏观的视角审视研究专利制度。

此中比较典型的是麻省理工学院管理学院的里斯特·C.沙如教授,他在《哈佛商业评论》上撰写的"论对新型知识产权制度的需要"中提出,发生了根本性变化的技术型经济正在使现有的知识产权制度变得无法运行和低效,这一诞生在数百年前的制度主要是为了适应工业时代的要求,它对于现在的知识经济或信息经济显得教条和僵化;第三次产业革命——信息革命已经使知识和信息成为经济发展的主要动力与资源,知识产权在变得非常重要的同时也比以往更加难以保护;同时,现代国家的政府对研究、开发投入资金的数目在减少,这就需要公司在这方面跟进,而没有有效的知识产权保护,就无法实现这点,并会减慢公共领域新知识的增加,有实力的公司宁愿使他们的新技术处于保密状态;研究发现,美国各个公司的专利中73%是源自于政府投入或非盈利的大学与政府实验室产生的知识;私有的,秘密拥有的知识通常不产生新一代的知识;运用新技术制造的设备使得对新技术产品的仿造和侵权更加容易和迅速,也更加逼真。在以上分析基础上,该教授提出了改进现有知识产权制度的几项原则中最与本主题相关的:改革后的专利制度必须能够快速、有效地解决专利侵权纠纷;现有专利制度中的许多问题是因为缺乏快速的低成本的专利侵权纠纷解决机制,因为专利权人的新技术往往只有很短的市场寿命,而司法解决纠纷方式则太耗时及费用昂贵,这等于使权利人丧失了权利;他认为作为替代方式,即美国有关行政部门关于水纠纷的解决方式值得借鉴,在这种方式中,政府有关部门有权在旱期分配水资源并快速解决有关纠纷,否则庄稼就会旱死。

里斯特教授的上述分析,可以说对美国知识产权界、实业界已经产生了作用,如美国国家知识产权执法协调委员会的建立运行,美国专利商标局执法办公室的成立,全国专利委员会的设立以及已有的司法外替代纠纷解决方式受到越来越多的关注和运用等。

三、专利侵权损害赔偿额开始调高

如前面几章所提到的,日本、欧洲大陆国家的专利侵权损害赔偿额因为与美国有不同的法学理念,所以,其额度往往大大低于美国的赔偿额。近来,通过TRIPs

协议的实施和美欧、美日间的知识产权谈判与协商，这一情况在改变，日本与西欧国家的专利侵权损害赔偿额在上升，某些亚太发展中国家的专利侵权损害赔偿额也在增加。

日本特许厅在相关报告中提出，美国专利政策的改变倾向于提高授权质量和强化专利保护，这促进了对研究开发的投资，并导致美国技术型产业的创立；美国的一些立法，包括《贝叶·多尔法》，鼓励公共支持下的研究成果向产业界转移；同时，强化专利保护使技术型产业更易从资本市场融资。这一报告促使日本政府考虑采取强化专利保护的政策，以发展高新技术产业与贸易，促使日本经济从长期的衰退中复苏。日本政府也提出了类似《贝叶·多尔法》的法案，鼓励大学成立技术许可办公室，以促进大学研发成果的转化和技术型产业的创立；日本有关方面还认识到，增加专利侵权损害赔偿可以促进新技术产业的发展，日本较低的损害赔偿使美国公司认为在日本获得的专利的价值低于美国的专利。1998年修改的日本专利法为在日本获得较高专利侵权损害赔偿提供了法律依据，即鼓励使用权利人损失作为赔偿额计算标准。

四、专利侵权的刑事救济得到强化

如前所述，法国、德国、日本都有关于专利侵权刑事救济的法律规定。我国周边的韩国、印尼、菲律宾、亚太经合组织中的墨西哥，以及许多大陆法系国家也都有类似规定，其中不少国家还强化了这一救济的规定与执行。这和TRIPs协议第61条的规定有关。

目前，我国对于著作权侵权、商标专用权侵权、技术秘密侵权规定了刑罚，但对专利侵权还没有规定刑罚，主要是争论较大，在后边将对此进行适当探讨。

五、学者对TRIPs协议新的质疑开始出现

对于TRIPs协议的标准，一些发展中国家有不同看法，主要集中在保护范围与强制许可方面，在此不再详述。目前，值得注意的是某些学者从专利侵权救济角度开始质疑TRIPs协议的规定与运行。

艾里森·西克斯在《关于TRIPs协议在国际知识产权执法的效力的评论》一文中认为，一国的专利执法机制对于国际市场上的专利侵权行为常常是无效的，这就需要有效的国际专利侵权救济途径。TRIPs协议虽规定了侵权救济与执法机制，但并没全在成员国得到实施，TRIPs协议自身没有制止侵权的权力。她还认为，WTO的争端解决机制是不够有效的，因为WTO只有很少的权力去迫使当事方遵守争端解决的结论，要求犯规一方的成员自己去遵守有关规定，如果它不遵守，则由受到侵害的一方成员向受损的当事方提供救济，侵害方成员并没有义务去改变与WTO规则不一致的法律规定。她举例说明，某一拉美国家连续两年通过出口严重侵犯了外国专利权人的药品专利，因为该国没有关于保护药品专利的法律规定，但根据

TRIPs 协议，成员应有这方面的规定。艾里森还评论道，现行的司法救济方式太耗时、太昂贵，所以不够有效。她对此提议，WTO、WIPO 应发挥领导作用，改进现有的侵权救济执法机制，使其有效而简明，可以考虑成立单独的专利侵权纠纷处理机构，直接对跨国侵权作出决定。她还认为，TRIPs 协议争端解决机制，通常要 30～36 个月，还不包括上诉期间，时间过长，她认为中国的司法、行政两条途径提供救济的做法，为权利人提供了快速的、成本较低的救济途径，值得有关国际组织与有关国家借鉴，应从中国和其他有关国家的做法中得到启示。上述的质疑与相应研究会对国际范围专利侵权救济的理论与实践产生一定影响。

第四节 我国专利侵权救济调整方向

一、解决我国专利侵权救济问题的政策分析

（一）正视我国专利侵权救济中的认识问题

有的观点认为，我国专利侵权救济领域，认识、立法、司法、执法都没什么大问题，维持现状、顺其自然即可，或者说，这种救济保护状况与我国经济科技发展水平相当，目前不必再去改进、完善，否则，只对外国跨国公司有利，或者说只对专利权人有利，影响专利权人利益与社会公共利益的平衡；我国某些企业甚至认为，侵犯外国权利人的专利，对自己国家的科技创新是有益无害的；也有的认为，强化专利侵权救济，会使我国专利保护水平过高，要强化也只应强化对国内权利人的保护，而对国外权利人的保护要弱；还有一种观点认为，行政途径虽然为权利人多提供了一条渠道，但反正有司法做后续程序，不如直接去法院，行政权作为公权，不要涉入私权保护领域，等等。

（二）如何认识我国专利侵权状况

全国专利行政部门处理的专利纠纷，2000 年 925 件，2001 年 977 件，2002 年 1442 件，2003 年 1514 件。这些案件中约 90% 为侵权纠纷案。再看法院系统，据最高人民法院统计，2000～2003 年全国地方法院共受理专利纠纷案件 7208 件，其中约 80% 为侵权案件。从绝对数字看，这与我国巨大的专利申请、授权数字相比，还不到一个零头。但多次的专利执法检查与调查中发现了以下问题。（1）被侵权的专利，往往是真正有市场前景、深受广大消费者欢迎的、优秀的、高水平的、经济效益好的、投入产出比理想的项目。（2）许多被侵权的优秀专利，是同时被几个甚至很多企业群起侵权的或者一个企业反复侵权的。（3）我国专利实施率目前还不高，而受侵权的专利基本是已经实施的专利。（4）许多到法院、到地方知识产权局的专利纠纷，经过劝解，都在庭外和解或行政机关外和解了，还有大批的专利纠纷案，是自我协商解决，或在律师与专利代理人指导下解决了，根本没有去法

院与知识产权部门。（5）更多的专利侵权是在专利权人不知道，也可能是侵权方自己也没意识到的情况下发生的，或者权利人已经习以为常，认为应该置之不理，通过技术创新、产品更新来摆脱侵权者，维护已有市场份额。

例如，上海市知识产权局对抽样调查反馈的上海地区454件专利中，反映有53件专利被侵权，侵权率为11.7%；在项目调查反馈中的108件专利中，反映有51件被侵权，侵权率为47.2%；而对上海有关科研人员问卷式调查的结果显示，在不申请专利的原因中，提出发明创造公开后，专利保护不力的占46.6%；同时，近30%的被侵权人发现侵权行为后，不采取任何措施，这当中，51.6%的专利权人认为打官司费钱、费力、费时；54%的请求行政部门处理及向法院提起诉讼的被侵权人对处理结果不满意。从每年全国与地方人大、政协会上的提案与建议，全国人大执法检查，全国保护知识产权电视电话会议，都将专利侵权救济不足、专利保护不力作为主要问题之一提了出来；中美商贸联委会的主要议题之一，就是我国的知识产权侵权问题以及如何加强相应的执法；我国有关领导人出访时，不少国家的政府与企业也都提出了类似的问题；国外企业近年来向我国中央政府直接反映类似问题的有增无减。对这个问题，既要看数字，也不能只看数字，要做定量分析，还要做定性分析。

二、认清涉及专利侵权救济的若干关系

（一）内与外的关系

当前，我国涉外专利纠纷数量虽不大，但往往影响较大。对于我国行政部门与司法机关依法作出的涉外纠纷的决定与判决，某些国内企业也认为，我们司法机关、行政部门对外国人完全的法律救济不利于我国企业的自主创新。

这里面有一个前提问题，就是不能将国内企业、国外企业的概念绝对化，比如说，有人搞不清合资公司是中国企业，还是外国企业，甚至认为它是外国企业。这是因为没有从法律上认识到它是中国法人，并依据中国法律经营、纳税，吸纳中国劳动力。现在跨国公司向中国申请专利，有的是以总部名义提出，有的是以这类中国法人的名义提出的。那么，这类法人在中国境内的创新对我国的自主创新与经济发展是否有利？回答应是肯定的。

对于外国企业，只要它依法向中国政府提出专利申请并获得中国专利权，我国的公权机关就应依法保护这些专利权，因为专利审查时已推定其符合专利法的宗旨与具体规定，即推定它对我国整体的科技进步与创新是有利的，难道会是反面的吗？当然，这些专利可能一时对它的实际竞争对手或潜在对手企业不利，但从长远讲对他们也许是有利的。这些竞争者更多的是与专利权人水平相当的企业，既有外国企业，也有中国企业。

最发达国家的新技术一般来说，主要靠自己研发；发展中国家则是靠引进与靠自己发明，在积累到一定程度时转向自主创新为主，我国正在进入这一阶段。日本

20世纪五六十年代以及后来新兴工业国家的经验都证明了这一点。一个产业一般有四个区段：（1）新产品新技术研发；（2）核心部件生产；（3）零部件生产；（4）组装。信息产业在这方面较为典型，我国信息产业第一、二区段不是没有，但大部分处在第三、四区段，第一区段主要是美国和日本。不同区段反映了不同国家的比较优势。我国不是普通的发展中国家，我们的年度发明专利申请量与所有发达国家的量的和相比较低，但如单个比，我国即使和发达国家比，也位于前列，而这时使用人均比是不科学的。目前，我们在某些产业或某些区段已经成为最领先的，这些领域的新产品新技术的研发会出现在我国，如果不对这些领域提供有力的专利保护，将严重影响我国企业投资创新的积极性。同时，对国外企业的专利保护不力，会使在我国的合资、外资企业及合作研发机构采取封锁技术的方法来进行自我保护，或以各种方式直接向国外申请专利，这将不利于我国的科技、经济发展，不利于我国在高水平基础上进行创新。

（二）国家利益与企业利益的关系

一个国家的企业，集合在一起，从整体讲，其利益、其发展是和一国国家的利益一致的。是不是一个国家的每个自然人设立组成的企业，都和国家利益一致呢？这就需要具体分析。依法设立、合法经营、遵守市场经济秩序、依法保护知识产权的企业，其利益与国家利益一致，否则，两者则相斥。

（三）意识、认识与制度、执法的关系

专利保护强调意识、认识到位，但如果政策、制度到位的话，意识、认识就更容易到位；否则的话，花很长时间、很多精力，意识、认识也不易到位。

关于救济的问题也是如此，是积极保护，还是消极保护？是全面保护，还是有选择地保护？执法不够到位，意识、认识就难免模糊。政府的功能主要应是制定明确的政策与制度，并积极执行这些政策与制度，主动严格执法。

（四）公权与私权的关系

专利权是私权，行政权是公权。有的观点认为，知识产权行政部门这类公权部门不要留在专利权这种私权保护领域。依照三权分立的学说，在三权分立的国家，一般来说，立法权、司法权、行政权各行其道，互相制衡，或者说三权分立的理论基础就是互相制衡，但恰恰是实行三权分立的美国、英国、菲律宾、墨西哥等国，早于中国设立了专利侵权救济行政途径，且有加强的趋势。为什么？因为这些国家并不认为这一途径会影响三权分立、相互制衡的基础。还有，"二战"后以美国为代表的国家，三权分立的界限较以往更加模糊，一些行政机构如国际贸易委员会行政裁决的权力逐步增大，而这些做法恰恰促进了其经济、科技、文化的发展。从法律上讲，行政权也是由行政立法、行政裁决、行政监督、行政处罚权等组成的。司

法权也是公权。司法权、行政权之间应有制约、监督机制,所以我国《专利法》规定,任何涉及专利保护的行政决定,都有可诉性。

专利权是私权,但专利法是私法吗?不尽然,各国专利法中关于行政受理、行政审查、授权与其他管理的规范多于民事性规范,所以,不少国家把专利法与反垄断法列入了公法范围。行政权不能涉入私权的保护吗?有形财产权是私权,行政部门包括警察部门都在提供保护,交通警察在维护交通秩序的同时,对交通中的权利纠纷也要依法干预。因为侵犯民事权利、财产权利尤其是所有权、专有权的同时,更侵犯了社会公共秩序、市场经济秩序。TRIPs协议第一章即指出知识产权是私权,即民事权利、财产权利,这意味着政府不要超越法律干预专利权利归属关系,这属于专利保护的第二环节。再者政府也可以有私权,政府及其部门在进行民事行为,如购房、购车时,也是以私权主体身份出现的,遵循平等互利的民事法律原则,专利权也有属于政府所有的时候,美、欧、日不少国家规定了公务员的发明及其他一定条件下的发明归政府所有。现在,没有哪个法制健全的国家反对政府部门涉入专利侵权救济领域。也恰恰是TRIPs协议,作为国际条约,第一次系统地规定了获得专利侵权救济的行政途径。

无救济则无权利。行政救济途径为专利权这种私权提供了一种有效的保护方式。

(五) 政府职能转变与专利侵权救济行政途径的关系

TRIPs协议的救济程序中专门规定了行政程序,涉及的条文多达20条(TRIPs协议第41~61条)。

行政途径提供专利侵权救济较司法途径相比,概括起来有以下特点和优势,一是省钱省时;二是灵活;三是技术专业素质较强;四是不像司法裁决公开程度高,有利于保护当事人的商业信息;五是有利于延续当事人之间的商业关系。

即使行政途径有这些特点与优势,仍有一个根本问题要回答,即行政途径提供救济符合市场经济条件下政府职能转变的方向吗?答案是肯定的。市场经济条件下,政府将不再直接控制企业,控制项目,它提供的是良好的社会环境、市场环境,遵循原则是依法行政。依法行政一靠抽象的行政行为,即制定规章制度与政策,并尽可能使政策规范化、制度化;二靠行政执法,包括依法裁决相对人之间的争端,迅速化解各类社会矛盾,查处违法行为,保护守法者的正当利益,维护稳定的社会秩序与诚信的市场秩序。在市场经济条件下,专利侵权救济的行政途径只会更加发展和完善,这是一种有利于构建和谐社会的途径。

另一个相关的问题是,市场经济完善了,专利侵权是否就少了,所以,对政府部门在这方面的内在需求就减少了。这则不尽然。因为随着科技的发展与消费者对新产品的需要,专利申请、专利授权会日益增加,市场竞争会更加激烈,恶性的群体的专利侵权会随着社会诚信水平的提高不断减少,但一般的专利侵权有可能与专利申请量、授权量同时增长。当前，我国某些市场经济发展快的地区的情况就证明了这一点。

还有一个必须回答的问题是，政府职能转变的方向应有利于客观规律发挥作用，那么，专利侵权救济行政途径的存在与发展符合专利制度自身发展的客观规律吗？一个国家既然施行了专利制度，国家机关就应保障专利制度的两大功能，即保护功能与信息功能的有效发挥及两大功能的平衡。当前，信息技术的发展以及专利申请、审批国际协调的发展，使专利制度的信息公开功能远非数百年前所能比拟。数百年前，专利制度设计之初的信息公开实际上往往只是对某一个地区、某一个国家才能实现，且社会公众与竞争对手获得这种专利信息的时间比现在要慢得多。当时，主要采取司法途径进行侵权救济也许是可行的。而现在，这种信息的广泛、快速的传播，在向社会贡献新知识的同时，可以为不同国家、不同地区的侵权者提供许多便利。所以，两大功能的不平衡客观上要求更快捷、更方便、更主动的司法外救济途径，这也是WTO与有关国家肯定和发展行政救济途径的内在原因。所以，从理论上、政策上讲，行政部门都应该加强相应的职能。

三、调整我国专利侵权救济的思考

（一）调整专利侵权损害赔偿的规定

我国立法中关于专利侵权损害赔偿的三种计算方式，虽然符合TRIPs协议的规定，但实际执行中，多是按照侵权人因侵权所获得的利益确定的标准计算的。由于取证难，以及侵权人的其他规避行为，据此计算出的赔偿额往往偏低，按照许可使用费计算时，由于具体报价不标准不明确，也往往得出的是不利于权利人的结果。

例如，根据我局专利行政执法数据库中的数据，知识产权行政部门历年来处理的专利侵权纠纷中，权利人得到的损害赔偿额平均低于3万元。上海市知识产权局在前述报告中做的抽样调查表明，法院审理的39件涉及赔偿额的专利侵权纠纷，赔偿额累计为126.4万元；上海市知识产权局处理的涉及赔偿的28起专利侵权纠纷，赔偿总额为25.08万元。两者合计，平均每次赔偿额不足2.2万元。而权利人反映，由于专利侵权造成的实际损失要远远超过这个数字，当然这也不排除权利人的主观因素的影响。

在按照许可费标准计算时，如按照行业市价，即无视专利基本的价值，根据一时的行业市场价值且往往是最低的行业市价来确定价格，结果只对侵权者有利。再者，法律没有明确规定"合理倍数"到底是几倍。

对此，可以考虑做以下调整。

立法中不应鼓励采用侵权人因侵权所获得的利益确定的标准。当前，我国企业信用管理体系尚未建立，企业规避法律、逃税、漏税、做假账行为很难制止，在此环境中，采用这一标准对专利权人极为不利。即使法律要规定这一标准，也应在司法、行政执法机关最后的选择中。法律中应明确，尽可能地采用权利人因侵权受到的损失为标准；采用专利许可使用费标准时，可增至估算额的三倍；对于故意侵权，且对社会、对消费者影响大的，即使按权利人损失计算，也可以增长至估算额的两倍。这也是我国《消费者权益保护法》已经明确的标准，值得借鉴。对无形财产权的故意侵犯与盗窃有形财产没有本质的区别，在信息时代或知识经济到来时，前者比后者对公共秩序、对国家的负面影响更大。

（二）增加对故意专利侵权刑罚的规定

如前分析，应比照对有形财产的盗窃行为的刑罚规定以及对其他知识产权严重侵权的刑事规定，适时增加对故意专利侵权中情节严重者的刑罚，包括处以罚金与有期徒刑。罚金额度可按发明、实用新型、外观设计三种专利分别确定，以侵犯发明专利者为最高。这种规定有利于发挥法律的威慑作用。罚金上交国库，有利于国家增加公正司法、严格执法的资源。我国保护技术秘密的规定中，明确了侵犯技术秘密的严格的刑事责任、行政处罚与民事责任。这就给广大专利权人带来了困惑，他们向全社会公开了技术方案，而受到的保护力度反不如对技术秘密拥有者的大。而大部分国家，对专利和技术秘密保护的水平是相称的，或是对专利的保护力度大于技术秘密。

（三）调整禁令的规定

应通过立法将发布初步禁令的权力授予专利行政部门。我国已明确了法院可以颁布这类禁令，但没有授权给专利行政部门。专利行政部门只能颁布禁令，而没有颁布初步禁令的权力。根据TRIPs协议规定，行政执法程序中包括颁布初步禁令。初步禁令与禁令的区别在于，它可以在作出纠纷处理决定以前颁布。从行政部门的功能与特点讲，它们在颁布这类禁令中会更为快速。同为行政部门的海关，其采取的海关专利权保护措施，本质也是初步禁令的一种。这使海关成为一种有效的专利权行政保护途径。同样，专利行政部门也应发挥行政权比司法权主动性强的特点，通过调查、执法检查、接受举报，及时颁布初步禁令，从而有效防止可能对权利人、对市场秩序造成严重损害的专利侵权行为的发生。授予这项权力的同时，可以规定严格的保证程序，即由提出请求的权利人提供保证金，并规定，被请求人不服的，可以向法院起诉，但诉讼的进行不应影响初步禁令的执行，只是当法院的决定有利于被执行者时，他可以获得请求人提供的保证金。

（四）增加专利行政部门主动查处专利侵权行为的规定

如上所述，各国海关在采取边境专利保护措施时，可以主动查处，美国的国际贸易委员会与有关国家的知识产权行政部门也有主动查处专利侵权的权力，因为行政权最大的特点与优势是主动性，如要更好发挥这一途径的有效性，就应授予其主动查处权。这有利于及时调查取证，防止证据转移。如果当事人愿意请求行政部门处理侵权纠纷，这前期的主动查处有利于快速结案；如果当事人不愿意请求专利行政部门处理，或不服专利行政部门的主动查处中的决定，则可以向法院提起诉讼。我国现行法律中规定了专利行政部门可以就停止专利侵权作出决定，当事人不服这一决定的，可以提出行政诉讼，就是说，这种规定是一种行政处罚决定，而根据《行政处罚法》，行政处罚行为是可以由行政部门主动启动的。所以，有关立法中应明确专利行政部门可以主动启动制止专利侵权行为。

四、完善我国专利侵权救济的其他思考

（一）成立全国知识产权执法专家咨询委员会

从国际上看，WTO争端解决机制的前期主要靠专家组来调查、提供有关报告；美国法院审理专利侵权案，往往有陪审团，陪审团中专家居多，国际贸易委员会中作出决定的是委员，但决定过程中可依赖专业人员的咨询；日本法院、日本海关和日本特许厅有密切的合作关系，特许厅向法院、海关派出专业人员就专利侵权涉及的专门知识提供咨询意见。我国有必要借鉴上述做法，从全国若干著名高校、研究院所与其他机构中选出熟悉国内外知识产权保护规则、富有经验或有专门科技知识的专家，组成全国专利（知识产权）执法专家咨询委员会，并按照一定规则向各有关法院、知识产权行政执法部门、海关、公安部门提供专利侵权救济中的咨询意见。

（二）系统培训有关法官与政府官员

对于从事专利侵权纠纷处理、审理的政府官员、法官，要有计划、有步骤地进行系统培训。一是选择一定数量的业务、管理骨干到国外进修；二是组织国内外权威专家，或指定若干有条件的高校对有关人员进行脱产培训，时间应不少于3个月。内容要集中在专利侵权判定、国内外专利侵权救济的研究上，还应包括国内外知识产权立法与执法、行政法、反不正当竞争法、反垄断法、消费者权益保护法、民法、国际公法、国际私法、科技领域最新重大进展与国家经济科技政策等知识点。结业考核合格者，授予证书，该证书应作为从事相关工作与晋级的依据之一。

（三）进一步掌握、运用国际规则

适时组织专家，深入研究WTO争端解决机制、TRIPs协议有关救济的规定变化的方向，跟踪WIPO知识产权仲裁调解中心的发展，必要时，推荐、选派更多专家赴上述组织工作或见习。关注欧洲专利侵权救济的区域协调及有关欧洲机构在本领域的动向，为我国与东盟、日韩间及上海合作组织框架内可能的专利侵权救济协调予做研究。

对于我国企业在国际知识产权争端中合法权益受损且有充分证据的，应鼓励、指导这些企业根据我国《对外贸易法》与我国加入的国际条约中有关知识产权保护

的规定,积极维护自身合法权益,向有关国家行政、司法机构及时提出诉求。我国目前在某些领域的技术型产品出口大规模增加,外国企业侵犯我国专利权人合法权益的可能性在增加。政府部门在必要时,对侵犯我方专利权情况严重的,或者某些国家专利侵权救济的规定及执行过程违背 TRIPs 协议规定且严重影响我方权益的,政府可以作为代表向 WTO 提出启动争端解决机制。

总之,技术创新离不开专利制度的创新,建设创新型国家,发展社会主义市场经济,融入国际经济大循环,必然要求加大专利侵权救济的调整力度。

第十三章 有关国际条约

【本章学习目标】
了解《与贸易有关的知识产权协议》(TRIPs) 的主要内容

第一节 与贸易有关的知识产权协议

一、背景

"二战"后,为建立新的国际金融和贸易秩序,促进国际间贸易的发展,1946年在伦敦开始了致力于建立世界贸易组织的谈判。1947年在日内瓦缔结了《关税和贸易总协定》(简称GATT),1948年1月生效。从历史角度看,知识产权是在世界知识产权组织的框架内进行讨论的,1986年《关税和贸易总协定》乌拉圭回合谈判之前,知识产权国际保护问题也一直是世界知识产权组织多次讨论和迫切需要解决的。但《关税和贸易总协定》在总体上不涉及知识产权问题,且将贸易和知识产权区别对待,只在贸易涉及专利和商标时才在个别条文中提及专利、商标的保护。为解决知识产权的国际保护,在乌拉圭回合谈判第八轮中,知识产权保护被纳入议题,并最终达成了TRIPs协议。

《与贸易有关的知识产权协议》是乌拉圭回合谈判的最后文件之一,于1994年4月15日签署,1995年1月1日生效。截至2016年7月29日,共有164个缔约方。该协定自2001年12月11日起对中国生效。该协议是一个发达国家推动达成的知识产权高水准、高水平保护的国际公约。

二、主要内容

这一部分主要分为以下四个方面的内容。

（一）原则

TRIPs协议全文共73条,分为七部分,涉及知识产权的效力、取得、利用、权力范围及行使等方面。前言部分充分肯定了有效保护知识产权的必要性，包括各成员就本协议的一些重大问题达成共识，如强调通过多边程序解决与贸易有关的知识产权问题争端、通过促进知识产权的保护减少国际纠纷及障碍。该协议可以说是当前世界知识产权保护领域中涉及面广、保护力度大的国际公约。

（1）重申知识产权保护的基本原则，即国民待遇原则，专利、商标申请的优先权，版权自动保护原则，保护公共秩序、社会公德、公众健康原则，对权利合理限制原则，以及权利的地域性独立原则。

（2）新增知识产权保护基本原则，即最惠国待遇原则，透明度原则，争端解决原则，对行政终局决定的司法审查和复审原则。

（3）确立TRIPs协议与其他知识产权国际公约的基本关系，将现有的与知识产权相关的国际公约分为三类。第一类是基本肯定并要求全体成员必须遵守和执行的国际公约。第二类是基本肯定并要求全体成员根据对等原则加以执行的十余个国际公约，主要是《保护工业产权巴黎公约》的子公约。第三类是不要求全体成员遵守并执行的国际公约，主要有《世界版权公约》等。

（4）从专利权、商标权、版权、邻接权、地理标志、工业品外观设计、集成电路布图设计、未经披露的信息（商业秘密）等七个方面规定了成员对知识产权保护的基本类型；

（5）规定并强化知识产权执法救济程序。

（6）对发达国家、发展中国家、向市场经济转轨的国家和最不发达国家成员，在某些条款的执行上给予不同的限期。

（二）发明

TRIPs协议有关专利保护部分，与其说是从正面规定了专利权的权利内容，不如说是规定了在成员试图限制专利权人的权利时应受到哪些约束，这是在TRIPs协议第31条明确的。此外，除了规定了"进口权"为一项专利权之外，再无更多新意，对集成电路"拓扑图"的保护规定，也突出在对"权利限制"进行约束方面。

关于发明专利权TRIPs协议规定，除少数特例外，所有技术领域的发明只要具有新颖性、创造性和实用性，都可以获得专利。

（1）权利的内容。

TRIPs协议规定，专利应赋予权利人必要的专有权：产品专利所有权人可以制止未经许可的制造、使用、许诺销售、销售，或为上述目的而进口该产品；方法专利所有权人有权制止未经许可使用其专利方法、使用、许诺销售、销售或为上述目的进口至少是依照该方法而直接获得的产品。

（2）申请条件。

TRIPs协议第29条规定，世界贸易组织成员要求专利申请人以足够清楚与完整的方式披露其发明，以使同一技术领域的技术人员能够实施该发明，并可要求申请人指明在申请日或优先权日该发明的发明人所知道的最佳方案。

（3）保护期。

TRIPs 协议要求发明专利的保护期自提交申请之日起不少于 20 年。

（三）工业品外观设计

1. 权利内容

TRIPs 协议第 26 条规定，受保护的工业品外观设计所有人，有权制止第三方未经许可而为商业目的制造、销售或进口带有或体现受保护设计的复制品或实质性复制品之物品。成员可以对工业品外观设计的保护规定予以有限的例外，只要在顾及第三方合法权益的前提下，该例外并未与受保护设计的正常利用产生不合理的冲突，也未不合理的损害受保护外观设计所有人的合法权益。

2. 保护条件

TRIPs 协议第 25 条规定，各成员应就具有新颖性，或原创的独立创作的工业品外观设计提供保护，如它们不显著区别于已知的设计或具有已知设计特征的组合，各成员可以规定该工业品外观设计即为无新颖性或原创性。各成员可以规定该保护不应延及实质上由于技术或功能的考虑而产生设计。

3. 保护期

TRIPs 协议涉及的外观专利可以享有的保护期不应少于 10 年。

（四）其他

1. 规定了对各种知识产权保护的最低要求

在 TRIPs 协议的第 41 条，世界知识产权组织对成员在知识产权执法上提出的最低要求是全方位的，包括防止、制止、阻止。其中防止侵权的救济，主要针对"即发侵权"的可预见性、可制止性。制止侵权，包括行政、司法、刑事的措施，如临时禁令等。阻止侵权是为避免进一步侵权的任何行为的发生，对将来可能发生或进一步发展的侵权活动予以提前禁止，包括永久性禁令（停止侵权或停止侵害）等。

2. 规定行政程序获得有效救济

对于行政程序、行政执法，主要体现在 TRIPs 协议第 42 条、第 49 条，包括原告应有权依照有关程序维护自己的权利，被告应获得及时、内容完整的书面通知，双方均有机会充分陈述，不应增加双方额外的经济负担，有权要求掌握证据的一方提供证据，有权要求将已发现的侵权商品排除出商业渠道。

从中可以看出，TRIPs 协议并未反对以行政程序作为救济途径之一。

第二节 反假冒贸易协定

一、背景

反假冒贸易协定（Anti-Counterfeiting Trade Agreement，简称 ACTA），是一个以打击假冒、盗版等活动为宗旨的多边协议，目的是为了全面加强国际贸易中知识产权保护。《反假冒贸易协定》最早是在 2006 年由日本和美国提出。加拿大、欧盟和瑞士在 2006 年和 2007 年才加入初步会谈。澳大利亚、墨西哥、摩洛哥、新西兰和韩国在 2008 年 6 月加入并开始正式谈判。目前，《反假冒贸易协定》尚未生效。

《反假冒贸易协定》在推出后被广泛批评为限制人权、隐私权与言论自由的协议，并且在欧洲多处掀起了抗议。欧盟负责研究《反假冒贸易协定》的专员也提出辞职并参与了抗议活动。

《反假冒贸易协定》针对各国如何实施他国的知识产权相关法律制定了标准，中国并非《反假冒贸易协定》参与国。《反假冒贸易协定》生效后，协议成员将可能对进行贸易活动的中国企业实施更加强硬且严格的知识产权监督。《反假冒贸易协定》的一些规定超出了 TRIPs 协议列出的条件，通常被称之为 TRIPs-plus 条款。这些条款可能会干扰 TRIPs 协议中权利和义务的良好平衡，对世界贸易组织既存的多边体制产生一定影响。

二、主要内容

《反假冒贸易协定》共包含六个章节，最重要的部分体现在第二章知识产权执法的执法框架中。第二章具体分为四个部分，分别是民事执法、边境措施、刑事执行以及数字环境下的知识产权执行。本书主要介绍民事执法方面的内容。

《反假冒贸易协定》第 7 条第 2 款规定："对于依行政程序就案件作出的任何民事救济的裁定而言，各缔约方应规定此类程序所遵循的原则与本节中所规定的原则大体相同。"由此可以看出，在民事执法中，除我们通常理解的法院民事诉讼措施外，还有行政保护程序。

1. 禁令

各缔约方的司法机关有权向当事方或视情况向司法管辖权范围内的第三方发布命令，防止侵权货物进入商业渠道。

2. 赔偿

侵权者要向权利人进行足额赔偿。所谓足额既包括权利人的直接损失，又包括其期得利益。为此，要考虑被侵权产品的市场价格、零售价值、侵权产品的权利人的利润损失等因素；对盗版和假冒而言，缔约方要建立专门程序，允许预估权利人的全部损失，特别是由盗版所造成的额外损失。另外，赔偿额还应包括权利人的维权费用，如诉讼费、律师代理费等。

3. 销毁

有关机构应有权将侵权货物、生产侵权货物的原料工具予以销毁或清除出商业渠道，销毁费用由侵权者承担。

4. 侵权信息收集

在民事程序中，为收集证据的目的，应权利人的请求，司法部门应有权强令侵权者提供有关侵权人范围、侵权产品生产方式、销售渠道、第三方侵权情况等信息。但此措施有一定的前提条件，即不损害缔约方本国法律中与特权、信息来源保密或个人数据处理或相关条款。

5. 临时措施

缔约方应保证其司法机关依据权利人单方申请而无拖延地对侵权货物、原料等采取限制措施。

三、与其他协议的关系

《反假冒贸易协定》第一章第一节第1条规定："本协议不应减损各缔约方根据与其他方缔结的现存协议包括世界贸易组织《与贸易有关的知识产权协议》中的既存义务。"

各缔约国应当遵守世界贸易组织 TRIPs 协议的相关规定。《反假冒贸易协定》又在某些条款基础上增加了一些内容。如在禁令方面，《反假冒贸易协定》第8条第1款规定："各缔约方应规定，在知识产权执法的民事司法活动中，其司法机关有权责令当事方停止侵权，包括向当事方或视情况向其司法管辖权范围内的第三方发布命令，防止侵权货品进入商业渠道。"此规定增加了禁令可以适用的对象，即除当事人外，还包括一定情况下在司法机关管辖权范围内的第三人。而 TRIPs 协议中规定的禁令仅针对当事人，并未提及第三人。

四、与知识产权效力和范围标准的关系

如果缔约方的法律法规不保护某项知识产权，《反假冒贸易协定》不会对该缔

约方施加义务要求其采取措施保护该知识产权。

【本章小结】

自 1992 年年初的中美知识产权谈判以来，中国就存在国内知识产权保护制度与国际上的保护水平或标准"接轨"问题。是否参加相关国际公约由我国经济社会发展并结合自身利益自行决定，而不是盲目的一味追求所谓与国际"接轨"。

【复习思考题】

（1）我国加入《与贸易有关的知识产权协议》（TRIPs）的意义？

（2）《与贸易有关的知识产权协议》（TRIPs）的主要内容？

参考答案

第一章 复习思考题参考答案

一、思考题
略。参见正文相关章节。

二、案例分析题
（1）该市科技局是主管科技、专利工作职能部门，由市政府直接设立，而专利管理办公室是市科技局的下属机构，并不是由市政府直接设立。该市法定意义上的"管理专利工作的部门"是科技局，专利管理办公室是科技局下属机构，没有法律法规授权，不具有行政执法主体资格。因此该办公室如对假冒专利行为作出处理决定，应以其设立机关市科技局的名义作出。建议在程序上该市科技局应当与专利管理办公室签署委托执法协议，方可开展执法工作。

（2）由于涉嫌专利侵权的行为发生在湖北省行政区域范围内的多个地方，影响较大，属于跨市的重大侵权纠纷，可由湖北省知识产权局进行处理。

（3）安徽省合肥市是被请求人所在地，涉嫌侵权产品的生产制造地，江西省南昌市是侵权结果发生地（销售地），以合肥市某企业为被请求人，请求人可以请求合肥市知识产权局处理，也可以以南昌市某公司为被请求人，请求南昌市知识产权局处理。请求南昌市知识产权局进行处理。如果请求人想制止侵权产品生产制造源头，向合肥市知识产权局提起专利侵权纠纷处理申请对执法后续程序更为便利。如果请求人仅以合肥市某企业为被请求人，则南昌市知识产权局无管辖权。

（4）《调解书》不适用留置送达，但可以指定代收人代收。

（5）①没有，只要在庭审辩论终结前提出即可。
②应当回避，因为岳某是当事人的近亲属。

（6）因甲的委托代理人是合议组成员王某的大学老师，这种关系可能影响案件公正处理，王某应当回避。

第二章 复习思考题参考答案

一、名词解释
（1）案件当事人：以自己的名义请求专利行政执法部门处理专利侵权纠纷、调解专利纠纷，并受专利行政执法部门处理决定或调解书约束的请求人和被请求人。

利害关系人：专利权的合法继承人、专利实施许可合同的被许可人。

（2）专利证明文件：证明当事人拥有专利权的相关材料，包括专利证书、专利登记簿副本、专利年费缴费收据等。

专利法律状态证明：证明当事人的专利权是否有效的相关材料，包括专利证书、专利登记簿副本、最近1年专利年费缴费收据等。

专利权评价报告或实用新型专利检索报告：国家知识产权局根据专利权人或者利害关系人的请求，在实用新型或者外观设计被授予专利权后对相关实用新型或外观设计专利进行检索，并就该专利是否符合《专利法》及《专利法实施细则》规定的授权条件进行分析和评价作出的报告，是一种官方出具的较权威专利质量评价。

（3）全面覆盖原则：专利侵权判定的基本原则，即将被控侵权技术方案的技术特征与专利的技术特征进行对比，只要被控侵权技术方案包含了专利权利要求中所有技术特征，即认定其落入专利权的保护范围，构成专利侵权。

等同原则：在专利侵权判定中，将涉嫌侵权技术方案的技术特征与专利权利要求书中记载的技术特征对比，在本领域的普通技术人员看来（无需创造性劳动）能够以基本相同的手段实现基本相同的功能达到基本相同的效果，则构成侵权。

专利权无效抗辩：专利侵权诉讼中，被控侵权方认为该专利权的授予不符合《专利法》规定的，可以请求专利复审委员会宣告该专利权无效。经专利复审委员会审理认为无效理由成立，则应作出决定宣告专利权无效，被控侵权方则不构成侵权。

现有技术抗辩：被诉落入专利权保护范围的全部技术特征，与一项现有技术方案中的相应技术特征相同或者无实质性差异，或者该领域普通技术人员认为被诉侵权技术方案是一项现有技术与所属领域公知常识的简单组合的，应当认定被诉侵权人实施的技术属于现有技术，被诉侵权人的行为不构成侵犯专利权。

（4）行政诉讼是指公民、法人或其他组织认为管理专利工作的部门的具体行政行为侵犯其合法权益时，依法向人民法院提起诉讼，并由人民法院对具体行政行为是否合法进行审查并出裁判的活动和制度。

二、思考题

（1）专利侵权纠纷案件处理审理过程具体分为哪几个阶段？

分为五个阶段：受理立案——调查取证——审理——结案——执行。

（2）如何认定专利权保护范围？

我国《专利法》第59条规定，发明或者实用新型专利权的保护范围以其权利要求的内容为准，说明书及附图可以用于解释权利要求的内容。

外观设计专利权的保护范围以表示在图片或者照片中的该产品的外观设计为准，简要说明可以用于解释图片或者照片所表示的该产品的外观设计。

（3）专利侵权判定中的全面覆盖原则和等同原则在实践中如何运用？

在判定被控侵权技术方案是否落入专利权的保护范围时，首先要对专利权利要求和被控侵权技术方案进行特征划分，将相应的技术特征进行特征对比，然后再判断被控侵权技术方案是否构成相同侵权，在二者存在区别的情况下，必要时还需判断是否构成等同侵权。

全面覆盖原则：适用全面覆盖原则判定侵权，可能得到三种结果：相同侵权、等同侵权或不侵权。

所谓"相同侵权"，包括以下几种情况。

① 侵权技术方案的技术特征与专利技术特征完全相同。所谓完全相同，是指侵权技术方案的技术特征与专利的技术特征相比，专利权利要求的全部技术特征均被侵权技术方案的技术特征所覆盖，在侵权技术方案中可以找到专利的每一个技术特征且除此之外，侵权技术方案没有其他技术特征。

② 专利权利要求中技术特征使用的是上位概念。侵权技术方案中出现的技术特征是该上位概念下的具体概念，亦属于技术特征相同。

③ 侵权技术方案的技术特征数量多于专利的技术特征。侵权技术方案的技术特征与专利的技术特征相比，不仅包含了专利权利要求中的全部技术特征，而且还增加了新的技术特征。

上述三种情况，均属于相同侵权，可适用全面覆盖原则判定被告之行为构成侵权。

所谓"等同侵权"是指当专利权利要求记载的某一技术特征与被控侵权技术方案的相应技术特征相比，是以基本相同的手段实现基本相同的功能，并达到基本相同的效果，且对于本领域技术人员来说，属于在侵权行为发生时通过阅读说明书、附图和权利要求书等，无需经过创造性劳动就能够联想到的技术特征，则认为这两个技术特征是等同特征。

判断技术手段是否基本相同，应当站在被控侵权行为发生时本领域技术人员的角度，结合其具备的普通技术知识和能力，判断被控侵权技术方案中的相应技术特征是否是本领域常见的替代技术特征，本领域技术人员是否容易联想到以及其对被控侵权技术方案是否有实质影响。

对于功能和效果，应当结合专利说明书和附图记载的内容以及被控侵权技术方案的技术原理，判断相应技术手段在被控侵权技术方案与专利权利要求中所发挥的作用是什么，究竟实现哪种具体的功能，达到何种具体的效果。

除了"手段""功能"和"效果"之外，判断是否构成等同侵权，还需要进一步判断所述技术特征是否为本领域技术人员不经过创造性劳动就能够联想到的，重点在于本领域技术人员对技术特征进行替换的可能性以及难易程度。

在等同侵权判定中，"手段""功能"和"效果"以及"本领域技术人员不经过创造性劳动能够联想到"这四个要素均要考虑，缺一不可。一般情况下，首先考察被控侵权技术方案区别于专利权利要求的技术特征是否属于基本相同的手段，然后考察二者是否具有基本相同的功能并产生基本相同的效果,最后判断对于这种技术特征的替换,本领域技术人员是否不经过创造性劳动就能够联想到。如果对于四个要素的回答均是肯定的,则二者构成等同特征。

(4) 处理专利侵权案件如何应对专利行政诉讼?

在应对行政诉讼时,既要掌握行政诉讼的一般规律,又要注意此类案件的特殊性。作为专利行政执法一线人员,在应对行政诉讼时,应当注意以下事项。

① 积极应对、认真答辩。

积极应对行政诉讼,不仅不会影响行政部门的形象,反而有利于提高行政执法的工作水平,宣传专利法律知识。因此,在收到人民法院的应诉通知后,行政部门应当积极应对,不能因有当事人不服专利纠纷处理中作出的处理决定,而消极对待,更不能延误答辩时间。

② 及时提交证据材料。

一是及时举证,二是充分举证,三是分类举证。

③ 证据的形式要求。

关于日期。对于案件中涉及处理专利侵权纠纷中的各个程序的时间节点,一定要符合法律法规对法律期限的具体要求。

关于签字。在法律文书上,涉及当事人签字的,要注意审查其权限;如涉及执法人员的,一定要审查执法人员是否具有执法资格;如果存在留置送达的情况,一定要符合《专利行政执法操作指南》的相关规定。

关于笔录。要注重笔录的完整性。对于调查笔录,要重点审核调查的时间、地点等资料;对于庭审笔录,则要重点审核当事人关于案件焦点的争议是否明确,理由记载是否充分,当事人是否签字。

④ 重视法院的司法建议。

行政部门要减少行政败诉案件,法院的司法建议发挥着重要的作用。法院具有法律专业的优势,法院在办理行政案件的过程中,对行政诉讼中反映的突出的或集中的问题形成司法建议,这些司法建议具有针对性和指导性。行政机关根据这些司法建议,对其在行使职权过程中存在的不合法、不适当的行政行为进行纠正,举一反三,保护公民、法人和其他组织的合法权益。

⑤ 要求单位主要负责人积极参与应诉。

单位主要负责人参与行政诉讼,尤其是参加庭审,有利于体现行政机关与行政相对人处于平等法律地位的良好法律素质,展示专利行政执法部门重视当事人诉求的理念;同时,有利于行政机关及时纠正错误,提高专利行政执法部门依法行政的水平。

三、案例分析题

(1) 参考答案:

① 被请求人收到答辩通知书后20日提交答辩书的行为不影响本案处理:根据

《专利行政执法办法》第12条的规定，原则上要求被请求人在收到请求书副本之日起15日内向管理专利工作的部门提交答辩书，逾期不提交的，不影响对本案的处理。

② 该案处理程序不合法，尽管由于案情简单，但是双方当事人提交的证据应当经双方当事人质证，未经质证的证据，不能作为认定案件事实的依据。该市专利行政执法部门对本案证据不经质证直接作出处理决定明显是程序不合法的。

③ 由于案情简单，该案可以不进行口头审理，不进行口头审理应注意以下几个问题：严格遵守行政方式处理专利纠纷的办案程序和期限；审核当事人提交证据的真实性、关联性、合法性及证据的证明力，双方当事人提交的证据应当经双方当事人质证；对经过质证的证据、双方当事人陈述的事实和理由进行整体分析、综合判断，运用全面覆盖原则、等同原则等对是否构成专利侵权作出判定。

（2）参考答案：

① 现有技术抗辩。被诉落入专利权保护范围的全部技术特征，与一项现有技术方案中的相应技术特征相同或者无实质性差异，或者该领域普通技术人员认为被诉侵权技术方案是一项现有技术与所属领域公知常识的简单组合的，应当认定被诉侵权人实施的技术属于现有技术，被诉侵权人的行为不构成侵犯专利权。

② 先用权抗辩（不视为侵权抗辩）。在专利申请日期前已经制造相同产品、使用相同方法或者已经做好制造、使用的必要准备，并且仅在原有范围内继续制造、使用的行为，不视为侵犯专利权。

第三章 复习思考题参考答案

（1）假冒专利行为的类型有以下五个方面：

① 在产品或者产品的包装上标注专利标识中所产生的假冒专利行为；
② 销售标注了假冒专利标识的产品；
③ 在产品说明书等材料中宣称专利所产生的假冒专利行为；
④ 伪造或者变造专利证书、专利文件或者专利申请文件；
⑤ 其他假冒专利行为。

（2）对于专利侵权行为而言，《专利法》第11条规定了"未经专利权人许可，实施其专利"的判断标准。与《专利法实施细则》第84条规定的假冒专利行为相比，两者的判断标准不同，对两者的认定应根据各自法条独立进行。假冒专利行为与侵犯专利权行为并无必然联系，假冒专利行为成立不以侵犯专利权为必要条件，单纯侵犯专利权的行为也不能被认定为假冒专利行为或构成假冒专利罪。

但是，在某些情况下，当事人在假冒专利的同时，还实施了他人的专利技术，即假冒专利行为与专利侵权行为出现了事实上的竞合。此时，当事人须分别承担假冒专利的责任和侵犯专利权的责任。

（3）标注专利标识的，应当标明下述内容：①采用中文标明专利权的类别，例如中国发明专利、中国实用新型专利、中国外观设计专利；②国家知识产权局授予专利权的专利号。除上述内容之外，可以附加其他文字、图形标记，但附加的文字、图形标记及其标注方式不得误导公众。

在依照专利方法直接获得的产品、该产品的包装或者该产品的说明书等材料上标注专利标识的，应当采用中文标明该产品系依照专利方法所获得的产品。

专利权被授予前在产品、该产品的包装或者该产品的说明书等材料上进行标注的，应当采用中文标明中国专利申请的类别、专利申请号，并标明"专利申请，尚未授权"字样。

（4）假冒专利行为的法律责任，包括民事责任、行政责任和刑事责任。

（5）假冒专利行为的查处方式有：①责令改正并公告；②没收违法所得；③法定限度内罚款；④查封或者扣押假冒专利产品。

（6）查处假冒专利行为的程序有：①立案；②调查取证；③强制措施；④告知和听证；⑤处罚；⑥执行。

（7）认定假冒专利行为的构成要件可以归纳为：

① 假冒专利行为已经客观存在，产生误导公众的结果；

② 假冒专利行为，应当是行为人的故意或过失；

③ 实施假冒专利行为的人是具有责任能力的行政相对人。

第四章 复习思考题参考答案

一、思考题

（1）职务发明创造的专利申请权和专利权属于单位所有，主要原因，随着科学技术的发展，发明创造逐渐由个人为主向以科研团队为主转变，发明创造的投入越来越大，很多时候已经不是个人能够负担。公司、科研院所等单位逐渐成为发明创造投入的主体，这些投入包括对发明人的薪酬、发明人所使用的设备、发明人因为工作关系所能接触到的公司的内部技术秘密等。

在此情况下，如果不将发明创造的专利申请权和专利权归属于单位所有，一则单位对发明创造的投入难以得到弥补，二则单位无法因申请专利获得利润，导致失去研发创新动力，进而影响专利法鼓励发明创造的最终目的。

（2）合法，这是因为当事人让渡的权利是一种民事权利，当事人有权出于自身意愿让渡该民事权利。因此，行政机关能够据此作出调解协议。

二、案例分析题

（1）王某完成的发明创造不属于在本职工作中或单位交付的本职工作之外的任务作出的发明创造。因为王某的本职工作是解决公司生产过程中出现的技术问题，而不是对产品的技术革新，同时公司也没有交付王某该工作任务。

（2）不属于主要利用了公司的物质技术条件。

首先王某查阅的资料是通过网上得来，而不是公司的内部资料。其次王某使用公司的电脑，电脑本身仅仅起到查阅资料的作用，一项发明创造依赖的物质技术条件应当是生产设备等，即使包括电脑，也应当是具有特殊应用的电脑，而不是仅仅起到查阅资料作用的这种普通的电脑。最后，该发明创造的完成主要是由于王某的创新及设计，并不是主要利用了公司的物质技术条件。

（3）该公司属于王某的工作单位，因为即使是临时受聘，双方也建立了劳动关系。

（4）本案中该专利属于非职务发明创造。

因为，按照上面几个问题的分析，该电子公司虽然属于王某的工作单位，但是王某完成的发明创造不属于在本职工作中或单位交付的本职工作之外的任务作出的发明创造，也不属于主要利用了公司的物质技术条件。

第五章　复习思考题参考答案

（1）在展会中发现自己的专利被侵权，解决的办法取决于专利权人的选择，是仅仅为了制止侵权产品参展，还是为了在展会中取证，从而在专利行政执法部门提起专利侵权纠纷处理请求或者在法院提起专利侵权之诉，在认定侵权行为成立后彻底制止制造、销售等侵权行为。

如果目的仅仅是为了制止侵权产品参展，可以直接向主办方或其设立的知识产权投诉机构投诉。主办方与参展商签订的参展协议中如果约定展品涉嫌侵权的情况下，主办方有权要求其遮盖或者撤展。如果主办方不接受投诉，则可以请求专利行政执法部门处理，在此情况下专利行政执法部门可以进行现场调解。

如果是为了取证，可以首先向主办方或其设立的知识产权投诉机构投诉，要求其协助在现场取证。如果主办方不接受投诉，可以向专利行政执法部门提起专利侵权纠纷处理请求，正式立案处理，并请求专利行政执法部门在展会现场取证。

（2）专利侵权行为无论通过行政程序还是司法程序进行处理，都耗时较长，而展会一般都只有几天时间，很难在展会中及时认定侵权行为并作出处理。如果放任侵权商品在展会参展，势必严重影响专利权人的合法权益，这时就需要一个及时快速的处理程序。展会主办方与参展商签订参展合同、约定专利保护条款，能够确保展会期间在参展商品侵犯专利权时得到及时快速的处理。

该类条款是平等民事主体之间签订的合同，在合同中约定参展商品涉嫌侵权时，主办方有权要求参展商对其参展商品予以遮盖或者撤展，达到在展会中快速处理专利侵权行为的目的，有效维护展会知识产权保护秩序。

第六章　复习思考题参考答案

一、名词解释

略。参见正文相关章节。

二、思考题

（1）专利行政执法是一种行政执法活动，而行政执法活动受到行政法律法规规章的调整，因此专利行政执法文书表格既是对专利法相关规定的体现，也是对各种行政法律法规规章的体现，文书表格的内容和是否采用该文书表格都与行政法律法规规章有着密不可分的关系。

例如《处罚前告知书》，按照《行政处罚法》第31条的规定，行政机关在作出行政处罚决定之前，应当告知当事人作出行政处罚决定的事实、理由及依据，并告知当事人依法享有的权利。在作出行政处罚决定之前，必须告知行政相对人。

（2）相同之处主要是有关行政法律法规规章的规定，专利行政执法单位与工商、文化等执法单位都应当遵守，因此上述法律、法规、规章体现在执法文书表格中基本一致。不同之处是专利行政执法的特殊性，例如专利侵权纠纷的处理程序、专利侵权纠纷案件处理决定书对专利侵权认定部分的内容等。

（3）是的，所有的行政执法文书都具有法律效力。一些调查笔录虽然没有直接规定对当事人或行政机关产生的法律责任或权利，但是其内容依然具有法律效力，例如在确定违法行为是否成立，在行政诉讼中出具该文书证明行政行为的合法性等。

（4）相同点主要包括以下三点：一是两种法律文书都是笔录式文书，并非填写式文书；二是两种笔录都是为了取得证据而作出的法律文书；三是两种笔录的制作都应当满足行政法律法规要求。例如笔录制作必须有两个以上执法人员，笔录必须有当事人签字，当事人拒绝签证必须在笔录上注明等。

区别点主要有以下三点：一是《调查笔录》采用询问式进行，一问一答，而《现场检查笔录》直接记录现场情况，没有询问情况出现在笔录中；二是《现场检查笔录》记录的是现场的真实情况，而《调查笔录》记录的是当事人的陈述，当事人的陈述也许不是真实的；三是《现场检查笔录》的制作必须到现场，而《调查笔录》可以不去现场，当事人到办案人员所在地也可完成。

（5）三者主要有以下三个相同点：一是三者都是专利行政机关作出的法律文书，即使是《专利纠纷调解协议书》，也是由专利行政机关作出，并加盖专利行政机关的公章；二是三者都是最终结案的法律文书，该文书的作出标志着一个行政执法程序的结束。三是三者都规定了当事人的权利义务，当事人应当按照法律文书享有权利或者履行法律责任。三者的区别主要有以下三点：一是三者适用的法律程序不同，《专利侵权纠纷案件处理决定书》是在处理专利侵权纠纷中适用，《行政处罚决定书》是在查处假冒专利程序适用，《专利纠纷调解协议书》是在调解其他专利纠纷程序中适用；二是三者的内容不同，《专利侵权纠纷案件处理决定书》能够确定侵权是否成立，责令当事人停止侵权，《行政处罚决定书》能够确定是假冒专利行为是否成立，并且能够做出罚款的处罚，而《专利纠纷调解协议书》仅仅是明确案件当事人达成的调解协议，不能依据行政机关意志要求当事人履行法律责任；三是三者形式不同，例如《专利侵权纠纷案件处理决定书》《行政处罚决定书》要加盖行政机关公章，不需要当事人签章，而《专利纠纷调解协议书》要求当事人签章并且加盖行政机关公章。

三、案例分析题

（1）该调查笔录存在的错误主要有以下几点。

① 笔录中写明的执法人员只有一个，而在执法中应当是两人以上并在笔录中写明。

② 笔录中的某保健品公司没有写全称，仅仅写为"保健品公司"。

③ 该笔录中出现了两个被调查人，正确的做法是一份笔录只能针对一个调查人。

④ 该笔录中被调查人和调查人的住所地仅仅写到区，而正确的做法是应当写到当事人住所的具体地址，例如门牌号、楼层、房间号等。

⑤ 该笔录终了处案件承办人员没有注明"以下空白"，同时被调查人没有写明"以上笔录我已看过，情况属实"字样。

⑥ 在回答库房中未销售的产品时，当事人说为3000双上下，应当要求当事人提供确切数字。

⑦ 在调查笔录中对于当事人的陈述，没有要求当事人提供相应证据，例如销售数量的证据、销售价格的证据、生产成本的证据等。

（2）错误为以下几点。

① "现场负责人告知"字样不能出现在检查笔录中，检查笔录不能有询问性记录。

② 检查笔录中出现的"大约为3吨"，"应当是2008年安装"字样，检查笔录不应当出现"大约""应当"等不明确的、模糊的字样，应当明确其具体重量和确切时间。

③ "该大型机械设备各种技术特征完全落入专利权的保护范围，属于侵权产品"这样的定性语言不应出现于检查笔录中，检查笔录直接记明技术特征即可，而不能断言其是否落入专利权的保护范围，是否属于侵权产品。

第七章 复习思考题参考答案

一、名词解释

（1）知识产权维权援助：维权援助机构以一定的运行机制，组织、协调有关部门、中介机构、研究机构、社会团体及专家，在对有关案件或事项进行客观评价的基础上，以一定的方式为符合条件的援助对象提供知识产权维权援助公共服务。

（2）智力援助：由知识产权维权援助中心提供的有关知识产权的法律法规、申请授权的程序与法律状态、纠纷处理和诉讼咨询等服务，智力援助多以意见书、咨询答复书的形式出现，从提供援助的时间点来看多属于事前或事中援助。

（3）知识产权纠纷诉调对接：知识产权纠纷诉调对接是维权中心和法院系统在衔接方面的创新，其主要内容是人民法院在审理知识产权民事纠纷的各个阶段，在征得双方当事人的同意后，可以根据案件的具体情况，委托或邀请维权中心在规定期限内进行调解，经由维权中心调解达成调解协议的，人民法院应当依当事人申请，依法出具调解协议效力确认书或民事调解书，即所谓的进行司法确认。

（4）专利侵权判定：要求被选定的维权中心依托自身的专家库资源，为指定区域内的专利行政执法部门提供咨询意见，并以意见书的形式反馈至专利行政执法部门，供其在判定专利侵权或查处假冒专利的过程中参考。

二、思考题

（1）略。参见正文相关章节。

（2）知识产权维权援助中心所提供的智力援助是指有关知识产权的法律法规、申请授权的程序与法律状态、纠纷处理和诉讼咨询等服务，智力援助多以意见书、咨询答复书的形式出现，从提供援助的时间点来看多属于事前或事中援助。司法鉴定意见则是指在诉讼活动中鉴定人运用科学技术或者专门知识对诉讼涉及的专门性问题进行鉴别和判断并提供鉴定意见的活动，或者说是在诉讼过程中，对案件中的专门性问题，由司法机关或当事人委托法定鉴定单位，运用专业知识和技术，依照法定程序作出鉴别和判断的一种活动。二者的主要区别是：

① 提供智力援助的主体是国家知识产权局在各地设立的知识产权维权援助中心，具体提供服务的是维权中心所管理的合作专家或合作单位；而提供司法鉴定意见的主体是按法律、法规、部门规章规定，经过省级以上司法机关审批，取得司法鉴定实施权的法定鉴定机构，或按规定程序委托的特定鉴定机构。司法鉴定人必须具备规定的条件，获得司法鉴定人职业资格的执业许可证的自然人。

② 维权中心智力援助的结论对当事人而言是一种参考意见，不具有法律效力；司法鉴定意见则是法律规定的证据类型之一。

③ 智力援助的流程由各维权援助中心结合自身实际出台相应规定；司法鉴定的流程必须符合诉讼法和其他相关法律法规和部门规章的规定。

（以上仅为答案要点，并不限于上述几个方面）

（3）智力援助与经济援助是知识产权维权援助的两种典型模式，两者相辅相成，各有侧重。智力援助从实施援助的时间点来看属于事前或事中援助，具有预警分析的作用，其内容偏重于信息方面，是一种解答性的援助模式，目的在于帮助申请人处理难以解决的知识产权事项和相关难题。援助过程多需要相关技术专家和法律专家参与，结论多以意见书的形式出具。经济援助从实施援助的时间点看属于典型的事后援助，其内容也相对单一，是一种补偿式的援助模式，目的在于解决申请人在应对复杂诉讼或涉外诉讼时遇到的资金问题。

从申请人角度来看，经济援助无疑比智力援助更有吸引力，毕竟经济援助是一种立足当前的援助，使申请人得到了实实在在的物质支持。相较经济援助，智力援助则相对沉寂一些，因为咨询和信息对一个人或企业的帮助更多是潜在性的，对申请人来讲产生的效果不如经济效果直接而明显。但从《意见》的精神与长远来讲，智力援助仍应当是维权中心的主要援助方式，经济援助只能作为智力援助的一种补充。

（以上仅为答案要点，答题者可以上述观点为基础进行自我发挥）

（4）知识产权维权援助是各维权中心向社会公众提供的一种公益服务，目的在于解决申请人遇到的各类知识产权难题。专利行政执法是法律赋予管理专利工作的部门的一项行政职能，内容是处理专利侵权纠纷，查处假冒专利和调解侵权纠纷之外的其他专利纠纷。在执法维权体系当中，执法工作是重点和关键，维权援助工作则是执法工作的有益补充，二者相辅相成，泾渭分明，不能够互相取代。相比专利行政执法，维权援助工作相对灵活，因此维权中心应当做好自身工作和专利行政执法工作的有效衔接，重点是做好举报投诉与专利行政执法立案方面的衔接，以及为专利行政执法部门提供专利侵权判定咨询意见，为执法部门处理专利纠纷提供智力支持。

（以上仅为答案要点，答题者可围绕"维权中心配合专利行政执法，是专利行政执法工作的有益补充"进行自我发挥）

（5）从工作实践来看，经济援助应当由事后援助模式发展至事中甚至事前援助模式。

近年来，中小企业甚至小微企业在面对涉外知识产权诉讼时，大量的成本支出都集中在诉讼的前期，如聘请律师、准备证据材料、申请司法鉴定等，企业最困难的也是这一时期，不少企业在应诉时就是因为资金方面无法挺过这个阶段才不得不放弃，其中不乏一旦坚持到底就有可能获得胜诉的案例，但维权中心的经济援助却必须以诉讼结果为必要前提，且援助资金额度相对固定，在企业最需要帮助的时候往往无能为力。只能够锦上添花，很难做到雪中送炭。

另外，根据《意见》精神，为因经济困难无法支付维权诉讼案件费用的申请人提供一定的经济支持并没有时间点上的限制，而且国际上也有类似做法，如韩国特许厅就有相关政策。这就给维权中心把经济援助从事后提至事中甚至事前留下很大空间。

（以上仅为答案要点，答题者可围绕重心做适当发挥）

三、案例分析题

（1）审查主要集中在两方面，一是申请主体，该公司应属于该维权中心受理对象范围，如果遇到非本地企业或个人到维权中心提出申请，合理的做法是告知申请人到其本地的维权中心或知识产权部门提出申请，或者代为移交该申请到其所在地的维权中心；二是提交相关材料，如果相关材料不完整、不充分，无法满足出具咨询意见书的最低标准，维权中心有权不予受理。

（2）一是明确援助类型，确保该智力援助当中并不掺有经济援助的相关申请；二是由于智力援助多以意见书的形式反馈至申请人，应当尽量保证所出具意见书的质量，也就是智力援助的质量；三是注意收集申请人的反馈建议和意见，以不断改进援助工作的质量。

（3）对于经济援助，由于涉及大额资金支出，审查内容应更为细致和完整。待审查的必要证明应当包括：①已生效的判决书，这里需要强调的是判决书必须是已生效的，实务中就有企业提交未生效或已被生效判决否定的判决书；②费用支出凭证，包括发票以及能够证明资金流向的文书，合同等，实务中有企业提供虚假发票或将同一发票重复使用，或者提供其他项目的费用支出凭证。审查标准方面，经济援助除进行书面审查外，还应设置现场审查环节，主要包括核查各类文书、凭证的原件以及就审查过程中发现的问题向申请人进行询问。

第八章 复习思考题参考答案

一、名词解释

（1）知识产权的举报，是指社会公众向知识产权行政执法部门、知识产权举报投诉接收部门提供关于损害公共利益，扰乱正常市场秩序等知识产权违法行为的线索。

知识产权的投诉，是指知识产权权利人或利害关系人针对其知识产权被侵害一事，请求有关行政执法机关处理。

（2）知识产权举报投诉跨区域协办机制，是指各地区维权中心之间跨省转交知识产权举报投诉，并协助和督促办理的工作机制。

二、思考题

（1）略。应包括各单位的机构职责、相关处（科）室、工作内容，以及相关地方立法情况等。

（2）两者均属于维权中心的职能范围。根据国家知识产权局《关于开展知识产权维权援助工作的指导意见》，维权中心的主要职能是知识产权举报投诉案件的接收、转办，以及针对企业或个人的知识产权纠纷或事项的援助。

两者均具有桥梁性、公益性和对象的有限性（具体参照本书下篇第七章知识产权维权援助）。但对于举报投诉来说，其对象的有限性更窄，只能针对尚未经由其他行政执法机关或司法机关处理的知识产权侵权、违法行为。

两者之间的联系主要体现在处理举报投诉过程中，如果权利人存在"难以解决的知识产权事项"的，可能涉及启动维权援助的程序，通过组织专家论证、委托司法鉴定等方式，出具侵权判定咨询意见或相关的援助方案等，对有关案件或事项进行客观评价。

（3）略。应根据地区中长期规划、重大项目等情况确定。

（4）略。可以包括宣传、培训等内容。

三、案例分析题

（1）根据专利标记的相关规定，2003年以前的专利由"年份（2位）-专利类型（1位）-流水号（5位）-.X（校验位）"组成；2003年年底，国家知识产权局发布了《专利申请号标准》（ZC 0006—2003），明确规定专利申请号用12位阿拉伯数字表示，包括申请年号、申请种类号和申请流水号三个部分。按照由左向右的次序，专利申请号中的第1~4位数字表示受理专利申请的年号，第5位数字表示专利申请的种类，第6~12位数字（共7位）为申请流水号，表示受理专利申请的相对顺序。其中，专利申请号中的申请种类号用1位数字表示，所使用数字的含义规定如下：1表示发明专利申请；2表示实用新型专利申请；3表示外观设计专利申请；8表示进入中国国家阶段的PCT发明专利申请；9表示进入中国国家阶段的PCT实用新型专利申请。另外，在专利申请号的书写及印刷格式中规定，除法律法规、行政规章规定专利申请号（包括与校验位联合使用的情况）的所有数字必须连续书写或印刷以外，在专利申请号的年号与种类号、种类号与流水号之间可以分别使用1位单字节空格。在表示年号及流水号的数字段内，流水号与间隔符之间、间隔符与校验位之间不得使用空格。

由此可知，"ZL93118717.1"为申请时间在1993年的发明专利，专利至少在2013年12月31日前将失效。

（2）按照《专利法实施细则》第84条的规定，在未被授予专利权的产品或者其包装上标注专利标识，或销售上述产品的，属于假冒专利行为。另外，实际产品与标注的专利标识不一致也是实践中经常遇到的假冒专利行为。由此，产品的制造者、销售者均涉嫌假冒专利。

负责查处假冒专利行为的行政执法机关是假冒专利行为发生地的省、自治区、直辖市人民政府以及专利管理工作量大又有实际处理能力的设区的市人民政府设立的管理专利工作的部门。

（3）按照《专利法》第63条的规定，假冒专利的，除依法承担民事责任外，由管理专利工作的部门责令改正并予公告，没收违法所得，可以并处违法所得4倍以下的罚款；没有违法所得的，可以处20万元以下的罚款；构成犯罪的，依法追究刑事责任。

具体到假冒专利产品的制造者，应当立即停止标注行为，消除尚未售出的产品或者其包装上的专利标识；产品上的专利标识难以消除的，销毁该产品或者包装；没收违法所得；并可在法定限度内给予罚款。销售者应当立即停止销售行为；需要注意的是按照《专利法实施细则》第84条第3款的规定，销售不知道是假冒专利的产品，并且能够证明该产品合法来源的，由管理专利工作的部门责令停止销售，但免除罚款的处罚。

第九章 复习思考题参考答案

一、名词解释

（1）预审工作属于公益服务性质，由申请人自愿提出，目的是使专利申请符合快速审查的有关要求，提交预审的日期不是法律上的申请日期。通过预审的专利申请,提交至国家知识产权局受理并确定申请日,之后由国家知识产权局专利审查部门进行快速审查。

(2) 略。要点包括集快速审查、快速确权、快速维权于一体,审查确权、行政执法、维权援助、仲裁调解、司法衔接相联动。

二、思考题

(1) 以知识产权快速维权机制为基础,实现从外观设计专利向发明和实用新型专利拓展、从审查向复审无效拓展、从单一产品向整体行业拓展。

(2) 备案主体应为在保护中心所服务区域内进行登记注册的企事业单位。备案主体的主要生产、研发或经营方向,属于保护中心所服务的产业领域。自提交备案申请一年之内,存在"非正常"申请的企事业单位,不可备案;一年以上的,需提交申请质量承诺书后,方可备案。

保护中心对于符合备案条件的,不论国内企业或国外企业、本地企业或外地在本地注册的企业、国有企业或民营企业、大企业或小微企业,均应当准予备案。备案标准和完成备案的申请主体名单,应当向社会公开。

(3) 略。参考委托执法的相关注意事项。

第十章 复习思考题参考答案

(1) 略。《商标法》第57条、《商标法实施条例》第76条。

(2) 略。《著作权法》第47条、第48条等。

(3) 商标行政执法手段,查封、扣押等;版权行政执法手段,登记保存等。

(4) 便于海关在对进出口货物的监管过程中能够主动对有关知识产权实施保护。

(5) 企业内部建立保密的制度;通过法律手段保护,如《反不正当竞争法》《刑法》等。

第十一章 复习思考题参考答案

一、思考题

(1) 有非法经营数额在20万元以上或者违法所得数额在10万元以上;给专利权人造成直接经济损失50万元以上;假冒两项以上他人专利,非法经营数额在10万元以上或者违法所得数额在5万元以上等情形的。

(2) 略。假冒他人专利侵犯的是他人专利的标记权,而专利侵权侵犯的是他人专利的实施权,表现为未经他人许可而实施他人专利。

(3) 略。民事责任、行政责任、刑事责任。

第十三章 复习思考题参考答案

(1) 略。加入TRIPs协议,对我国来讲,既是机遇又是挑战。我国知识产权立法水平空前提高，已经基本达到了 TRIPs 协议的最低要求，甚至有些已经超过了最低要求，比如为应对展会中的侵权问题，我国2008年第三次修改的《专利法》对外观专利的保护，增加了"许诺销售"，就超过了 TRIPs 协议的规定。同时，在执法方面，我国仍面临挑战，需要进一步加大执法力度，以适应 TRIPs 协议的知识产权保护及执法要求。

（2）略。全文共73条，分为7部分。主要涉及基本原则、与其他知识产权国际公约的基本关系、对知识产权保护的基本类型、知识产权执法救济程序、区别对待发达国家、发展中国家、向市场经济转轨的国家和最不发达国家成员等内容。

后　记

为适应形势发展需要，全面提升专利行政执法能力，2013年3月，国家知识产权局印发了《专利行政执法能力提升工程方案》，明确提出加强培训基础性工作，编写专利行政执法教程，规范执法培训工作。

为落实此项工作，国家知识产权局专利管理司组织成立专利行政执法教程编写组。参与本书编者均为从事专利执法维权工作的业务骨干与专家，具有丰富的实践经验和深厚的理论功底。2014年年初，初稿形成后，专利管理司组织有关地方知识产权局对本书进行了为期4年多的试用，根据一线执法人员的试用反馈意见与建议，进一步修改完善，并组织有关业内专家评审后，于2018年上半年完成了编写工作。

本书的编写人员分工为：贺化副局长主持编写工作，明确总体思路和设计框架结构，并组织讨论和确定各章节编写内容；王志超、罗占新（第一章），范林海、陈中利、刘玉（第二章），陈苏宁（第三章），陈健（第四、六章），陈曦帆（第五章），刘玉（第七章），王连洁（第八章），周源琦、关健（第九章），商家泉（第十、十一、十三章），赵梅生（第十二章）分工撰写。编撰过程中，雷筱云对本书的编撰、审校等工作给予了指导，赵梅生负责具体统稿，最后由贺化副局长审核定稿和撰写序言。

由于经验不足，编写一本专利行政执法领域系统、全面的教程，对于我们而言具有一定的挑战性，因此本教程难免会存在不足，敬请同行专家和广大读者，特别是从事专利执法维权工作的同志批评指正，以便再版时修订。

本教程在编写过程中得到了国家知识产权局局内相关部门和有关地方知识产权局的大力支持，李永红、徐媛媛、来小鹏、王正志等专家参与审稿并提供了诸多有益建议。在此对所有参与编写、审稿、试用与评审的同志一并表示衷心的感谢。

本书编委会
2018年6月于北京